MANN UND FRAU

Bildnachweis: Jean-François Bauret: 11, 21, 31, 59, 63, 113, 121, 122. Brigitte Bordes: 39, 98, 99, 130, 133, 135, 139, 240. 14 oben: Inst. Pasteur. 14 unten: Museum d'Histoire Naturelle de Paris. 19: Jacana/Denis Huot. 20: Gérard Marot. 30: Petit Format. 41: Pierre Michaud. 49: F.-G. Mathys. 55: G. Tordjman. 67 unten, 68 unten, 71, 73: Édouard Dejay. 79: Petit Format/Gilles Bouyer. 83: Lennart Nilsson. 93: Michel Fainsilber. 102: Cosmos, Steve Stickland. 103: G. Tordjman. 104: Taeke Henstra/Petit Format. 105: F. Verpoorten/Petit Format. 107: Graphico/Science photo Library/Cosmos. 109: CNRI. 117: Limier/Jerrican. 118: George Roger/Magnum. 127: M. Voyeux. 129: C. Doury.

Aus dem Französischen von Berit Baumgarten
ISBN 3-7886-0619-3

MANN UND FRAU

EINE SEXUALKUNDE
FÜR JUGENDLICHE

Dr. Gilbert Tordjman

Psychosomatiker, Gynäkologe und Kinderarzt
Präsident der Weltvereinigung der Sexologen

Dr. Jean Cohen

Gynäkologe und Geburtshelfer
Vormals Direktor der Frauenklinik und Poliklinik der Universität Paris

Dr. Jacqueline Kahn-Nathan

Gynäkologin
Vormals Direktorin der Frauenklinik der Medizinischen Fakultät der Universität Paris

Dr. Christine Verdoux

Gynäkologin

Fachliche Beratung bei der deutschen Ausgabe:

Dr. Wolfgang Müller

Zeichnungen von
Ray Bret Koch

Tessloff Verlag

Antworten auf die Schlüsselfragen

Dieses Buch wurde in Form von Fragen und Antworten abgefaßt. Wir haben uns daher entschieden, anstelle eines alphabetischen Verzeichnisses der Begriffe ein Verzeichnis der wichtigsten in diesem Buch behandelten Fragen und Probleme zu erstellen. Die kursiv gesetzten Zahlen verweisen auf die Seiten, auf denen der Leser die wichtigsten Antworten findet.

An die Jugendlichen

„Wie werde ich erwachsen?" – das ist wohl die Frage, die dich heute am meisten beschäftigt. Zwischen Kindheit und Erwachsensein liegt das Übergangsstadium der Jugendzeit (Adoleszenz), eine Periode zwischen biologischer Reife (Pubertät) und gesellschaftlicher und beruflicher Integration. Ob du fleißig bist oder faul, ob du schnell begeistert bist oder schüchtern, auf jeden Fall fühlst du dich irgendwie beunruhigt. Du gehst deinen von Schule, Lehre oder Universität vorgegebenen Weg – aber wohin führt er dich? Was ist dein Ziel? Du suchst einen Platz in der Welt der Erwachsenen, in einer Welt, die dich fasziniert und zugleich auch erschreckt, einen Platz als Mann oder Frau, deren körperliche und seelische Entwicklung harmonisch verläuft, die ihre Identität in der Arbeit, in der Liebe und in ihren Beziehungen zu anderen finden. Noch aber fühlst du dich unsicher, hast vielleicht sogar Angst. Zu keiner Zeit steht der Mensch vor so schmerzhaften Entscheidungen, ist derart vielen Zweifeln, Ungewißheiten und Widersprüchen ausgesetzt wie in diesem Abschnitt seines Lebens. Soll man lernen oder büffeln oder in ein Konzert seiner Lieblingsgruppe gehen, soll man seine Zeit in Diskotheken verbringen oder versuchen, Mädchen (oder Jungen) kennenzulernen?

Und die Themen, von denen heute so viel geredet wird, wie Drogen oder Aids? Geht mich das überhaupt etwas an?

Was bedeuten die vielen tiefgreifenden Veränderungen, die ich in mir spüre? Mein Körper, meine Interessen und Bedürfnisse – alles ändert sich. Auch meine Gedanken, meine Einstellung, meine Gefühle. Ist das normal?

Zwei Männer und zwei Frauen (alle vier sind Ärzte und haben selbst Kinder) haben mit einer Vielzahl von Jugendlichen Gespräche geführt – über ihre Beschwerden, ihre Konflikte und Probleme in der Schule, in der Liebe und in ihren Beziehungen zur Umwelt, über ihre Zweifel, ihre Ziele und ihre Befürchtung, sich nicht normal zu entwickeln.

Sämtliche Fragen, die wir in diesem Buch behandeln, wurden von Jungen und Mädchen deines Alters selbst gestellt. Dabei ist es eher unerheblich, ob diese Gespräche in der Schule oder an anderen Stätten, in denen Jugendliche zusammenkommen, stattgefunden haben. Entscheidend vielmehr ist, daß ihre Fragen zeigen, welche Schwierigkeiten die meisten Jugendlichen mit dem Erwachsenwerden haben, wie unsicher sie in dieser Lebensphase sind.

Aus den vielen gezielten, oft bohrenden Fragen geht eindeutig hervor, wie groß der Bedarf des Jugendlichen an einem offenen Dialog mit Erwachsenen ist, in dem alle Bereiche des Sexual- und Liebeslebens berührt werden. Ein solcher Dialog ist besonders wichtig in diesem schwierigen Alter, in dem der Wunsch, anderen zu gefallen, und die sexuelle Neugier besonders deutlich werden.

Dieses Buch gibt dir nicht nur Antwort auf viele Fragen; es will dich auch dazu ermutigen, ohne Scheu mit deinen Eltern oder Freunden über deine Probleme zu sprechen.

Wir würden uns freuen, wenn dir dieses Buch helfen könnte, deine Sexualität und damit dich selbst besser zu verstehen und dich selbstbewußt und selbstverantwortlich zu entwickeln.

An die Eltern

Die Adoleszenz ist die Zeit der rapiden Veränderungen. Dabei stellt die körperliche Reife nur einen Aspekt dieses Prozesses dar. Der Heranwachsende sieht sich mit einer Vielzahl von Problemen konfrontiert: Er soll sich von seinen Eltern lösen, soll Freundschaften aufbauen, sich geistig entwickeln und lernen, soziale und persönliche Verantwortung zu übernehmen.

Gleichzeitig soll er sich an ein neues Sexualverhalten gewöhnen. Er soll lernen, seine häufig impulsiv eintretenden Empfindungen einzuordnen, aktiv am Leben in seinem Umfeld teilzunehmen, ohne sich dem konformistischen Druck der Gruppe zu unterwerfen. Und er soll lernen, zwischen körperlichem Sexualtrieb und wahrer Liebe zu unterscheiden, und wie man sich vor Geschlechtskrankheiten oder vor einer unerwünschten Schwangerschaft schützt.

Sie, die Eltern, werden so verstehen, daß ihr Kind – Junge wie auch Mädchen – in der Adoleszenz eine Phase starker innerer Konflikte und Turbulenzen durchlebt. Es ist oft wie ein Protest, der sich auf verschiedenste Weise manifestieren kann, mehr oder weniger verhalten, mehr oder weniger explosiv, der aber von allen Erziehern als notwendig und normal beurteilt wird.

Für diese Krise der Jugendlichen sind drei wesentliche Prozesse kennzeichnend:

1. Die Opposition zur Umwelt und insbesondere zur Familie

Der junge Mensch, in dem sich tiefgreifende intellektuelle, emotionelle und sexuelle Veränderungen vollziehen, sucht seine eigene Persönlichkeit, indem er sich von seiner Umwelt abgrenzt und sich zugleich mit ihr identifiziert. Seine Familie empfindet er häufig als unerträglich oder doch zumindest störend bei seiner freien Entfaltung. Durch eine auffällige Frisur oder Kleidung versucht er, sich von ihr zu distanzieren; er äußert extreme, schockierende Ansichten, liest Bücher oder umgibt sich mit Freunden, die von den Eltern abgelehnt werden.

Die Opposition zur Familie kann auch zur Flucht in Drogen oder Alkohol führen. Andere suchen die Einsamkeit, oder aber sie schließen sich Gruppen Jugendlicher an, die mit allen Wertvorstellungen der Erwachsenenwelt gebrochen haben. Aber viele Jugendliche sind durchaus in der Lage, nicht in ein solches eigentlich steriles und konformistisches Oppositionsverhalten zu verfallen. Sie erreichen es, daß sie ihre eigene Persönlichkeit entwickeln, ohne die Familie oder ihr soziales Umfeld zu leugnen. Es gibt also durchaus positive und kreative Aspekte der Adoleszenzkrise, selbst wenn ihr Hauptmerkmal die Auflehnung gegen das Elternhaus bleibt.

Beunruhigte und besorgte Eltern verkennen nur allzu oft die Bedeutung eines solchen Verhaltens ihrer Kinder. Sie glauben, es richte sich gegen sie selbst. Verunsichert im eigenen Rollenverhalten reagieren sie ihrerseits mit einem unentschiedenen Wechsel zwischen Strenge, Verständnis und Nachgiebigkeit; oder aber sie resignieren. Nur allzu oft sind sie unfähig, ihrem Kind in einer von Vertrauen und Offenheit geprägten Atmosphäre die sexuelle Aufklärung zu vermitteln, die es von ihnen erwartet, und die sie vielleicht auch geben wollen.

Bei den ersten Pubertätsschwierigkeiten wendet sich der Jugendliche oft an die Mutter (aber Väter können auch gute Gesprächspartner sein). Doch wenn eine Aussprache in dieser problematischen und spannungsreichen Zeit fruchtbar sein soll, müssen schon in den vorangegangenen Phasen der Entwicklung eines Kindes die Grundlagen für ein stabiles Vertrauen zu den Eltern gelegt worden sein.

Und selbst wenn sie es könnten, nur allzu oft würden sie vom Jugendlichen zurückgewiesen, aus Schamhaftigkeit oder aus aggressivem Trotz. Für ihn sind Eltern Richter, sie erscheinen ihm parteiisch und voreingenommen. Doch brauchen Jugendliche besonders in dieser Phase sexuelle Aufklärung, auch wenn es ihnen schwerfällt, ihre Fragen präzise zu formulieren. Mehr denn je brauchen sie jetzt praktische Ratschläge für die Anwendung von Empfängnisverhütungsmitteln, für den Umgang mit ihren ersten Liebesgefühlen und für ihr Verhalten in bestimmten Situationen.

2. Eine gewisse Empfänglichkeit für Weltbilder, die anders sind, als die von den Eltern vermittelten

Jugendliche glauben gern, auch Sex sei ein Mittel, um sich gegen die elterlichen Wertvorstellungen aufzulehnen.

Sie befinden sich in einer schwierigen Situation, denn sie fühlen sich zwischen den Wertesystemen von zwei Generationen hin- und hergerissen.

Das körperliche Erscheinungsbild des Jugendlichen verändert sich schneller als seine Verhaltensweisen. Er ist kein Kind mehr, aber noch ist er nicht erwachsen. Während sich das sexuelle Verlangen des Jugendlichen steigert, wird ihm gleichzeitig fast jede Möglichkeit verwehrt, dieses Verlangen zu stillen. Wir sollten uns nichts vormachen:

Viele Erwachsene versuchen, Sexualaufklärung zu verhindern, weil sie überzeugt sind, sie sei gleichzusetzen mit Einladung und Ermutigung zur Sexualität. Deshalb werden Sexualerziehung in der Schule („das könnte sie auf Ideen bringen") und Aufklärung über Empfängnisverhütungsmethoden oft auf ein Minimum reduziert.

Es gibt Erzieher, die – unter Berufung auf die berechtigte Besorgnis, die seit dem Auftreten von Aids in unserer heutigen Welt herrscht – öffentliche Aufklärungskampagnen vorschlagen, in denen die Jugendlichen zu sexueller Abstinenz ermutigt werden sollen. Die Gefahr eines solchen Vorgehens aber liegt darin, daß es gesunde Impulse unterdrückt und wohl eher das Gegenteil bewirkt. Der Jugendliche läßt sich nicht täuschen. Ein Appell zur Abstinenz wird ebenso wie naive Abschreckungskampagnen gegen Drogen und gegen das Rauchen als unrealistischer Vorwand empfunden, dessen Hauptzweck es ist, die Freiheit der Heranwachsenden einzuschränken.

3. Schließlich ein Abstand zur Welt der Erwachsenen, der sogar zum Bruch mit ihr führen kann.

Dieses Buch wurde bewußt in Form eines „Dialogs" mit Jugendlichen abgefaßt. Dabei haben wir drei wesentliche Zielsetzungen verfolgt:

1. Eines unserer ersten Anliegen war es, den Jugendlichen so genau und so vorbehaltlos wie möglich sexuell aufzuklären, damit er imstande ist, auf diesem Gebiet eigene Entscheidungen zu treffen und seine Angst zu überwinden, sich nicht normal zu entwickeln.

Jugendliche haben im Gegensatz zu Kindern des öfteren konkrete Möglichkeiten, sexuelle Erfahrungen zu machen.

In der Entscheidung, sexuelle Beziehungen aufzunehmen, spiegelt sich die Ich-Identität des Jugendlichen wider: Die Intensität seiner sexuellen Regungen, seiner gefühlsmäßigen Bindungen und seiner sittlichen Wertvorstellungen. Am frühesten macht die Gruppe Heranwachsender sexuelle Erfahrungen, die kaum noch familiäre Bindungen hat und die dann oft mehr als andere bereits Erfahrungen mit Drogen und Alkohol besitzt. Tatsache ist, daß der Jugendliche den Wunsch hat, über sich selbst bestimmen zu können – auch wenn er sich damit überfordert – und selbst die Verantwortung für sein Handeln zu tragen, anstatt sie den Eltern, der Kirche oder der Gesellschaft zu überlassen. Das sollte jede Erziehung berücksichtigen. Alle Experten sind sich darin einig, daß die Zahl der ungewollten Schwangerschaften zurückgehen würde, wenn Jugendliche besser mit Verhütungsmitteln umgehen könnten. Unterricht in Schwangerschaftsverhütung wäre schon allein aus diesem Grund gerechtfertigt, denn jede Aufklärung hierüber führt zu einer bewußteren Anwendung dieser

Mittel und Methoden. Besonders Jungen geben nur ungern zu, daß sie gar nicht oder nur mangelhaft in Sachen Sex Bescheid wissen. Aber nicht selten begegnet man Fünfzehn- oder Sechzehnjährigen, die meinen, ein Diaphragma müsse sofort nach dem Geschlechtsakt herausgenommen werden, oder die nicht wissen, an welchen Tagen des Monatszyklus eine Frau befruchtungsfähig ist.

2. Unser zweites Anliegen war es, Jugendliche von der Meinung abzubringen, sie stünden allein da, sie würden bei Erwachsenen nur auf Unverständnis stoßen und sie selbst seien unverletzbar. Aus dieser Einstellung resultieren häufig sehr riskante Verhaltensweisen.

Wir möchten den Eltern daher dringend ans Herz legen, den Dialog mit ihren Kindern unter allen Umständen zu suchen und zu fördern.

3. Und drittens wollten wir den Heranwachsenden helfen, ihre Beziehungen zur Umwelt, den Freunden, den Eltern und ihrer ersten Liebe besser einzuordnen.

Unsere wesentliche Zielsetzung war es also, dem Jugendlichen die Möglichkeit zu einer freien Aussprache zu geben, in der er über seine Bedürfnisse, seine Wünsche und seine Ängste möglichst offen reden kann. Jeder Dialog hat auch eine therapeutische Wirkung. Worte können die Kraft haben, Schreckensbilder zu verscheuchen, Ängste zu zerstreuen und falsche Mythen zu entlarven. Wahrscheinlich lassen sich in einem Gespräch nicht alle Probleme lösen, zumindest aber kann es dazu beitragen, daß man sich ihrer klarer bewußt wird.

Alle Fragen, auf die wir in diesem Buch antworten, sind von den Jugendlichen in unseren Gesprächen selbst gestellt worden. Ihre Formulierungen zeigen, daß es nicht nur darum ging, den Wissensdurst der jungen Menschen zu befriedigen, sondern vor allem auch darum, Ängste zu überwinden, die die Vielschichtigkeit unserer Gefühle und der Sexualität auslösen kann.

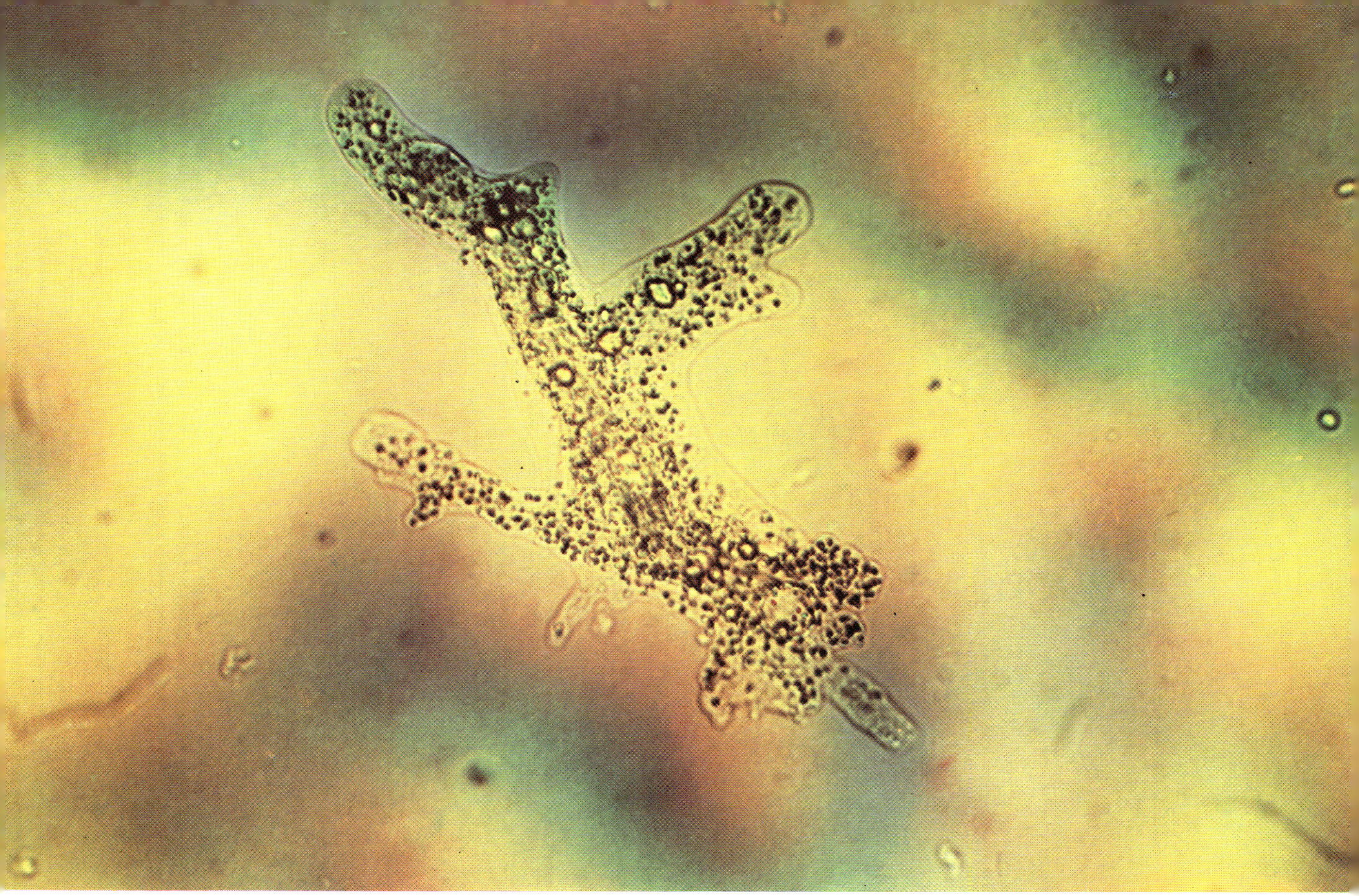

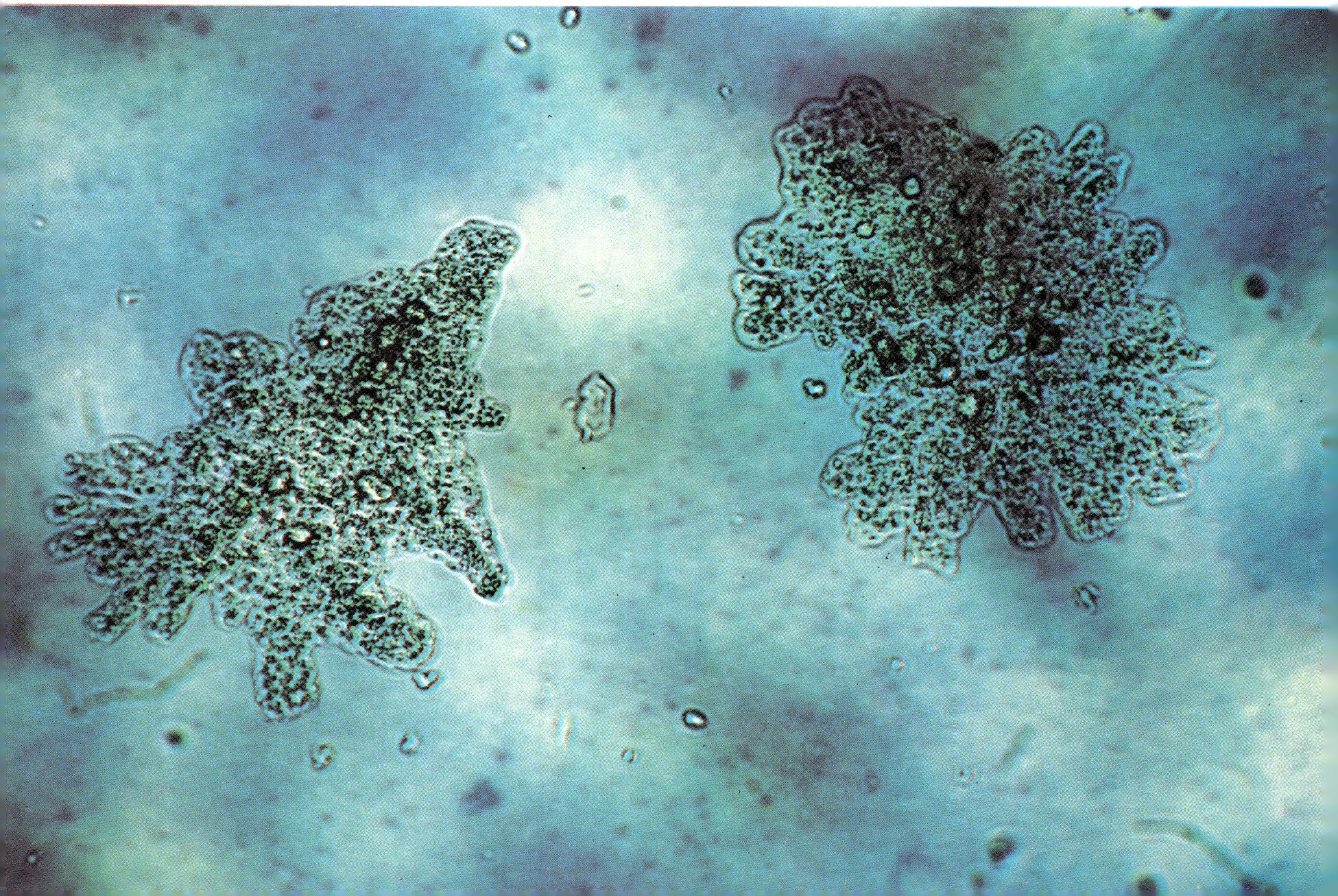

Bau und Funktion der Geschlechtsorgane

Wie sieht ein Baby ganz zu Anfang seines Lebens im Bauch der Mutter aus?

Es ist ein Ei, genauer gesagt, eine Eizelle. Sie besteht wie alle Zellen des menschlichen Körpers aus der Zellwand, dem Zellinneren (Protoplasma) und dem Zellkern. Mit einem Durchmesser von etwa 0,10 mm ist die Eizelle eine der größten Zellen. Man erkennt sie fast mit bloßem Auge.

Wie entsteht das menschliche Ei?

Es geht aus der Verschmelzung von zwei Geschlechtszellen hervor: Die männliche *Samenzelle (Spermium)* kommt vom Vater, die weibliche *Eizelle* kommt von der Mutter.

Die Eizelle ist eine große runde Zelle. Die Samenzelle besteht aus einem Kopf, der 30- bis 40mal so klein ist wie eine Eizelle und in dem der Zellkern sitzt, und einem Schwanzfaden, der die Samenzelle durch schlängelnde Bewegungen vorwärtstreibt.

1

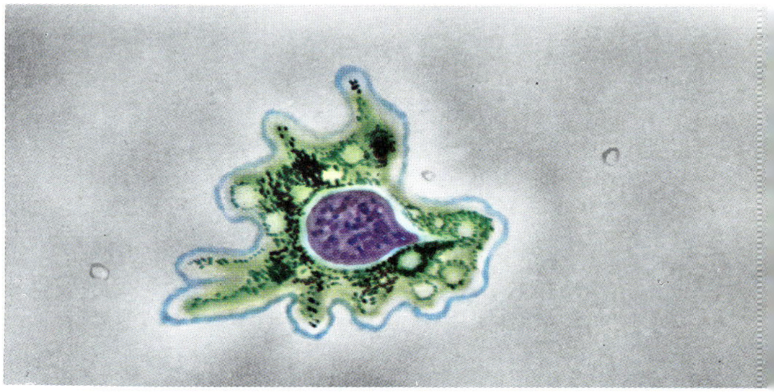

2

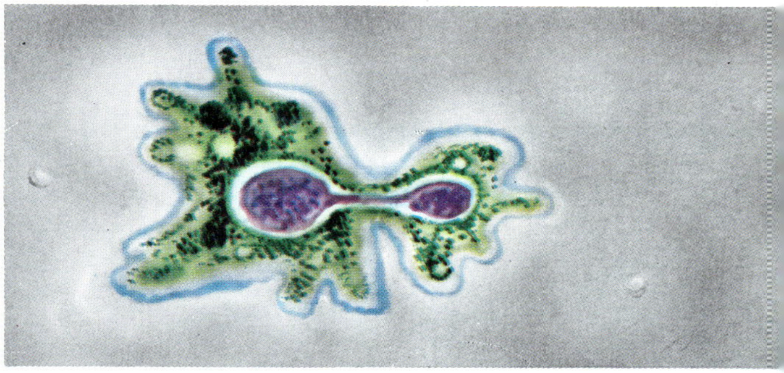

3

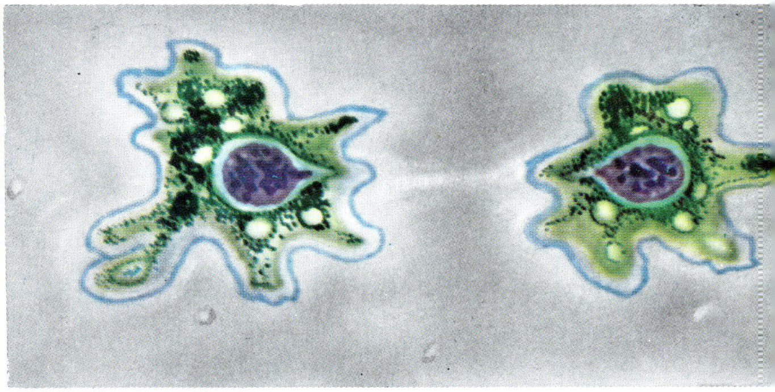

Rechts:
Zellteilung einer Amöbe. Die Amöbe besteht aus einer einzigen Zelle. In der Mitte enthält sie einen großen Kern, der von Protoplasma umgeben ist. Das Protoplasma ist nach außen hin ausgefranst. Diese Fransen, Pseudopodien oder Scheinfüßchen genannt, dienen der Amöbe zur Fortbewegung (1).
Die Amöbe (2) beginnt sich zu teilen. Der Kern und das Protoplasma schnüren sich ab.
Die Teilung ist vollendet (3). Aus der Mutteramöbe haben sich zwei Tochteramöben gebildet.

Links:
Aufgußtierchen (Infusorien). Diese Lebewesen bestehen aus einer einzigen Zelle mit einem Kern und einem Klümpchen Protoplasma. Man findet sie in Tümpeln ebenso wie im Blumenwasser.

Sobald die Samenzelle mit der Eizelle in Berührung kommt, verliert sie den Schwanz, und ihr Kern dringt in die Eizelle ein. Jetzt vereinigen sich die beiden Zellkerne. Damit ist die Eizelle befruchtet und zu einem *Ei* geworden.

Jeder der beiden Zellkerne, die sich zum Ei vereinigen, enthält eine Vielzahl von Merkmalen des jeweiligen Elternteils. Die Träger dieser Körpermerkmale sind in jedem Zellkern enthalten und heißen *Chromosomen*.

Jeder Kern einer menschlichen Körperzelle enthält 46 Chromosomen: 23 stammen vom Vater und 23 von der Mutter. Jeweils gleich große Chromosomen vom Vater und von der Mutter bilden ein Paar. Jeder Mensch hat in seinen Zellen also immer 23 Chromosomenpaare. Sie bestimmen seine ganz persönlichen Merkmale. Daher ähnelt man in bestimmten körperlichen oder geistigen Eigenschaften seinem Vater oder seiner Mutter, den Großeltern oder anderen Familienmitgliedern.

Warum wird man als Junge oder als Mädchen geboren? Ab welchem Zeitpunkt läßt sich das Geschlecht des Kindes feststellen? Kennt der Arzt das Geschlecht eines Babys vor der Geburt?

Das Geschlecht jedes Menschen wird durch eine zufällige Kombination der mütterlichen und väterlichen Chromosomen bestimmt.

Betrachten wir die Chromosomen einmal genauer: Sie sind nach Form und Größe sehr unterschiedlich, aber in einer normalen Körperzelle sind von 44 Chromosomen mindestens zwei einander immer ähnlich: Sie fügen sich daher zu 22 Paaren zusammen. Diese Chromosomenpaare ordnet man nach ihrer Größe. Das größte trägt die Nummer 1 und das kleinste die Nummer 22. Das 23. Chromosomenpaar bildet ein Restpaar. Es enthält die Geschlechtschromosomen. Bei der Frau besteht auch dieses Restpaar aus zwei gleichartigen X-förmigen Chromosomen (XX); beim Mann hingegen besteht das 23. Chromosomenpaar aus nur einem X-Chromosom und einem anderen, kleineren Chromosom, das wie ein Y geformt ist (XY).

Im Körper der Eltern enthält eine Ei- bzw. Samenzelle jeweils nur die Hälfte der Chromosomen, also 23.

Eizellen gehören alle demselben Typ an: Sie enthalten alle ein X-Chromosom. Bei den Samenzellen jedoch unterscheidet man zwei Typen: Einige haben als Nr. 23 ein X-Chromosom, andere ein Y-Chromosom.

Vereinigt sich die Eizelle mit einer Samenzelle mit einem X-Chromosom, entsteht aus diesem Ei ein Mädchen. Wird die Eizelle durch eine Samenzelle mit einem Y-Chromosom befruchtet, entsteht aus dem Ei ein Junge. Das ist nur vom Zufall abhängig.

Das Geschlecht des Menschen wird also im Augenblick der Befruchtung bestimmt. Man könnte das Geschlecht eines Kindes daher schon im voraus feststellen, wenn es technisch möglich wäre, das Ei zu untersuchen, ohne es zu gefährden. Vielleicht wird das Geschlecht eines Tages nicht mehr vom Zufall, sondern von der Wissenschaft bestimmt. Dann könnten die Eltern darüber entscheiden, ob sie eine Tochter oder einen Sohn haben möchten. Voraussetzung hierfür aber wäre, daß man die X- und die Y-Samenzellen voneinander trennt.

Gleich nach der Befruchtung beginnt die Eizelle sich zu teilen, erst in 2, dann in 4, in 8, in 16 Zellen usw. Nach einigen Tagen spezialisieren sich die Zellen, aus einigen entwickeln sich später die Sinnesorgane, aus anderen der Darm oder die Geschlechtsorgane, usw. Das Y-Chromosom der Samenzelle, das die Eizelle befruchtet hat, sorgt dafür, daß sich männliche Geschlechtsorgane entwickeln. Sichtbar wird das Geschlecht jedoch erst im 4. Monat der Schwangerschaft. Aber das chromosomale Geschlecht, von dem das sichtbare Geschlecht bestimmt wird, liegt bereits seit dem Augenblick der Befruchtung fest. Daher kann man in einigen Fällen das Geschlecht eines Fötus schon zu Beginn einer Schwangerschaft (im 2. bis 3. Monat) erkennen: Durch Untersuchung der Chromosomen der Zellen des Fruchtwassers (Amniozentese) oder eine Sonografie, eine Untersuchung mit Ultraschall, die etwas später vorgenommen werden kann und mit der man das kleine männliche Glied des Fötus in der Gebärmutter erkennt.

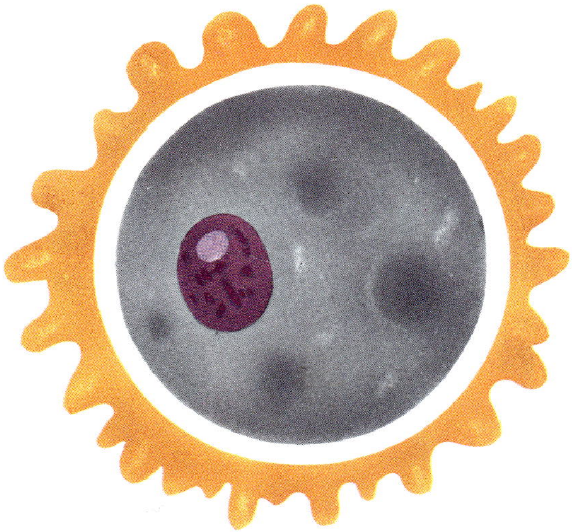

Wo entstehen Eizelle und Samenfäden?

Die Geschlechts- bzw. Keimzellen (Eizelle und Samenzelle) entstehen in den Geschlechts- oder Keimdrüsen. Die weiblichen Keimdrüsen sind die Eierstöcke, die männlichen die Hoden.

Drüsen sind Organe, die lebenswichtige Substanzen herstellen und diese direkt in das Blut oder in andere Organe abgeben. So entstehen in der Leber die Gallenflüssigkeit, die in den Darm gelangt und dort die Verdauung unterstützt. Die Schilddrüse erzeugt ein Hormon, das im Blut vor allem die Stoffwechselvorgänge beeinflußt.

Die Geschlechtsdrüsen haben eine zweifache Aufgabe. Sie sondern Wirkstoffe direkt in die Blutbahn ab: Die Geschlechtshormone. Diese sind für die Ausbildung der männlichen und weiblichen Geschlechtsmerkmale bestimmend. Außerdem sorgen diese Drüsen später für die Bildung der Geschlechtszellen.

Die Geschlechtsdrüsen des Kindes zu Beginn seines Lebens im Bauch der Mutter (in den ersten drei Monaten der Schwangerschaft Embryo, danach Fötus, und nach der Geburt Baby genannt) sind zunächst gleich. Erst allmählich treten Unterschiede im Geschlechtsapparat auf, je nachdem, welches Geschlecht für das Kind aufgrund der Chromosomen-Kombination vorherbestimmt ist. Durch die von diesen Drüsen erzeugten Geschlechtshormone kommt es zur Bildung der weiblichen und der männlichen Geschlechtsorgane.

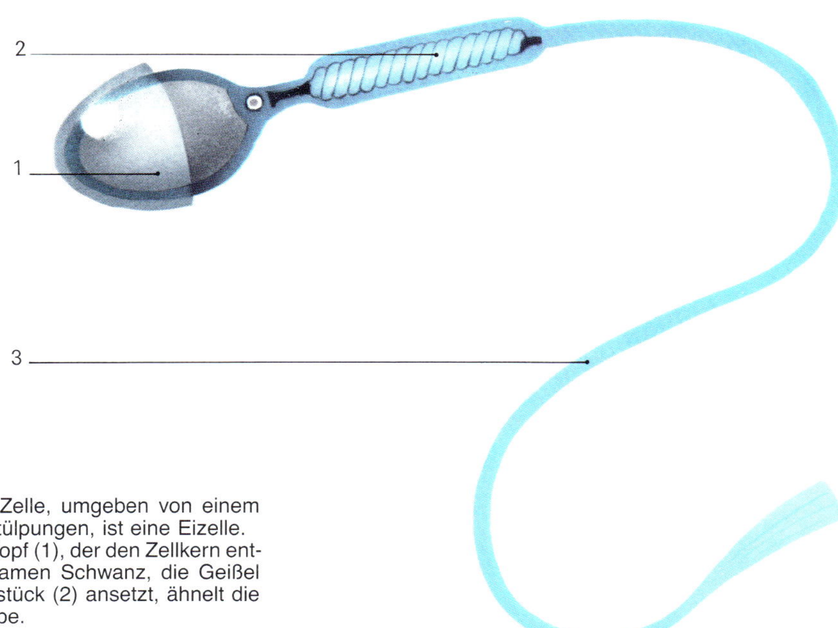

Oben: Diese große, runde Zelle, umgeben von einem Kranz kleiner Zellwandausstülpungen, ist eine Eizelle.
Unten: Durch ihren großen Kopf (1), der den Zellkern enthält, und den langen biegsamen Schwanz, die Geißel (3), die an einem Zwischenstück (2) ansetzt, ähnelt die Samenzelle einer Kaulquappe.

Was sind Geschlechtsorgane?

Im allgemeinen bezeichnet man als „Organe" Teile des Körpers, die eine ganz bestimmte Funktion erfüllen. Die Geschlechtsorgane haben *zwei Funktionen:* Sie sind wichtig für die Fortpflanzung – sie bilden die Keimzellen und Geschlechtshormone – und für den Geschlechtsverkehr selbst – sie dienen der Übertragung der Samenzellen.

Die *inneren* Geschlechtsorgane liegen im unteren Teil des Unterleibs in einem knöchernen Becken, dem sogenannten kleinen Bekken, hinter der Blase und vor dem Rektum (Mastdarm).

Die *äußeren,* sichtbaren Geschlechtsorgane liegen zwischen den Schenkeln; ihre Muskeln ragen in den Damm, das Perineum, hinein. An ihnen erkennt man bei der Geburt das Geschlecht eines Babys.

Die Geschlechtsorgane bestehen aus den Keimdrüsen (Eierstöcke und Hoden) – davon sprachen wir bereits – und den dazugehörigen Kanälen, durch welche die Samenzellen zur Fortpflanzung in die Eizellen gelangen. Sie sind so beschaffen, daß zwischen Mann und Frau Geschlechtsverkehr stattfinden kann. Der Mann hat ein herausragendes Geschlechtsorgan, das Glied (Penis), das er, wenn es versteift ist, in das nach innen führende Geschlechtsorgan der Frau, die Scheide (Vagina), einführt.

Bei allen Tieren führt die Verschmelzung von Eizelle und Samenzelle zur Entstehung eines befruchteten Eis. Doch die Art und Weise dieser Vereinigung ist bei den einzelnen Arten verschieden.

Bei den Fröschen findet sie während der Eiablage statt. Das Männchen hockt auf dem Rükken des Weibchens und entleert seine Samenfäden über die Eier. Die so befruchteten Eizellen entwickeln sich dann selbständig im Wasser.

Bei den Vögeln werden die Eizellen oder Eier durch die Samenzellen befruchtet, die das Männchen am Eingang der Geschlechtsorgane des Weibchens abgelegt hat. Dann werden die Eier gelegt und können sich während der Brutzeit entwickeln (im allgemeinen brütet das Weibchen die Eier aus, manchmal jedoch auch das Männchen).

Ganz anders erfolgen Befruchtung und Wachstum eines Embryos bei den Säugetieren (also auch beim Menschen). Das männliche Tier deponiert seine Samenzellen in der Vagina (Scheide) des Weibchens; sie wandern dann in den oberen Teil des Eileiters und befruchten dort eine oder mehrere Eizellen. Das befruchtete Ei entwickelt sich sodann in einem besonderen Organ des Säugetiers, dem Uterus (Gebärmutter). Dort wächst das Junge heran, bis es am Ende einer unterschiedlich langen Tragezeit (beim Menschen nennt man sie Schwangerschaft) als lebendiges Junges geboren wird.

Wann und wie entstehen die Samenzellen und die Eizellen?

Die Geschlechtszellen werden beim Mann und bei der Frau auf sehr unterschiedliche Weise gebildet.

Beim *männlichen Geschlecht* schütten die Hoden schon vor der Geburt (während des Lebens im Uterus) das männliche Geschlechtshormon Testosteron aus. Es ist dafür verantwortlich, daß aus dem Embryo ein Junge wird. Während der gesamten Kindheit ruht dann aber die Hormon- und Samenzellenproduktion der Hoden. Etwa im Alter von 13–15 Jahren, manchmal auch merklich früher oder später, nehmen die Hoden unter dem Einfluß der Hormonabsonderung einer Drüse, die unter dem Gehirn liegt (Hypophyse oder Hirnanhangdrüse), ihre Tätigkeit wieder auf.

Jetzt beginnen die Hoden erneut, Testosteron zu produzieren, und geben es an das Blut ab. Unter seinem Einfluß entwickelt sich der kindliche Körper zu dem eines Mannes. Er wird größer, die Schultern werden kräftiger, die Geschlechtsorgane wachsen. Um sie herum, sowie in den Achselhöhlen, am Kinn, auf den Wangen und auf der Oberlippe setzt der erste Haarwuchs ein. Der Junge kommt in den Stimmbruch, d. h. durch das Wachstum des Kehlkopfes werden die Stimmbänder länger und die Stimme wird tiefer. Die Schweiß- und Talgdrüsen beginnen vermehrt zu arbeiten. Es kommt zu einer gesteigerten Schweißabsonderung und gelegentlich auch zu Pickelbildung (Akne).

Alle diese Veränderungen, die Anzeichen der Pubertät sind, kommen erst nach mehreren Jahren zum Abschluß. Doch die Sekretion von Testosteron, hat sie erst einmal begonnen, hält ein Leben lang an.

Gleichzeitig mit der Verbreitung des männlichen Geschlechtshormons im Körper fangen die Hoden an, Samenzellen zu produzieren (vom Typ X oder vom Typ Y). Dann lösen sich die Samenzellen von den Wänden der Samenkanälchen der Hoden und beginnen ihre Wanderung durch die Geschlechtskanäle. Diese Produktion von Samenzellen ist unglaublich groß und dauert das ganze Leben eines Mannes an, von der Pubertät bis zu seinem Tod. Nur bei schwerer Erkrankung oder starker Ermüdung wird sie schwächer oder hört ganz auf.

Ganz anders verhält es sich beim *weiblichen Geschlecht*.

Zunächst einmal dauert bei einer Frau die Produktion von Eizellen nicht von der Pubertät bis an das Ende des Lebens.

Bei ihr wird nämlich schon vor Geburt, also noch während der Entwicklung im Uterus, in den Geschlechtsdrüsen (den Eierstöcken) ein Vorrat von etwa 400 000 Eizellen angelegt.

Die Fortpflanzung ist bei jeder Gattung verschieden. Bei den Säugetieren, wie z. B. dem Löwen (und dem Menschen), werden die Samenzellen des Männchens in der Scheide des Weibchens abgelegt. Das befruchtete Ei entwickelt sich in einem besonderen Organ des Weibchens, der Gebärmutter. Aus ihr wird es bei der Geburt ausgestoßen.

Der kleine Junge (rechts) hat einen glatten, ebenmäßigen Körper. Der Jugendliche (links) hat breitere Schultern bekommen. Das Glied ist größer geworden, und die erste Schambehaarung ist gewachsen. Die Haut des Penis ist meist ein wenig dunkler als die des übrigen Körpers.
Der Erwachsene (rechts) hat Haare auf der Brust. Die Schamhaare reichen oft bis zum Nabel. Penis und Hodensack haben sich weiterentwikkelt und sind kräftiger pigmentiert als der übrige Körper.

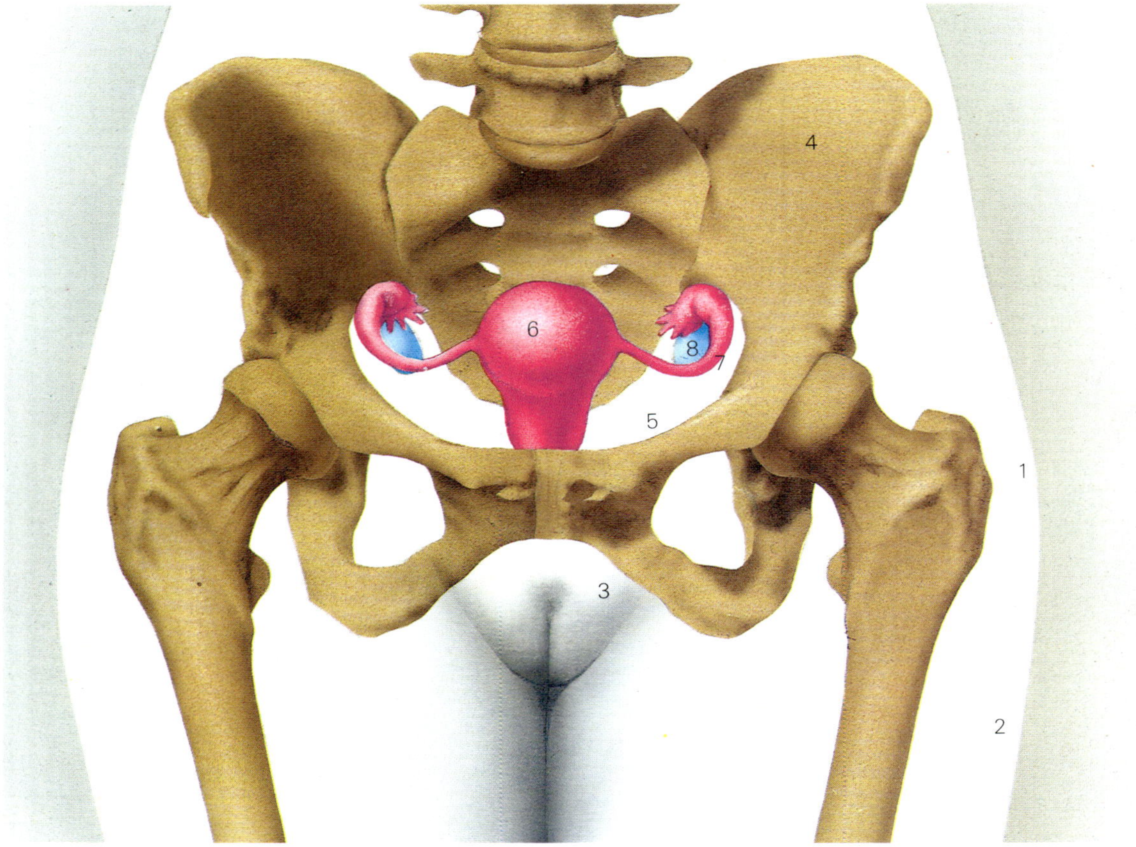

Das Becken der Frau. Man erkennt die Konturen des Körpers mit den Hüften (1), den Schenkeln (2) und den zwischen den Schenkeln gelegenen Schamlippen (3), die gewöhnlich mit Schamhaaren bedeckt sind.
Innerhalb dieser Konturen erkennt man das knöcherne Becken. Es ist weit ausladend (4) und enthält in seinem Inneren, dem kleinen Becken (5), die inneren Geschlechtsorgane der Frau, bestehend aus der Gebärmutter (6), den Eileitern (7) und den Eierstöcken (8).

Bis zur Pubertät bleiben sie in den Eierstöcken gespeichert. Erst im Alter von 13 bis 14 Jahren beginnen sie zu „reifen", d. h. werden sie zu befruchtungsfähigen Eizellen umgewandelt. Nach Abschluß dieses Prozesses lösen sie sich in einem Abstand von ungefähr 28 Tagen aus den Eierstöcken und wandern in den Eileiter: Dies nennt man *Eisprung* oder *Ovulation.*

Doch diese regelmäßige (zyklische) Freigabe von Eizellen dauert nicht bis zum Tode einer Frau fort; sie hört im Alter von etwa 48 bis 52 Jahren auf, d. h. ab dann kann eine Frau kein Kind mehr bekommen. Dieses Ende der Eierstockfunktion nennt man Menopause (oder auch Klimakterium oder Wechseljahre).

Von den insgesamt 400 000 Eizellen der Frau gelangen nur einige Hundert zur Reife (wenn sich alle 28 Tage eine Eizelle löst, sind es 420 in 35 Jahren), also insgesamt nur etwa eine Eizelle von Tausend.

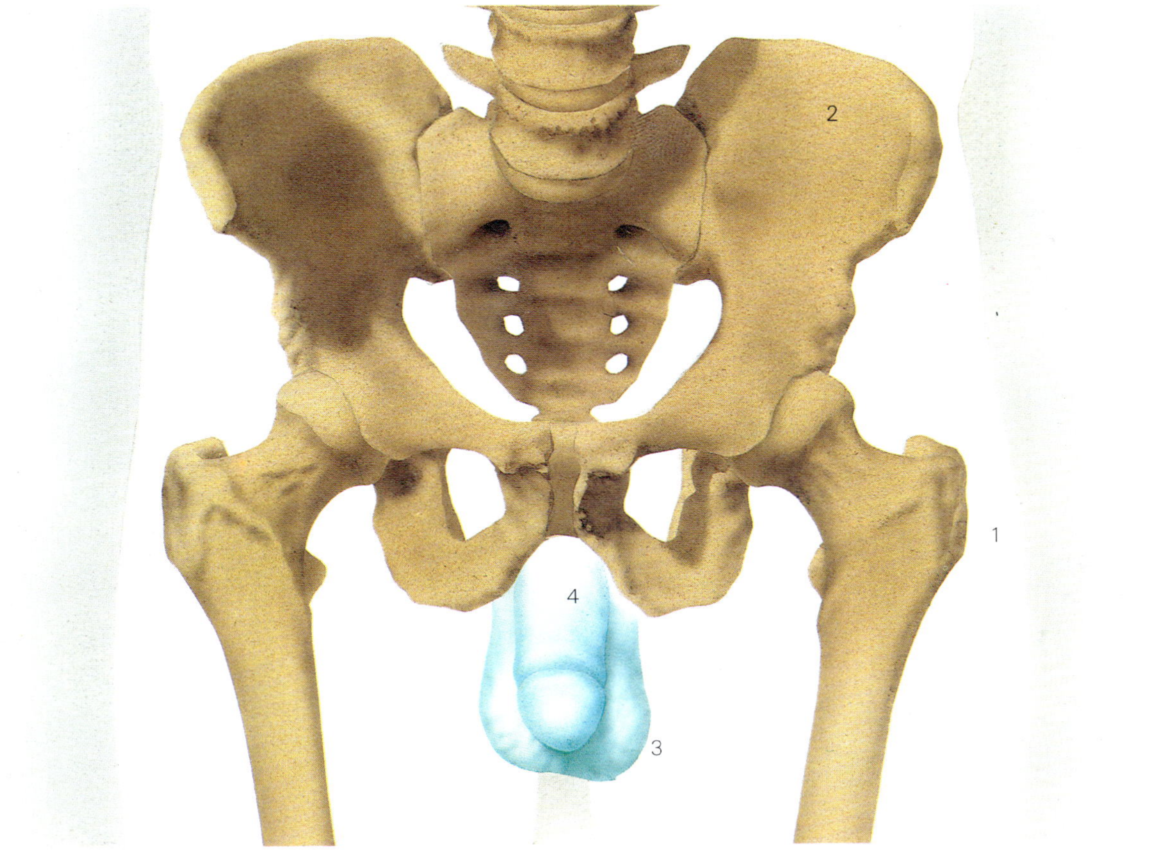

Das Becken des Mannes. Beim Mann sind die Hüften schmaler (1), das Becken ist steiler und enger (2). Die äußeren Geschlechtsorgane, der Hodensack (3) und der Penis (4), hängen vor den Schenkeln.

Was geschieht mit den 999 anderen? Sie reifen entweder nicht heran, oder aber sie sterben im Laufe der Reifung ab.

Wo befinden sich die Hoden?

Ganz zu Beginn des Lebens in der Gebärmutter liegen die Hoden (wie übrigens auch die Eierstöcke) im Abdomen (Unterleib) des Embryos. Im Laufe des zweiten Drittels der Schwangerschaft wandern sie allmählich abwärts und gelangen durch den Leistenkanal in den Hodensack (Skrotum) außerhalb des Körpers. Ihre Temperatur bleibt so stets ein wenig unter der normalen Körpertemperatur des Mannes, was die Bildung von Spermien begünstigt. Ist es außerhalb des Körpers sehr kalt, ziehen sich die Muskeln des Hodensacks zusammen; dadurch gelangen die Hoden näher an den wärmenden Bauch.

Das Skrotum hängt unterhalb des Bauches zwischen den Schenkeln vor dem After (Anus). Es ist ein mit feinen Muskelfasern durchsetzter Hautsack, der aus zwei Hälften besteht. In jeder Hälfte sitzt ein Hoden; der linke hängt ein wenig tiefer als der rechte.

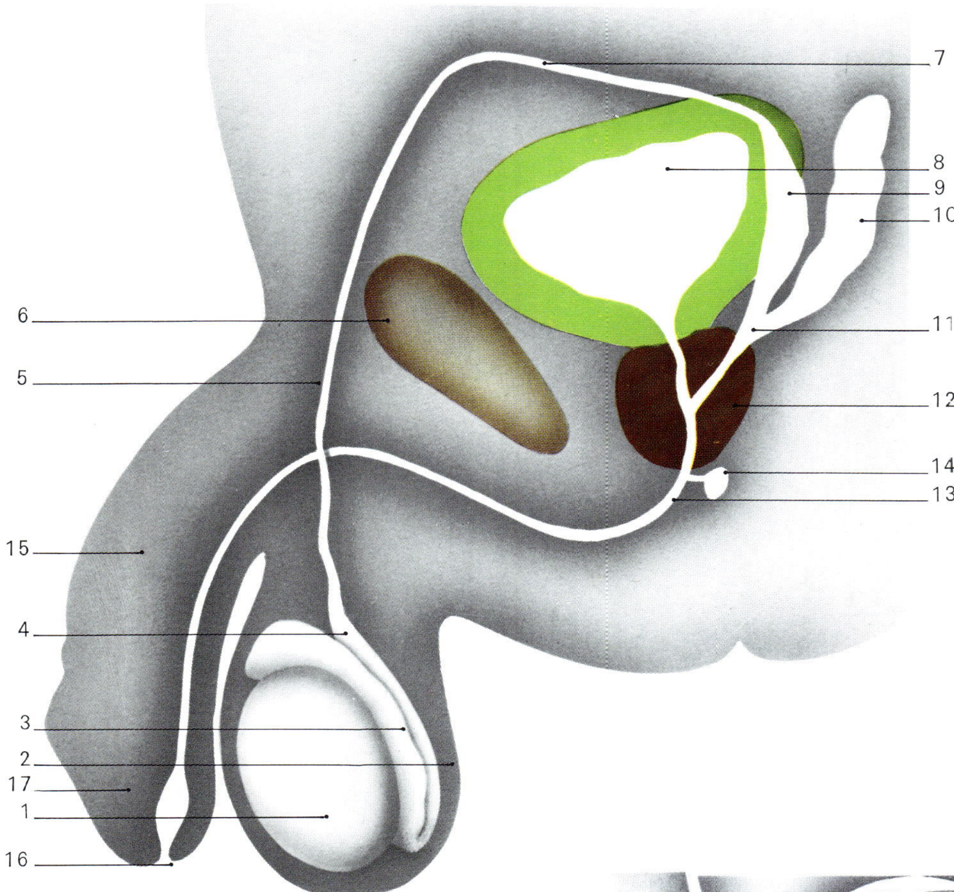

Die Geschlechtsorgane des Mannes (Schnitt durch die Seitenansicht)
Der Hoden (1) liegt im Hodensack (2). Darüber der Nebenhoden (3). Man erkennt den Samenleiter in seiner ganzen Länge. Er beginnt im Inneren des Hodensacks (4), läuft (5) vor dem Schambein (6) entlang, gelangt in das kleine Becken (7) oberhalb der Blase (8) und erweitert sich dann zur Ampulle (9). Die Samenblase (10) vereinigt sich mit dem Samenleiter zum Spritzkanal (11), der die Prostata (12) durchquert und in die Harnsamenröhre (13) mündet.
Unter der Prostata am Beckenboden befinden sich die Cowperschen Drüsen (14). Die Harnröhre verläuft unter dem Schambein, durchläuft den Penis (15) und endet als Harnröhrenöffnung (16) an der Spitze der Eichel (17).

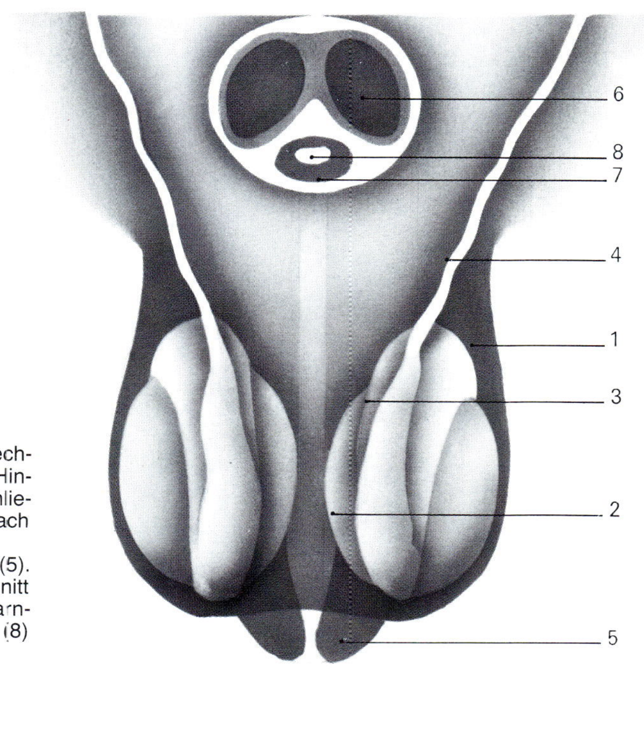

Hodensack, von hinten gesehen: In der linken und rechten Abteilung (1) des Hodensacks erkennt man die Hinterfläche der Hoden (2), der die Nebenhoden (3) anliegen. Die Samenleiter (4) führen hinter den Hoden nach oben zu den Leistenkanälen.
Vor dem Hodensack sieht man die Spitze der Eichel (5).
Im oberen Teil der Zeichnung: Der Penis im Querschnitt mit den beiden Rutenschwellkörpern (6) und dem Harnröhrenschwellkörper (7), der die Harnsamenröhre (8) umschließt.

Was sind die anderen männlichen Geschlechtsorgane?

Die Samenkanälchen des Hodens, von denen wir schon gesprochen haben, laufen mitten durch kleine Zellinseln, die das Testosteron produzieren. Sie vereinigen sich zu einem Kanal, dem *Nebenhoden,* der sich von oben und von hinten an den jeweiligen Hoden anlegt.

Aus den Nebenhoden führt jeweils ein wenige Millimeter dicker Schlauch, der *Samenleiter,* der beim Erwachsenen etwa 40 Zentimeter lang ist. Sein Verlauf ist sehr kompliziert. Er steigt vom Skrotum auf, führt vor dem Schambein vorbei – einem Knochen, den man im Unterleib fühlen kann – und dringt schließlich durch die Muskeln, durch die sich der Hoden in der embryonalen Entwicklung seinen Weg gebahnt hatte, in das kleine Becken ein. Hier nähern sich der rechte und der linke Samenleiter und schmiegen sich, nachdem sie den Harnleiter gekreuzt haben, eng an die Blasenhinterwand.

An dieser Stelle erweitern sich die Samenleiter birnenförmig, gelangen jeder in eine längliche Tasche, die *Samenblase,* und münden in die Harnröhre. Unterhalb der Harnröhre durchqueren sie eine Drüse, die *Prostata* (Vorsteherdrüse), die die Harnröhre wie ein Ring umschließt.

Die Samenleiter sondern eine geringe Menge eines Sekrets ab, in dem die Samenzellen schwimmen. Die Samenblasen und die Prostata sondern eine etwas dicklichere Flüssigkeit ab. Zusammen mit dem Sekret, das die Samenzellen enthält, bildet sie die Samenflüssigkeit oder das *Sperma.* Dieses Sperma sammelt sich in den Samenleitern und Samenblasen.

Ab der Stelle, an der die Spritzkanäle in die Harnröhre einmünden, wird diese zu einem Kanal, in den sowohl Sperma als auch Urin fließen können. Er verläuft weiter bis in das männliche Glied (den Penis). Dieses ist also gleichzeitig Geschlechtsorgan und Ausscheidungsorgan für den Urin.

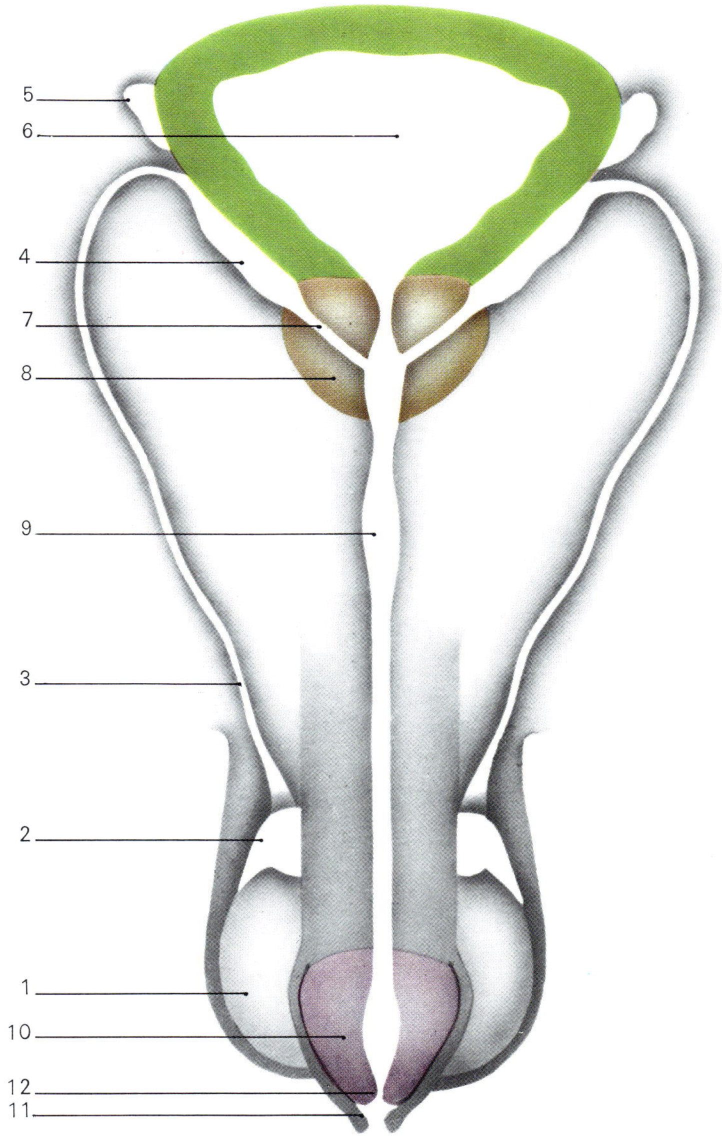

Schnitt durch die *Vorderansicht der männlichen Geschlechtsorgane:* Die Hoden (1), der obere Teil der Nebenhoden (2), die Samenleiter (3), die sich zu den Ampullen (4) erweitern, die oberen Anteile der Samenblase (5) hinter der Blase (6), die Spritzkanäle (7), die die Prostata (8) durchqueren und in die Harnröhre (9) münden. Die Eichel (10) des Penis, bedeckt von der Vorhaut (11), und die Harnröhrenöffnung (12).

Der größte Teil des Penis besteht aus den beiden Rutenschwellkörpern (1) und dem weniger umfangreichen Harnröhrenschwellkörper (2). Die Verdickung am oberen Ende des Harnröhrenschwellkörpers bildet die Peniswurzel (Bulbus Penis) (3), das verdickte untere Ende die Eichel (4).

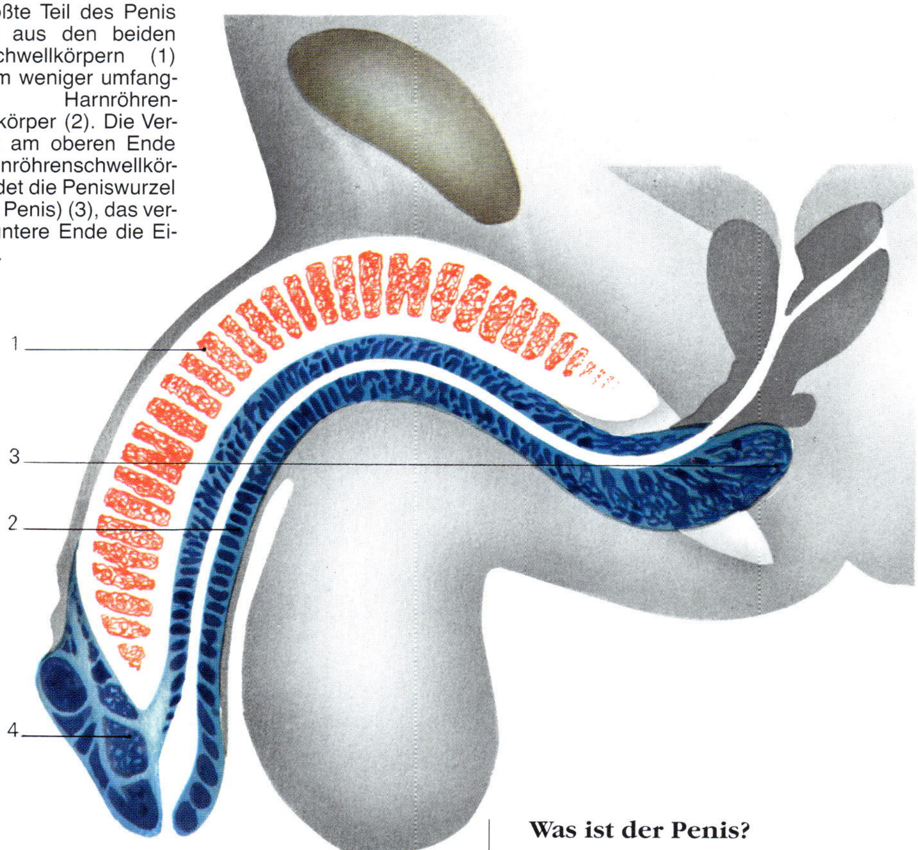

Was ist der Penis?

Der Penis, das männliche Glied, ist ein zylindrisches Organ, das am Unterleib hängt. Er besteht aus drei schwammartigen Schwellkörpern (die sich bei geschlechtlicher Erregung prall mit Blut füllen und aufrichten) und der Harnröhre.

Am unteren Rand des Schambeins hängen zwei Hohlkörper, die Rutenschwellkörper. An ihrer Unterseite lassen sie eine Rinne frei, in der der dritte Hohlkörper, der Harnröhrenschwellkörper, liegt. Er umgibt die Harnröhre von ihrem Ursprung unter der Prostata bis zu ihrem Ende in der Harnröhrenmündung. Der Harnröhrenschwellkörper bildet vorn eine Verdickung, die Eichel, die über die beiden Rutenschwellkörper hinausragt.

Diese drei schwellfähigen Körper und die Harnröhre bilden also den Penis. Er ist von einer zarten Haut bedeckt, die am Ende der Eichel eine Falte bildet. Das ist die Vorhaut. Sie ist unterschiedlich lang. Manchmal ist ihr unterer

Wie gelangt das Sperma nach draußen?

Damit Sperma aus dem Penis herausgespritzt werden kann, bedarf es zweier Vorgänge: der Erektion und der Ejakulation.

Bei der Erektion verändert sich der Penis, er wird größer und härter.

Unter Ejakulation versteht man das rhythmische Austreten von Sperma aus dem Glied; dieser Moment fällt mit dem Orgasmus des Mannes zusammen.

Teil zu eng, so daß sie sich nicht über die Eichel zurückstreifen läßt. Diese Verengung der Vorhaut (Phimose) ist eine harmlose Mißbildung, die sich durch einen kleinen chirurgischen Eingriff (Beschneidung) beheben läßt.

Wodurch werden Erektion und Ejakulation hervorgerufen?

Erektion und Ejakulation werden durch die verschiedenartigsten physischen und psychischen (also körperlichen und gefühlsmäßigen) Erregungen oder Sinneswahrnehmungen hervorgerufen, die auf ein im unteren Teil des Rükkenmarks befindliches Reflexzentrum wirken.

Bei einer Erektion strömt Blut in die Schwellkörper des Penis. Und die Venen, durch die das Blut normalerweise wieder in den Hauptblutkreislauf zurückfließt, schließen sich. Das Glied schwillt an, wird länger und dicker. Es versteift sich und richtet sich auf.

Die Ejakulation (Samenerguß) tritt ein, wenn das Glied erigiert und die Erregung stark genug ist. Sie wird durch eine Reizung der Lendenmarksnerven hervorgerufen. Es handelt sich um einen Reflex. Manchen Männern gelingt es, die Ejakulation willkürlich zurückzuhalten. Sie besteht aus heftigen Kontraktionen der Muskulatur des Samenleiters. Durch diese Kontraktionen wird das Sperma, das sich in den Samenblasen angesammelt hat, in die Harnröhrenmündung befördert.

Das Sperma wird in mehreren Stößen von abnehmender Stärke herausgespritzt. Die Menge des Ejakulats beträgt in der Regel 2 bis 4 Kubikzentimeter oder mehr. In jedem Kubikzentimeter befinden sich im Durchschnitt 50 bis 100 Millionen Samenzellen. Eine große Anzahl bleibt noch viele Stunden nach der Ejakulation beweglich und damit befruchtungsfähig.

Erektion und Ejakulation können auch spontan während des Schlafes auftreten. Der Samenerguß in der Nacht, Pollution genannt, kommt bei Jugendlichen häufig vor. Er ist etwas ganz Natürliches und bietet keinen Anlaß zur Besorgnis.

Muß ein Junge operiert werden, dessen Hoden nicht in den Hodensack abgestiegen sind?

Oftmals steigen die Hoden noch kurz nach der Geburt ab. Zunächst kann mit der Gabe spezieller Hormone der Abstieg gefördert werden; wenn dadurch kein Erfolg eintritt, sollte operiert werden. Wenn diese Operation rechtzeitig (vor dem 18. Lebensmonat) stattfindet, ist eine normale Entwicklung der Hoden erreichbar.

Bei einer Phimose besteht eine zu starke Verengung des äußeren Vorhautringes (1); deshalb kann die Vorhaut nicht über die Eichel zurückgleiten. Um Komplikationen, wie Entzündungen, zu vermeiden, wird ein Teil der Vorhaut entfernt (2). Diese Operation nennt man Beschneidung (Circumcision).

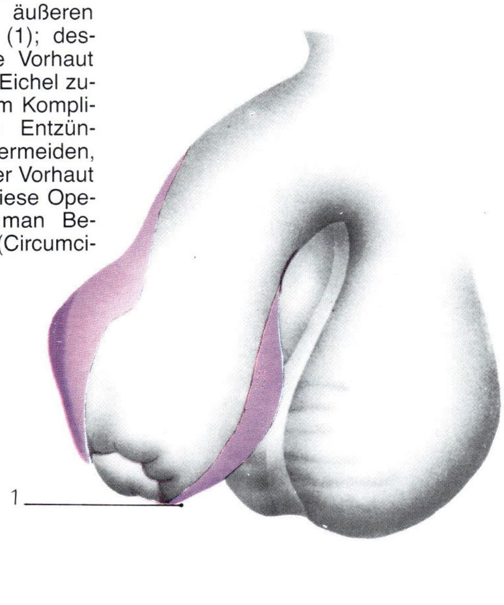

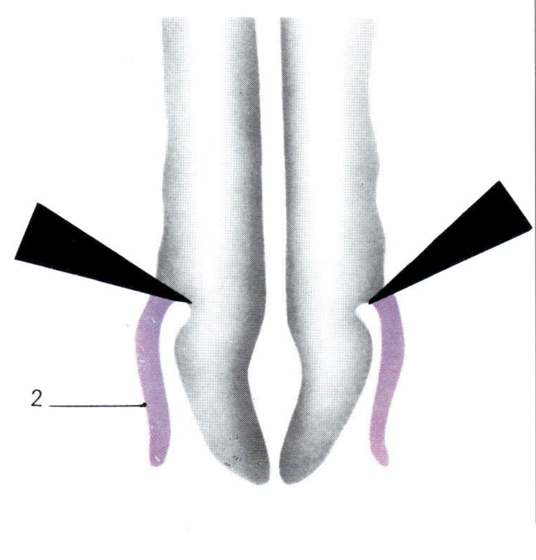

Warum führt man eine Beschneidung durch?

Es gibt Fälle, in denen der harmlose Eingriff einer Beschneidung notwendig ist, z. B. wenn die Öffnung der Vorhaut so eng ist, daß sie sich nicht über die Eichel zurückschieben läßt. Da sich die Falte zwischen Vorhaut und Eichel dann nur sehr schwer reinigen läßt, kann es zu Entzündungen kommen. Außerdem wird die normale Erektion des Gliedes behindert.

In manchen Religionen werden Knaben schon im frühesten Alter aus religiösen Gründen beschnitten, vor allem bei Juden und Mohammedanern. Es heißt, die Beschneidung würde die sexuelle Erregbarkeit des Mannes vermindern, weil dadurch die Schleimhaut auf der Eichel weniger empfindlich wird. Doch das ist nicht erwiesen.

Was ist die Vergrößerung der Prostata? Warum muß sie operiert werden?

Wie viele andere Drüsen neigt die Prostata bei älteren Männern dazu, sich übermäßig zu vergrößern. Dann spricht man von einem Prostata-Adenom. Die Prostata liegt vom Damm aus gesehen vor der Harnblase und umgibt die Harn-

Bei einer Hodenektopie (Hodenhochstand) sind der oder die Hoden nicht in den Hodensack hinabgewandert, sondern im kleinen Becken oder – wie auf dieser Zeichnung – im Leistenkanal geblieben (1). Das Hodengewebe kann dann nicht normal arbeiten; dadurch ist die Produktion des Spermas gestört oder ganz unterbunden. Das Hauptmerkmal dieser Anomalität ist ein leerer Hodensack (2). Man kann die Hoden manchmal in der Leistengegend noch fühlen; wenn sie aber im kleinen Becken liegen, kann auch der Arzt sie nicht ertasten.

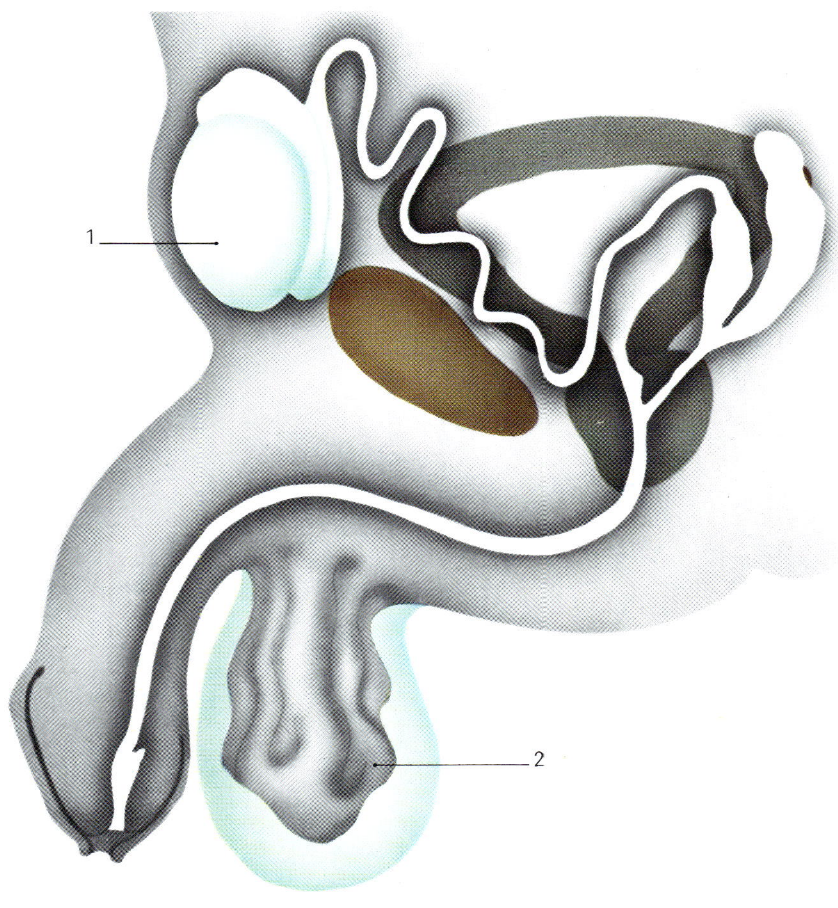

röhre. Vergrößert sie sich, kommt es zu einer Verengung der Harnröhre und einer Behinderung des Harnabflusses. Die Entleerung der Blase wird immer mühsamer und unvollständiger. Es besteht das Risiko einer Harnwegsinfektion. Das Adenomgewebe muß also entfernt werden, damit der Urin wieder normal abfließen kann.

Was ist ein Leistenbruch? Gibt es das auch bei der Frau?

Es kann vorkommen, daß sich der Zwischenraum zwischen den Muskeln des Unterleibs, durch den die Hoden während der embryonalen Entwicklung mit einem Teil des Samenleiters in das Skrotum (Hodensack) hinabwandern, nicht schließt. Beim Jungen oder später beim Mann werden diese Muskeln durch den Druck der Baucheingeweide mehr und mehr auseinandergedrückt. So kann es dazu kommen, daß ein Teil des Bauchfells oder sogar des Dünndarms in den Leistenkanal dringt und sich die Haut an dieser Stelle vorwölbt. Diese Vorwölbung nimmt an Umfang zu, wenn beim Husten oder bei körperlicher Anstrengung der Druck im Bauchraum ansteigt. Sie läßt sich oft zurückdrücken. Ein Leistenbruch kann einseitig oder beidseitig auftreten. Um ernsthafte Komplikationen zu vermeiden (z. B. durch strangulierte Darmschlingen), muß die Öffnung im Muskelgewebe durch eine Operation geschlossen werden.

Bei Frauen kann durch eine schwache Muskulatur das gleiche Krankheitsbild auftreten, wenngleich dies viel seltener ist.

Was versteht man unter sexueller Unschuld?

Sexuell „unschuldig" werden Jungen und Mädchen genannt, die noch keinen Geschlechtsverkehr hatten. Man spricht auch von Jungfräulichkeit, insbesondere bei Mädchen. Es bedeutet, daß das Hymen (siehe Seite 36) noch unversehrt ist. Beim Jungen gibt es keine körperlichen Anzeichen sexueller Unschuld. Der Ausdruck „sexuelle Unschuld" wird heute nur noch selten verwendet.

Frauen haben die Regel – gibt es etwas Vergleichbares bei Männern?

Nein, denn das wesentliche Merkmal der Physiologie des männlichen Geschlechtsapparates ist, daß er unabhängig von Zyklen ohne Unterbrechung arbeitet.

Kann ein Junge schon in der Pubertät Vater werden?

Ja, sobald die Hoden einwandfrei arbeiten und ausreichend viele Samenzellen im Sperma vorhanden sind, kann ein Junge Vater werden. Es ist jedoch nach der ersten Ejakulation noch eine gewisse Zeit nötig, bis das Sperma befruchtungsfähige Samenzellen enthält. Wie lange das dauert, ist allerdings unterschiedlich.

Wie sehen Eierstöcke aus und wo liegen sie?

Die Eierstöcke haben wie die Hoden die Form einer Mandel. Die Oberfläche der Eierstöcke ist unregelmäßig und von weißlichen Narben durchsetzt. Je nach dem Zeitpunkt innerhalb eines Zyklus kann man einen violettfarbenen Höcker, den *Follikel*, oder ein verschieden großes, gelbliches Gebilde, den *Gelbkörper*, erkennen, in den sich der Follikel nach dem Eisprung umgewandelt hat. Die weißlichen Narben sind die Reste zugrundegegangener Gelbkörper.

Die Eierstöcke liegen vor der Gebärmutter links und rechts an der Bauchwand des kleinen Beckens.

Ihre Lage ist nicht absolut fest und nicht bei allen Frauen gleich. Jeder Eierstock ist an einem Band aufgehängt, das die Blutgefäße enthält, von denen er ernährt wird. Diese Bänder sind dehnbar, daher können die Eierstöcke unterschiedliche Lagen einnehmen. Außerdem sind sie lose mit anderen inneren Geschlechtsorganen, wie Gebärmutter und Eileiter, verbunden. So können sie deren Bewegungen folgen, zum Beispiel während einer Schwangerschaft.

Was sind die anderen inneren Geschlechtsorgane der Frau?

Es sind die beiden Eileiter, durch welche die Eizelle oder das befruchtete Ei aus dem Eierstock in die Gebärmutter gelangt.

Und es sind die Gebärmutter und die Scheide (Uterus und Vagina). In die Vagina führt der Mann beim Geschlechtsverkehr seinen Penis ein. Sie stellt die Verbindung zwischen Uterus und Außenwelt dar.

Wie sehen Eileiter aus?

Ein Eileiter ist ein in die Gebärmutter mündender Schlauch, der sich an seinem Ende in der Nähe der Eierstöcke trichterförmig erweitert. Diesen Teil des Eileiters nennt man Ampulle oder Trompete. Zur Zeit des Eisprungs stellt sie die Verbindung zwischen Eierstock und Eileiter her, denn sie fängt mit ihrem ausgefransten Rand das aus dem Eierstock freiwerdende Ei auf und läßt es in die enge Öffnung des Eileiters gelangen.

Die Eileiter führen auf einem gewundenen Weg in die Mitte des kleinen Beckens. Hier mündet jeder der beiden Eileiter rechts bzw. links in die Gebärmutter.

Links: Bei einem jungen Mädchen sind die Brustwarzen etwas stärker pigmentiert, die Brust beginnt, sich zu entwickeln. Auf dem Schamberg und unter den Achseln wachsen Haare, die Schamspalte sitzt horizontal zwischen den Schenkeln.

Rechts: Die Haut des Körpers des kleinen Mädchens ist noch ganz glatt. Die Schamspalte ist von vorne deutlich zu sehen. – Bei der Frau ist die Brust voll entwickelt, die Schamhaare zeigen einen oberen horizontalen Abschluß; das Becken ist breiter, die Taille oft schlanker geworden.

Wo liegt die Gebärmutter?

Die Gebärmutter (Uterus) befindet sich etwa in der Mitte des kleinen Beckens. Sie ist ein Hohlmuskel und hat die Form einer liegenden Birne. Bei Frauen, die nicht schwangen sind, ist die Gebärmutter etwa 8–10 cm hoch, 2,5 cm dick und an ihrer höchsten Stelle 4–5 cm breit.

Die Wandung der Gebärmutter bildet ein dicker, starker Muskel. Während der Schwangerschaft wird sie sehr viel größer und schwerer. Ihr Gewicht steigt dann von 100 Gramm auf bis zu 1000 Gramm.

Die Gebärmutter steht aufrecht im Unterleib. Meistens neigt sie sich leicht nach vorn über die Blase; manchmal ist sie auch nach hinten gegen das Rektum abgeknickt.

Die Uterushöhle ist von vorn nach hinten abgeflacht. Von der Seite gesehen hat sie die Form eines Dreiecks. Die beiden oberen Win-

Die inneren Geschlechtsorgane der Frau:
Die Blase (1) ist nur zur besseren Orientierung eingezeichnet. Der Eierstock (2) liegt an der seitlichen Wand des kleinen Beckens, in seiner unmittelbaren Nähe die Trompete (4) des Eileiters (3), der in die Gebärmutter führt. Die Gebärmutter (5) ist nach vorne geneigt, der Gebärmutterhals (6) mündet in die Scheide (7). Die Scheide ist ein bindegewebig muskulöser, etwas nach hinten geneigter Schlauch; seine Öffnung (8) befindet sich unten hinter der Harnröhre (9) im Scheidenvorhof.

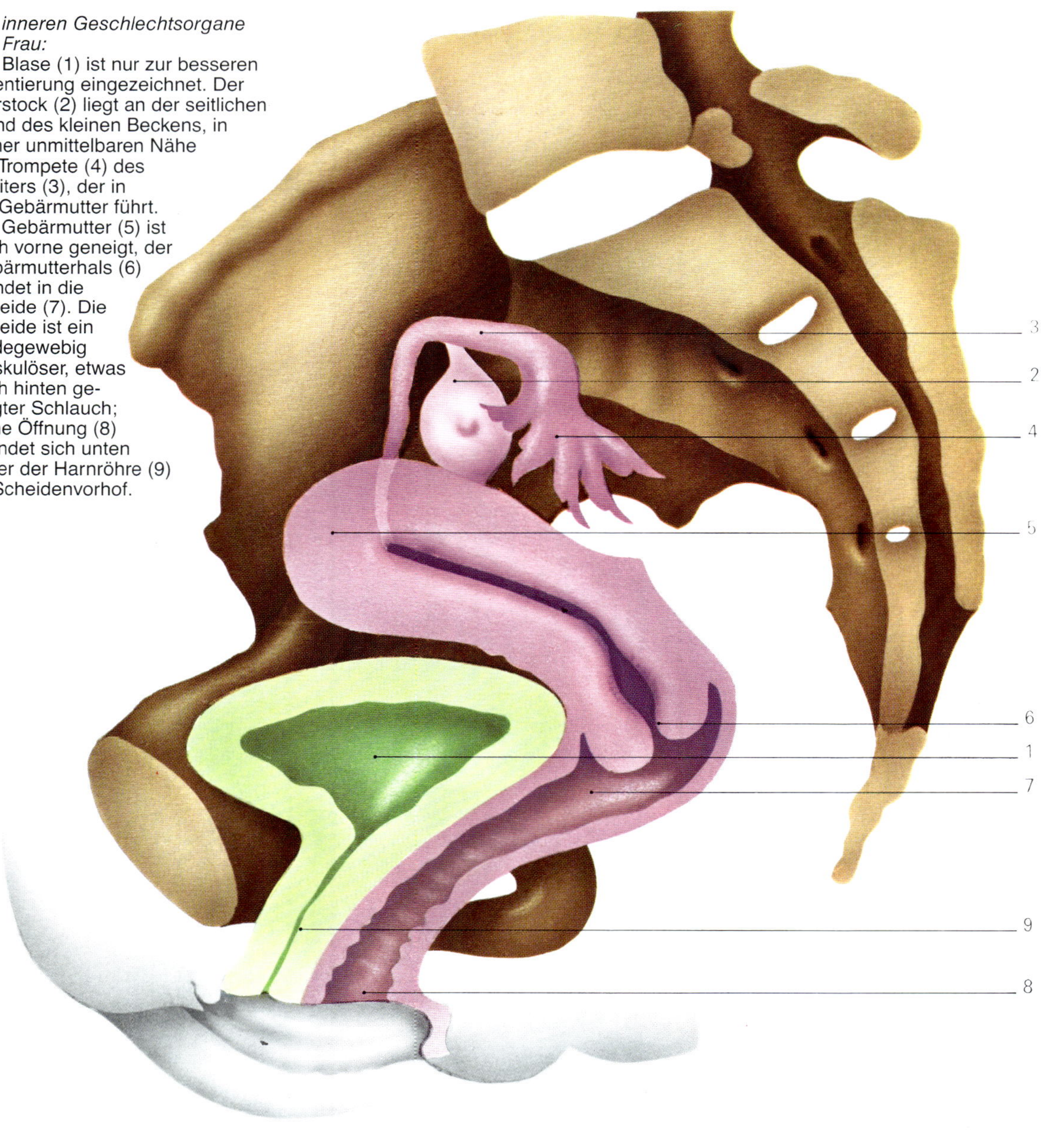

kel sind mit den Eileiterhöhlen verbunden, der untere Winkel steht mit der Scheidenhöhle in Verbindung.

Bei einer Operation sieht der Chirurg Uterus und Eileiter als ein von einer Bauchfellfalte überdecktes Gebilde. Das Bauchfell ist eine zarte Haut, die den gesamten Innenbereich des Unterleibs mit den darin liegenden Verdauungsorganen auskleidet.

In Höhe des kleinen Beckens hebt sich das Bauchfell dort, wo Gebärmutter und Eileiter liegen, wie eine Welle empor. Vorne überdeckt das Bauchfell die Blase und hinten den Mastdarm.

So sind die inneren Geschlechtsorgane der Frau zwar im Kontakt mit den Unterleibsorganen, bleiben aber durch die dünne Haut des Bauchfells von ihnen getrennt.

Das Becken der Frau im Längsschnitt:
Das Schambein (1), die Hüftbeinschaufel (2) und das Kreuzbein (3), der untere Teil der Wirbelsäule, bestehend aus den Kreuzbeinwirbeln (4) und dem Steißbein (5). Etwas heller als die knöchernen Strukturen sind die Weichteile dargestellt: Die Scham oder Vulva (6), die Klitoris (7), die große Schamlippe (8), die kleine Schamlippe (9) und die Vagina (10). Ohne die übrigen inneren Geschlechtsorgane der Frau ist hier auch der Eierstock (11) eingezeichnet.

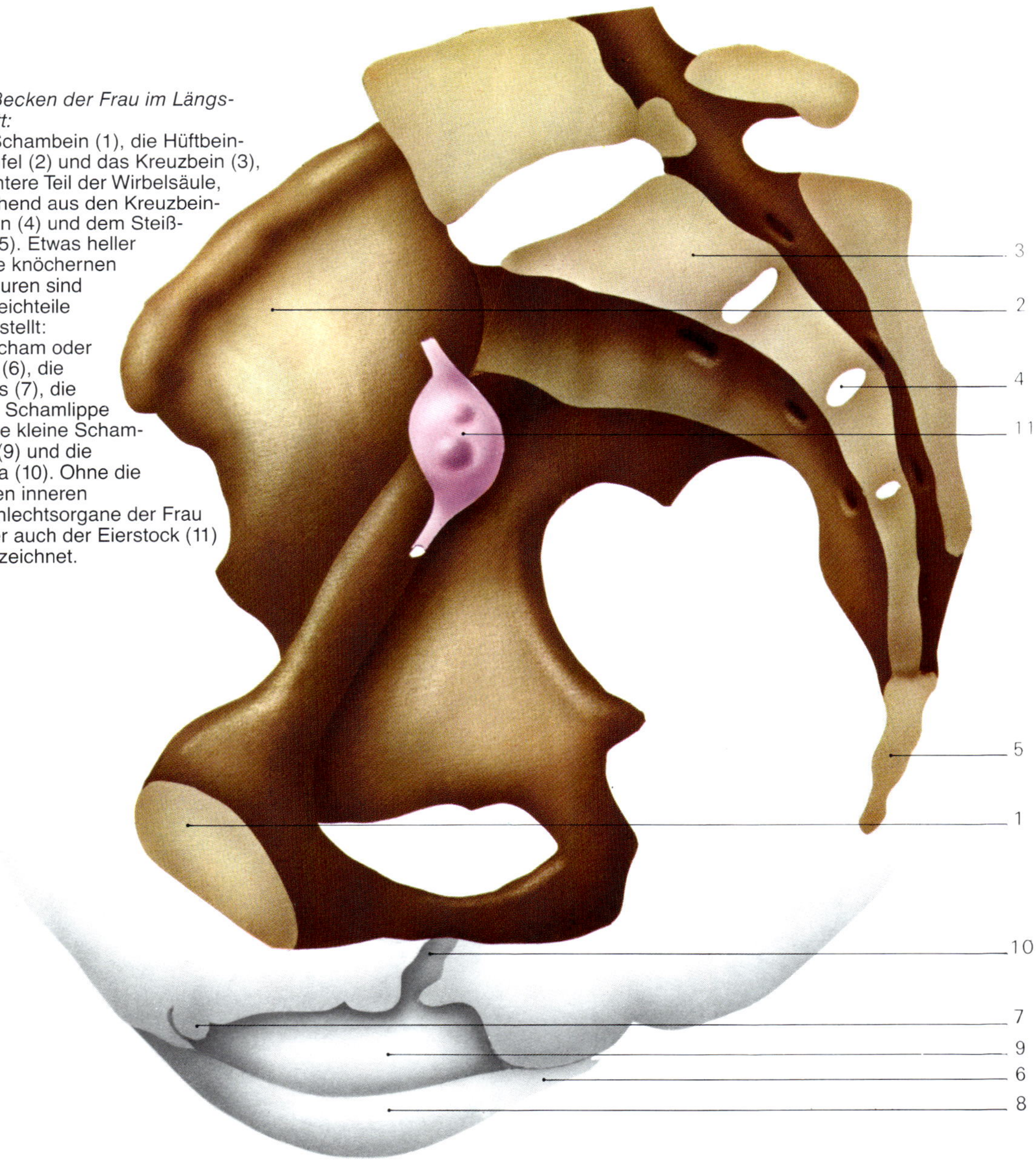

Wie ist die Scheide gebaut?

Die Scheide oder Vagina stellt die Fortsetzung der Gebärmutter dar, mit der sie fest verbunden ist.

Der Gebärmuttelhals, ihr unteres Ende, führt zur Vagina. Er stellt die Verbindung zwischen Gebärmutterhöhle und Scheide her.

Die Scheide ist ein von vorn nach hinten abgeflachter Schlauch, der sich hinten leicht nach oben krümmt. Die Scheidenwand besteht aus stark dehnungsfähigen Muskeln.

Nach außen, d.h. zu den äußeren Geschlechtsorganen der Frau (zur Vulva) hin, ist die Scheide offen.

Wo liegt die Vulva, und wie sieht sie aus?

Die Vulva oder äußere Scham liegt zwischen den Schenkeln vor dem After. Ihre vordere Begrenzung bildet der Venushügel, die hintere der Damm.

Unterkörper einer Frau in gynäkologischer Untersuchungslage (wie auch auf der folgenden Zeichnung): Deutlich erkennt man das knöcherne Becken mit der Schambeinfuge (1), die knöchern miteinander verwachsenen Äste des Sitzbeins und des Schambeins (2), die Hüftbeinschaufel (3) und das Steißbein (4). Durch den entstandenen knöchernen Ring tritt beim Geburtsvorgang der Kopf des Kindes.

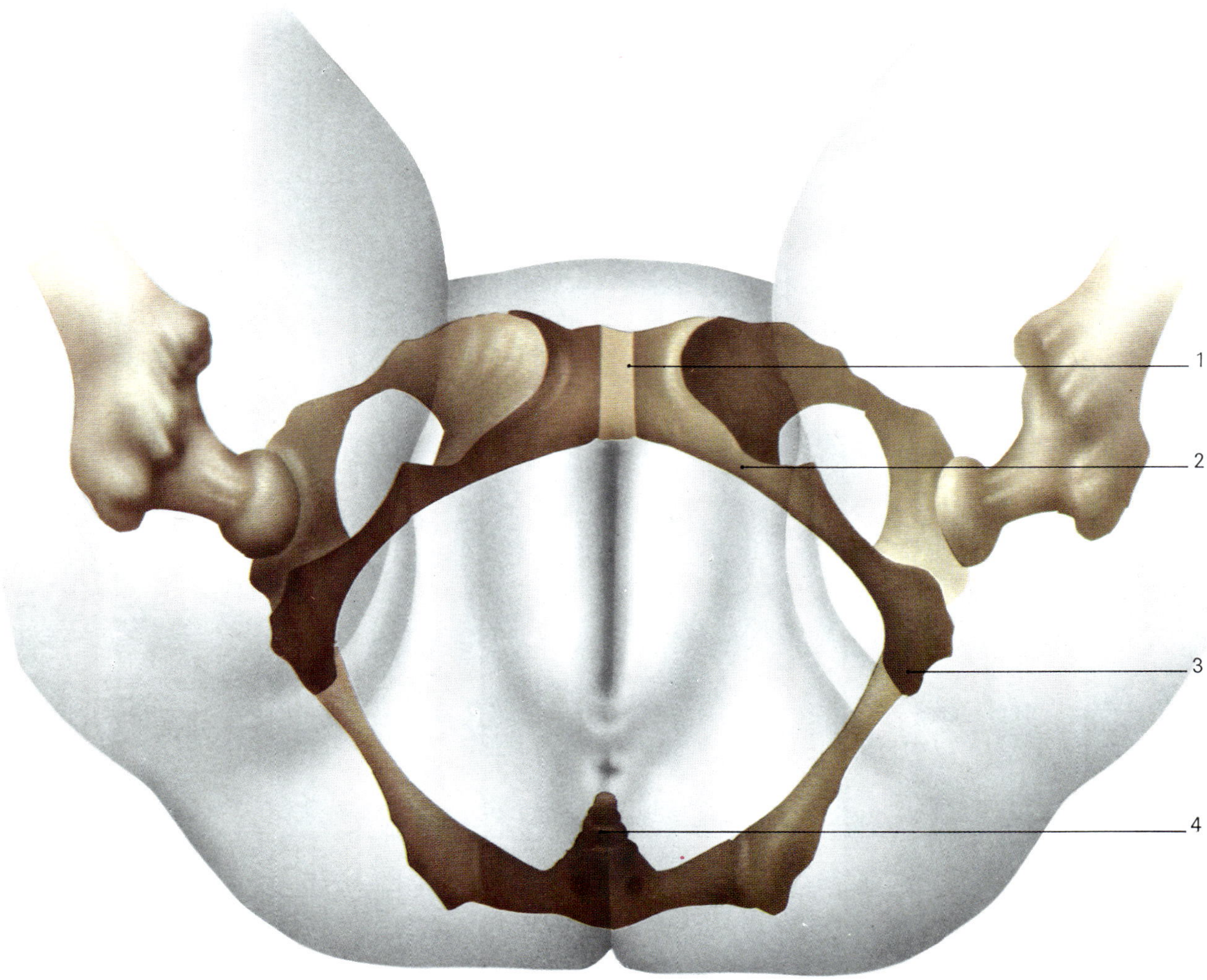

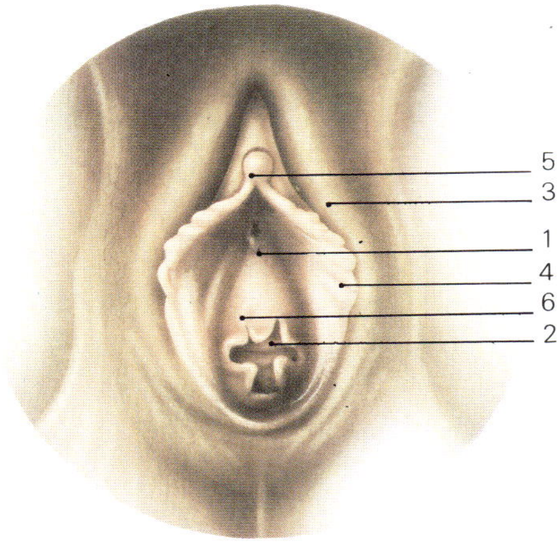

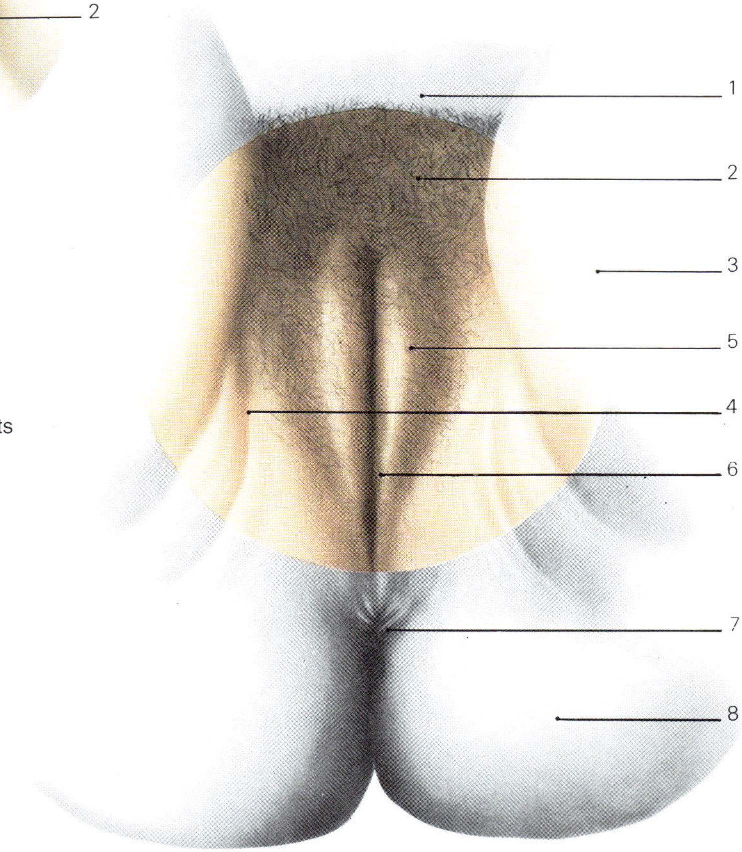

Oben:

Scham (Vulva)
Die großen Schamlippen sind gespreizt.
Die Öffnung des hier dargestellten Hymens (Jungfernhäutchens) ist bereits durch Geschlechtsverkehr erweitert und vergrößert.

1. Harnröhrenmündung
2. Hymen
3. Große Schamlippen
4. Kleine Schamlippen
5. Klitoris
6. Scheidenvorhof

Rechts:

Die Schamgegend

1. Bauchdecke
2. Venushügel
3. Schenkel
4. Genitalschenkelfalte
5. Große Schamlippen
6. Schamspalte
7. After
8. Gesäß

Die Vulva besteht aus zwei rechten und zwei linken Schleimhautfalten, die einen von Schleimhaut bedeckten, zum Teil hohlen Bereich umgeben, in den Harnröhre und Scheide münden.

Die beiden äußeren Hautfalten sind die großen Schamlippen. Sie sind außen mit Schamhaaren bedeckt, die sich nach vorn bis zum Schamberg unterhalb des Bauchs fortsetzen.

Spreizt man die großen Schamlippen auseinander, zeigen sich die unbehaarten kleinen Schamlippen, die mit einer glatten Schleimhaut überzogen sind; sie haben eine lebhaftere rosa Farbe als die Haut oder sind leicht bräunlich getönt. Häufig ragen sie mit ihrem mittleren, höheren Teil unter den großen Schamlippen hervor. Vorn laufen die kleinen Schamlippen zusammen und umschließen mit einer Hautfalte ein erektionsfähiges Organ, die Klitoris, auch Kitzler genannt.

Unten: Vulva eines jungen Mädchens. Die winzige Öffnung des Hymens kann verschiedene Formen haben (kreisförmig, sternförmig usw.); hier ist sie länglich. Darunter die Scham einer Frau, die schon Geschlechtsverkehr hatte. Die Öffnung ist ausgeweitet, ihre Ränder sind mehr oder weniger stark eingerissen. Nach der ersten Entbindung reißt das Hymen manchmal so weit ein, daß nur noch kleine narbige Wülste zurückbleiben.

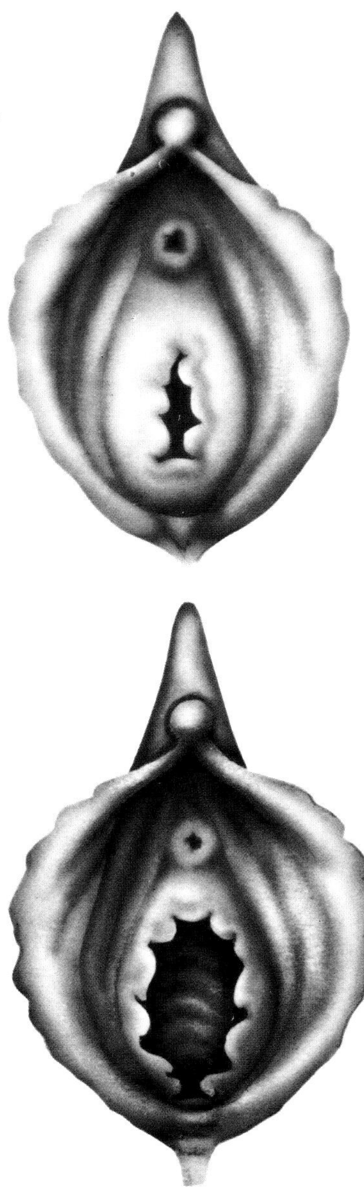

Die Klitoris ist durch straffes Bindegewebe mit dem Schambein verbunden. Sie hat die Form eines kleinen Stiels und endet mit einem Wulst, der Eichel der Klitoris.

Wie alle Erektionsorgane kann sich auch die Klitoris mit Blut füllen und nimmt dadurch an Umfang zu. Dabei richtet sie sich zum Schambein hin auf. Sie reagiert sehr empfindlich auf leichte Berührung und spielt daher für das Lustempfinden der Frau beim Geschlechtsverkehr eine sehr wichtige Rolle.

Die kleinen Schamlippen umgeben den Scheidenvorhof, der wie ein längliches Ei geformt ist. An seiner Spitze sitzt die Klitoris. Direkt hinter der Klitoris liegt die Harnröhrenöffnung, durch die der Urin ausgeschieden wird.

Hinter der Harnröhrenöffnung befindet sich die Öffnung der Scheide. Die Scheidenöffnung ist (das ist nur bei Menschen der Fall) teilweise durch ein Häutchen verschlossen, das Hymen oder Jungfernhäutchen.

Das Hymen besteht aus im allgemeinen sehr geschmeidiger Haut und hat in seiner Mitte eine nach Form und Größe sehr unterschiedliche Öffnung.

Wann zerreißt das Hymen? Stimmt es, daß die Frau beim ersten Geschlechtsverkehr Blut verliert? Ist es gefährlich, Tampons zu tragen? Ist eine Defloration durch Tampons möglich? Was bedeutet Jungfräulichkeit für ein Mädchen?

Ein unverletztes Hymen, dessen Öffnung meistens gerade so groß ist, daß ein Finger hindurchpaßt, ist das Zeichen der körperlichen Jungfräulichkeit, also dafür, daß das junge Mädchen bis zu diesem Zeitpunkt keinen vollständigen Vaginalverkehr gehabt hat. Die kleine Hymenöffnung ist dehnbar und reißt daher nicht ein, wenn – z. B. zur Zeit der Regelblutung – ein Tampon eingeführt wird.

Genauso dehnt sich das Hymen auch beim ersten Geschlechtsverkehr. Wenn es jedoch nicht sehr geschmeidig ist oder eine besonders enge Öffnung hat, kann es auch einreißen. Dabei kommt es zu einer kleinen Blutung, die weder gefährlich noch schmerzhaft ist.

Der erste Geschlechtsverkehr wie auch der

regelmäßige Gebrauch von Tampons erweitern die Hymenöffnung und hinterlassen kleine oberflächliche Auszackungen am Rand der Öffnung. Es ist sehr wichtig, darauf zu achten, daß am Ende der Regelblutung kein Tampon in der Vagina vergessen wird.

Kann sich das Hymen wieder schließen, wenn ein junges Mädchen nach einem Geschlechtsverkehr enthaltsam lebt? Kann es wieder Jungfrau werden?

Selbst wenn niemals wieder Geschlechtsverkehr stattfindet und auch keine weiteren Verletzungen des Hymens eingetreten sind, kann sich die Hymenöffnung, ist sie erst einmal erweitert oder eingerissen, nicht wieder schließen.

Verliert man beim ersten Geschlechtsverkehr seine Jungfräulichkeit?

Im allgemeinen öffnet sich beim ersten vollständigen Geschlechtsverkehr das Hymen so weit, daß es sich später nicht mehr merklich verändert. Bei häufigem Geschlechtsverkehr kann es sich jedoch noch etwas mehr weiten, besonders, wenn das Mädchen beim ersten Geschlechtsverkehr Angst verspürt hat oder wenn er vorzeitig abgebrochen worden ist.

In ganz bestimmten Fällen kann man aufgrund medizinischer Tatsachen sagen, daß ein Mädchen noch Jungfrau ist, aber man muß immer bedenken, daß die Größe der Hymenöffnung und die Geschmeidigkeit des Jungfernhäutchens sehr unterschiedlich sind, so daß sich oft nur sehr schwer feststellen läßt, ob ein junges Mädchen Geschlechtsverkehr gehabt hat oder nicht.

Was versteht man unter künstlicher Defloration?

Es ist außerordentlich selten, daß ein junges Mädchen sich künstlich entjungern lassen muß. Wenn aber das Hymen besonders fest und starr ist und eine sehr kleine Öffnung hat, kann der Geschlechtsverkehr sehr schmerzhaft sein oder mißlingen. Dann muß ein Gynäkologe mehrere sternförmige Einschnitte an der Jungfernhaut vornehmen. Diese Operation ist aber unkompliziert, und die Schnitte vernarben sehr schnell.

In äußerst seltenen Fällen kommt es vor, daß das Hymen überhaupt keine Öffnung hat. Dann muß der chirurgische Eingriff vorgenommen werden, damit das Blut während der Menstruation abfließen kann.

Kann es durch bestimmte Sportarten zu einer Verletzung des Hymens kommen?

Häufig wird behauptet, das Hymen könne durch Sportarten wie Reiten oder klassisches Ballet mit Spagat verletzt werden. Das ist ganz unwahrscheinlich. Dagegen kann es bei Unfällen, z. B. bei einem Sturz vom Pferd oder auf einen spitzen Zaunpfahl, zu Verletzungen des Damms kommen, wobei auch das Hymen einreißen kann.

Bemerkt ein Mann immer, ob ein junges Mädchen keine Jungfrau mehr ist?

Wenn man bedenkt, wie verschieden das Hymen in bezug auf seine Geschmeidigkeit und die Ausmaße seiner Öffnung sein kann, ist es offensichtlich, daß ein Mann meist nicht erkennen kann, ob ein junges Mädchen noch Jungfrau ist oder nicht. Das zeigt auch, daß man der Jungfräulichkeit nur eine sehr geringe Bedeutung beimessen sollte.

Die Regel

In welchem Alter tritt die erste Menstruation ein?

Das Pubertätsalter ist bei jedem Mädchen verschieden. Meistens kommt es zwischen dem 12. und 14. Lebensjahr zur ersten Monatsblutung oder Menstruation – manche sagen auch die Tage, die Periode oder die Regel. Sie kann allerdings auch schon früher (etwa mit 10 Jahren) oder später (erst mit 16 Jahren) eintreten, ohne daß eine Fehlentwicklung vorliegt.

Das Einsetzen der ersten Regelblutung bezeichnet man als Menarche.

Ist bei einer frühzeitigen Pubertät auch mit einer frühzeitigen Menopause zu rechnen?

Nein, im Gegenteil. Man hat häufig festgestellt, daß gerade bei den Frauen, die schon sehr früh ihre erste Menstruation hatten, die Wechseljahre spät beginnen, d. h. die Monatsblutungen sehr spät aufhören (Menopause). Oft findet man aber, daß das Alter der Pubertät und das der Wechseljahre innerhalb einer Familie sehr ähnlich liegen.

Besteht ein Zusammenhang zwischen dem Eintreten der ersten Regel und der Entwicklung der Brust?

Ja und nein. Die Entwicklung der Brust ist darauf zurückzuführen, daß der Eierstock weibliche Hormone absondert, die man Östrogene oder Follikelhormone nennt. Diese Sexualhormone sind auch an der Auslösung der Regelblutung beteiligt. Sowohl die Entwicklung der Brust als auch der Eintritt der Regelblutung werden also von den Hormonausschüttungen der Eierstöcke beeinflußt. Die Brust entwickelt sich vor dem Einsetzen der Regel. Tatsächlich gehen in der vorpubertären Zeit eine Reihe körperlicher Veränderungen vor sich: Das Mädchen wächst in wenigen Monaten um etwa 10 cm. Die Brust beginnt sich zu wölben. Die Brustwarze färbt sich durch Pigmenteinlagerung dunkler; dann entwickelt sich der Drüsenkörper der Brust. Auf der Scham und unter der Achsel beginnen Haare zu wachsen. Die Taille wird schlanker, der Körper des jungen Mädchens verwandelt sich ganz allmählich in den einer Frau.

Weiß man, wann das Wachstum aufhört?

Ja, das kann man ziemlich genau feststellen: Man erkennt das „Knochenalter" durch Röntgen des Handgelenks. Das Skelett eines Kindes besteht noch aus viel Knorpel, der auf der Röntgenaufnahme nicht zu sehen ist. In der Hand eines Erwachsenen hat sich Knorpel in Knochen umgewandelt. Anhand der Röntgenaufnahme kann ein Arzt feststellen, wieviel Knochen sich schon gebildet hat. Auf diese Weise ist es möglich, die spätere Größe des Kindes annähernd zu bestimmen.

Bei jungen Männern wird das Wachstum zwischen dem 18. und dem 21. Lebensjahr durch ein vom Hoden produziertes Hormon gestoppt. Junge Mädchen hören zwischen dem 16. und 18. Lebensjahr auf zu wachsen. Dies wird durch ein von den Eierstöcken gebildetes Hormon bewirkt.

Mit der ersten Regel beginnt – etwa im Alter zwischen 12 und 14 Jahren – die Pubertät. Ihr gehen eine Reihe von Veränderungen voraus, die den Körper des kleinen Mädchens allmählich in den einer Frau verwandeln. Ein Mädchen sollte schon vor dieser Zeit von der Mutter über die Monatsblutung aufgeklärt werden.

Warum bekommt man Pickel und Mitesser?

Unter dem Einfluß der Geschlechtshormone verändert sich auch die Haut: Die Talgdrüsen, die normalerweise einen Schutzstoff absondern, werden zu verstärkter Produktion angeregt. Dadurch kann es zur Bildung von recht unschönen Hautunreinheiten, Pickeln oder Mitessern kommen. Sie verstopfen die Poren der Drüsen.

Diese Erscheinungen sind zwar unangenehm, aber sie sind vorübergehend. Wenn sie sich nicht von allein zurückbilden, sollte man sich ärztlich behandeln lassen.

Wodurch wird die erste Regel ausgelöst?

Das Einsetzen der Monatsblutungen ist das Ergebnis eines sehr komplizierten Mechanismus: Des Menstruationszyklus.

Die erste Monatsblutung tritt auf, sobald der Eierstock genügend Hormone produziert, damit sich die Gebärmutterschleimhaut entwikkeln kann. Die Hormonproduktion des Eierstocks ist wiederum von der Hirnanhangdrüse (Hypophyse) abhängig.

Der Zyklus wird also von einem Befehlssystem gesteuert, das als kleine Drüse an der Gehirnbasis sitzt. Die Hypophyse empfängt ihrerseits Befehle vom Zentralnervensystem, das wiederum sehr sensibel auf Schwankungen der Hormonausschüttungen des Eierstocks reagiert.

Die Hypophyse reagiert auf diese Befehle mit der Produktion chemischer Substanzen: der Hypophysenhormone. Diese gelangen ins Blut und leiten die Befehle an die Eierstöcke weiter. Diese Hormone sind also Informationsträger, welche die Beziehungen zwischen Hypophyse, Eierstöcken und Gebärmutterschleimhaut regeln.

Warum tritt die Regel einmal im Monat ein?

Normalerweise setzt bei der Frau ungefähr alle 28 Tage eine Regelblutung ein.

Betrachten wir zunächst einmal, was im Laufe eines solchen Menstruationszyklus im Eierstock vor sich geht:

Mit jeder Regel beginnt ein neuer Zyklus. An der Oberfläche des Eierstocks entwickelt sich ein Follikel, der unter dem Einfluß des follikelstimulierenden Hormons immer größer wird. Er erreicht den Umfang einer Haselnuß. Man erkennt ihn mit bloßem Auge auf dem Eierstock. Wenn er ausgereift ist, platzt er und gibt die Eizelle frei. Diese noch ganz winzige Eizelle wird vom Eileitertrichter aufgenommen und gleitet den Eileiter hinab. Trifft die Eizelle im äußeren Drittel des Eileiters auf eine bis hierhin aufgestiegene Samenzelle, kann es zu einer Befruchtung kommen.

Bleibt die Befruchtung aus, stirbt die Eizelle ab. Der Follikel aber, der unter dem Einfluß eines zweiten Hypophysenhormons (es ist das Gelbkörper-stimulierende Hormon LH) geplatzt war, wandelt sich in jedem Fall in einen Gelbkörper um, das ist eine kleine, fettige Masse, die ihren Namen ihrer Farbe verdankt. Der Gelbkörper sondert ein Hormon ab, das Progesteron, das wiederum die Schleimhaut der Gebärmutter auf die mögliche Einnistung einer befruchteten Eizelle vorbereitet.

Wenn eine Befruchtung stattgefunden hat, sendet das Ei eine Botschaft zum Eierstock, und der Gelbkörper fährt fort, das zum Wachstum des Embryos notwendige Progesteron auszuschütten.

Wenn keine Befruchtung stattgefunden hat, wirkt sich die Absonderung von Progesteron hemmend auf die Produktion von LH aus, und der Gelbkörper bildet sich zurück. Der starke Abfall des Eierstockhormonspiegels im Blut führt dazu, daß sich die obersten Schichten der Gebärmutterschleimhaut ablösen und zerfallen. Sie werden abgestoßen. Dabei blutet es: Das ist die Regelblutung.

Aus zur Zeit noch nicht geklärten Gründen hat der Gelbkörper, wenn keine Befruchtung stattfindet, eine Lebensdauer von 13 bis 14 Tagen. Da ein Follikel zu seiner Entwicklung normalerweise 2 Wochen benötigt, dauert der gesamte Vorgang etwa 4 Wochen. Durch vielerlei Einflüsse (z. B. Streß, Reisen, Hunger) kann sich die Regel aber auch stark verschieben.

Wird Gebärmutterhalsschleim nur beim Geschlechtsverkehr abgesondert?

Nein, denn die Eierstockhormone wirken nicht nur auf die Gebärmutterschleimhaut, sondern auch auf andere Organe. So verändern sich zum Beispiel auch Gebärmutterhals und Scheide unter dem Einfluß des Östrogens. Die Bildung des zähflüssigen, glasigen Gebärmutterhalsschleims (Zervikalschleim), der von den zahlreichen Drüsen des Gebärmutterhalskanals ausgesondert wird, nimmt allmählich zu und der Schleim wird dünnflüssiger – bis zu dem Moment, da die Sekretion von Östrogenen ihren Höhepunkt erreicht. Sobald dann der Eisprung stattgefunden hat, schließt sich die Gebärmutteröffnung (Muttermund) und die Absonderung des Schleims hört auf.

Dadurch haben es die Samenzellen natürlich leichter, während des Eisprungs voranzukommen. Alles im Körper einer Frau ist Monat für Monat darauf ausgerichtet, günstige Bedingungen für eine Begegnung von Eizelle und Samenzelle zu schaffen.

Der vom Gebärmutterhals abgesonderte Schleim ist aber nicht zu verwechseln mit der vaginalen Gleitflüssigkeit, die von der Scheide bei sexueller Erregung ausgeschieden wird und den Geschlechtsverkehr erleichtert.

Von der Pubertät bis zur Menopause tritt jeden Monat eine Regelblutung ein. Die Eierstöcke erhalten ihre Befehle von der Hypophyse, die sehr sensibel auf psychische Veränderungen reagiert. Das erklärt, warum es in den Ferien oder auf Reisen leicht zu Regelstörungen kommen kann.

Von der Pubertät bis zur Menopause entwickelt sich Monat für Monat im Eierstock aus einem der zahlreichen Primärfollikel ein Follikel mit einer Eizelle. Zuerst ist er kaum zu erkennen; allmählich wird er so groß wie eine kleine Kirsche. Ist der Follikel reif, platzt er und gibt Eizelle und Follikelflüssigkeit frei. Die Eizelle wird vom Trichter des Eileiters aufgenommen und zur Gebärmutter transportiert. Im äußeren Drittel des Eileiters kann es zur Befruchtung kommen, wenn sich eine Eizelle und ein Spermium vereinigen. Die befruchtete Eizelle setzt ihren Weg zur Gebärmutter fort und nistet sich dort in der Schleimhaut ein.

1. Geplatzter Follikel
2. Reifer Follikel
3. Primärfollikel
4. Follikel im Entwicklungszustand
5. Reifer Follikel mit einer Eizelle
6. Gelbkörper
7. Eizelle
8. Eizelle in der Trompete des Eileiters
9. Befruchtung

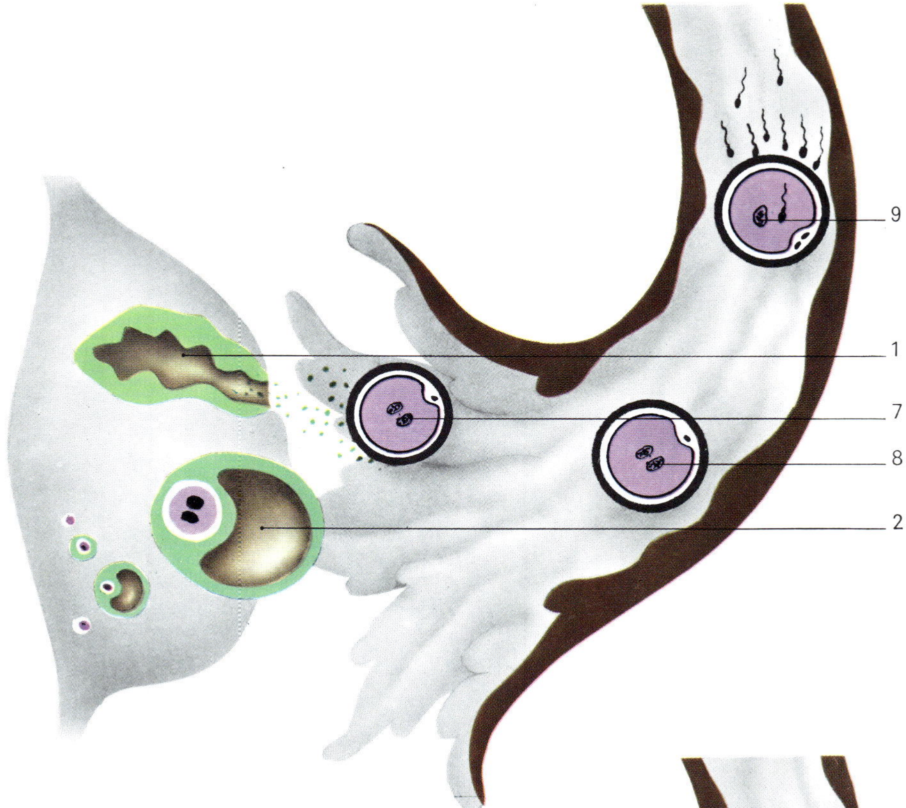

Gegenüberliegende Seite: Durch den starken Abfall der Eierstockhormone wird die Gebärmutterschleimhaut nicht mehr mit den nötigen Hormonen versorgt. Ihre obersten Schichten werden abgestoßen. Es kommt zur Regelblutung. Das Menstruationsblut ist nicht gerinnbar, weil es sich nicht um reines Blut, sondern auch um meist sichtbare Teile der Uterusschleimhaut und andere Flüssigkeiten handelt.

1. Eileiter
2. Eierstock
3. Gebärmutter
4. Gebärmutterschleimhaut
5. Blutung

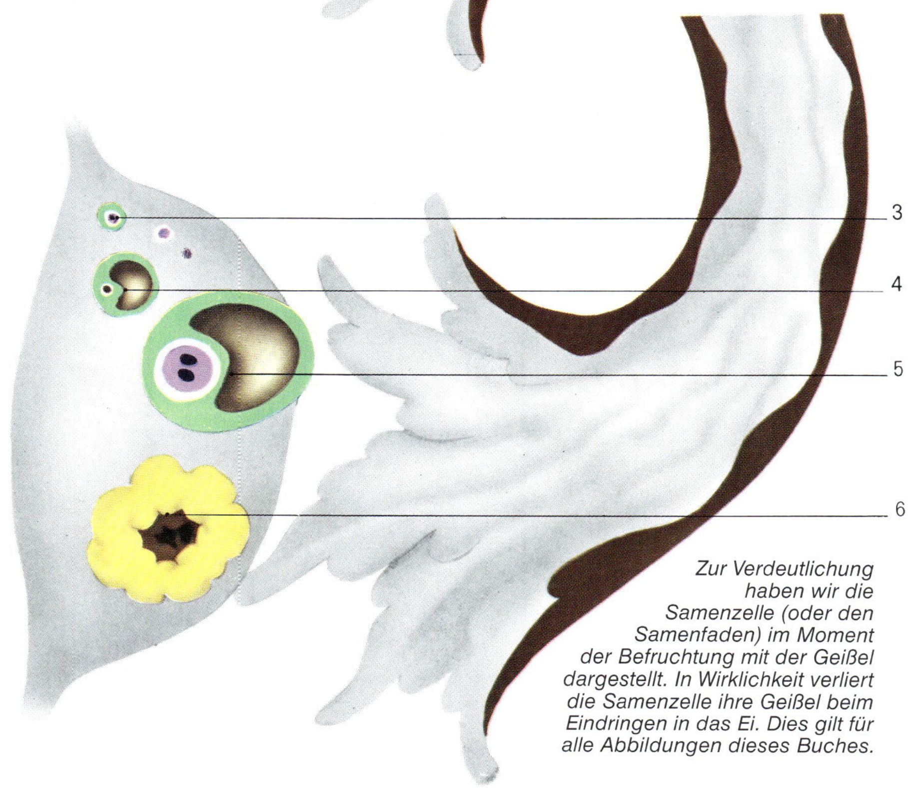

Zur Verdeutlichung haben wir die Samenzelle (oder den Samenfaden) im Moment der Befruchtung mit der Geißel dargestellt. In Wirklichkeit verliert die Samenzelle ihre Geißel beim Eindringen in das Ei. Dies gilt für alle Abbildungen dieses Buches.

Warum ist der Zyklus manchmal kürzer und manchmal länger?

Der Menstruationszyklus ist ein höchst komplizierter Vorgang. Man kann sich daher gut vorstellen, daß hierbei Störungen auftreten können.

Die zweite Phase eines Zyklus, also die Zeit vom Eisprung bis zur Regel, dauert nie länger als 13 Tage (außer im Falle der Schwangerschaft). Dagegen ist die Dauer der ersten Phase, also die Zeit bis zum Eisprung, oft schwankend. Wenn ein Zyklus länger als 28 Tage dauert, ist also immer die erste Phase länger gewesen.

Nur durch tägliche Temperaturmessungen kann man die genaue Dauer der beiden Phasen feststellen. Die normale Körpertemperatur bleibt in der ersten Phase des Zyklus unter 37° Celsius. In der zweiten Phase erhöht sie sich unter dem Einfluß des Progesterons. Untersuchungen haben ergeben, daß der Eisprung durchschnittlich zwei Tage vor diesem Temperaturanstieg erfolgt.

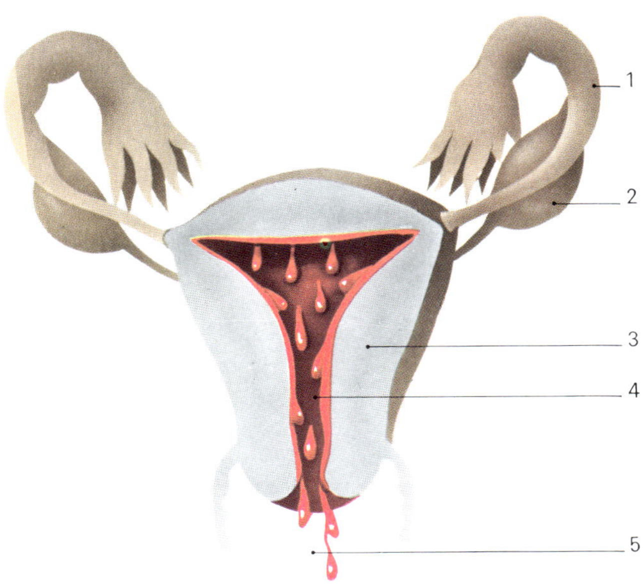

Kann man nach der ersten Regel gleich schwanger werden?

Wir haben gesehen, wie kompliziert und empfindlich der Mechanismus der Eibildung ist, daher pendelt er sich auch nicht immer von vornherein perfekt ein. In den ersten zwei Jahren nach der Pubertät bleibt der Eisprung häufig aus. Ohne Eisprung kann jedoch keine Befruchtung stattfinden. Sobald es zum Eisprung kommt, ist eine Schwangerschaft jederzeit möglich. Man kann also schon gleich nach der ersten Regelblutung schwanger werden, wenn im ersten Zyklus ein Eisprung stattgefunden hat.

Wie lange dauert der Eisprung?

Im Gegensatz zum Mann, der bei jeder Ejakulation durchschnittlich 350 Millionen Samenfäden ausscheidet, die alle für eine Befruchtung in Frage kommen, hat die Frau normalerweise nur einen Eisprung im Monat. Da die Befruchtung stets nur im oberen Drittel des Eileiters stattfinden kann, ist sie nur innerhalb einer sehr kurzen Zeitspanne möglich – meist nur während weniger Stunden. Leider läßt sich diese kurze Zeit nicht genau bestimmen. Daher sind alle Methoden der Empfängnisverhütung, die sich die Tage der Unfruchtbarkeit der Frau zunutze machen, recht unsicher.

Wie lange dauert die Zeitspanne, in der eine Frau schwanger werden kann?

Da der Zeitpunkt des Eisprungs bei jeder Frau verschieden ist und vor allem von einem Zyklus zum anderen schwanken kann, ist es unmöglich, den Zeitpunkt der Fruchtbarkeit im voraus genau zu bestimmen. Man weiß aber, daß keine Befruchtung mehr möglich ist, sobald sich der Gelbkörper gebildet hat. Auf diesem Prinzip basiert die Methode der Temperaturmessung. Mit ihr läßt sich in jedem Zyklus feststellen, ob der Zeitraum der möglichen Befruchtung vorüber ist, nicht aber, wann der Eisprung stattfindet. Dieser Zeitraum dauert – theoretisch – bis zum 18. Tag eines normalen Monatszyklus.

Können auch mehrere Ovulationen im Monat vorkommen?

Unter normalen physiologischen Bedingungen entwickelt sich nur ein Follikel pro Monat bis zur Reife. Sobald der Follikel geplatzt ist und sich zum Gelbkörper umgewandelt hat, wird die Entwicklung weiterer Follikel unmöglich. Sie verkümmern. (In Ausnahmefällen reifen zwei Follikel gemeinsam heran; dann können zweieiige Zwillinge geboren werden.) Ab dem dritten Tag nach Eintritt des Temperaturanstiegs bis zum Beginn der Regel besteht also eine natürliche Unfruchtbarkeit. Sie dauert nie länger als 10 Tage. Um ganz sicher zu sein, daß wirklich ein Temperaturanstieg stattgefunden hat, sollte man drei Tage erhöhte Temperatur abwarten.

Kann es zu zwei Blutungen im Monat kommen?

Da die Regelblutung die Folge einer Senkung der Hormonausschüttung am Ende eines Zyklus ist, kann praktisch jede größere Störung im Gleichgewicht des weiblichen Hormonhaushalts zu einer Blutung führen. Doch diese Blutungen sind keine „Regel" im eigentlichen Sinn des Wortes, denn sie treten „unregelmäßig" auf.

Kann das Klima den Eintritt der Regel beeinflussen?

Die Hypophyse und das Hypothalamus-System, die eng miteinander verbunden sind, unterliegen dem Einfluß von Gemütsbewegungen, ganz besonders bei jungen Menschen. Auch ein Klimawechsel kann zu Zyklusschwankungen führen, ebenso wie andere Veränderungen (z. B. Ferienreisen, der Eintritt in den Ruhestand, ein Berufswechsel oder starke emotionale Eindrücke).

Rechts:
Die Hypophyse, eine kleine Drüse unterhalb des Gehirns, schickt ihre Befehle zu den Eierstöcken durch zwei Hypophysenhormone.
Das erste ist das follikelstimulierende Hormon (FSH), welches die Reifung des Eierstockfollikels bewirkt. Der Follikel produziert das Hormon Östrogen, das für das Wachstum der Gebärmutterschleimhaut verantwortlich ist.
Wenn der Follikel reif ist, platzt er und verwandelt sich unter dem Einfluß eines zweiten Hypophysenhormons, des Luteinisierungshormons (LH), in den Gelbkörper.
Der Gelbkörper ist eine sehr aktive Drüse, die Progesteron produziert. Dadurch wird die Gebärmutterschleimhaut dicker und blutreicher, um für die Aufnahme der befruchteten Eizelle vorbereitet zu sein.
Wenn es zu keiner Befruchtung gekommen ist, geht der Gelbkörper zugrunde. Dadurch sinkt der Hormonspiegel im Blut, die oberen Schichten der Gebärmutterschleimhaut schrumpfen und werden abgestoßen; es kommt zur Menstruationsblutung.

1. Hypothalamus – 2. Hypophyse (Hirnanhangdrüse) – 3. Follikelstimulierendes Hormon (FSH) – 4. Luteinisierungshormon (LH) – 5. Eierstock – 6. Östrogen – 7. Gebärmutterschleimhaut – 8. Progesteron – 9. Gelbkörper.

Unten:
Im Gebärmutterhals befinden sich zahlreiche Drüsen. Sie sondern den klebrigen, zähflüssigen und durchsichtigen Gebärmutterhalsschleim ab. Zur Zeit des Eisprungs wird er dünnflüssiger und begünstigt dadurch den Aufstieg der Samenzellen in die Gebärmutter.

1. Gebärmutter
2. Gebärmutterhals
3. Gebärmutterhalsschleim.

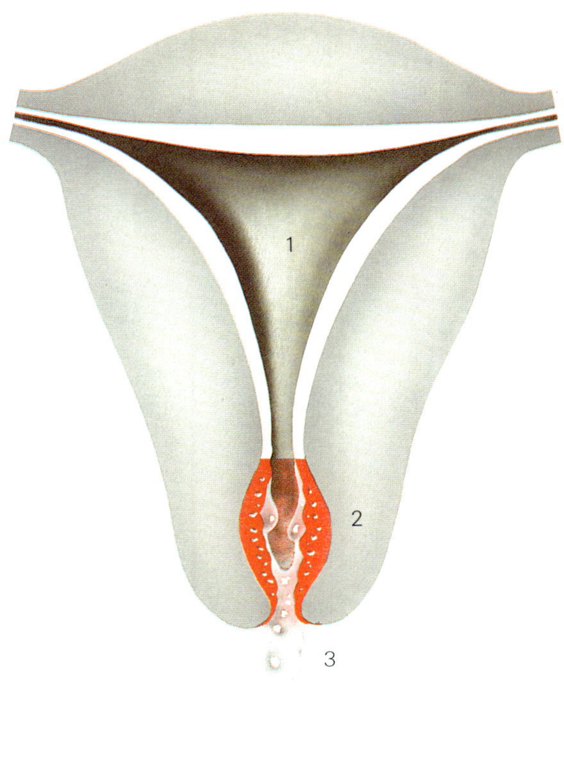

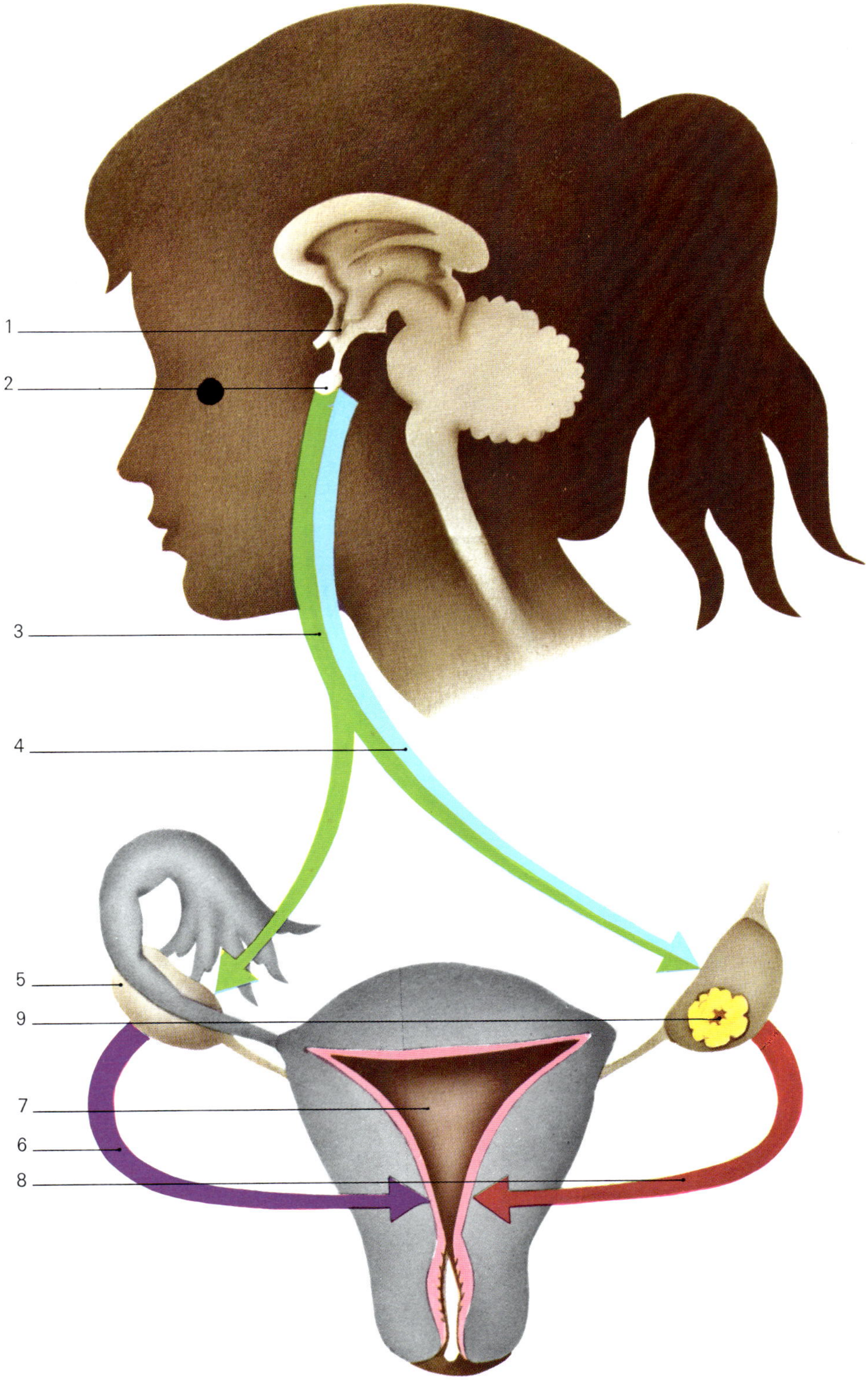
1
2
3
4
5
9
7
6
8

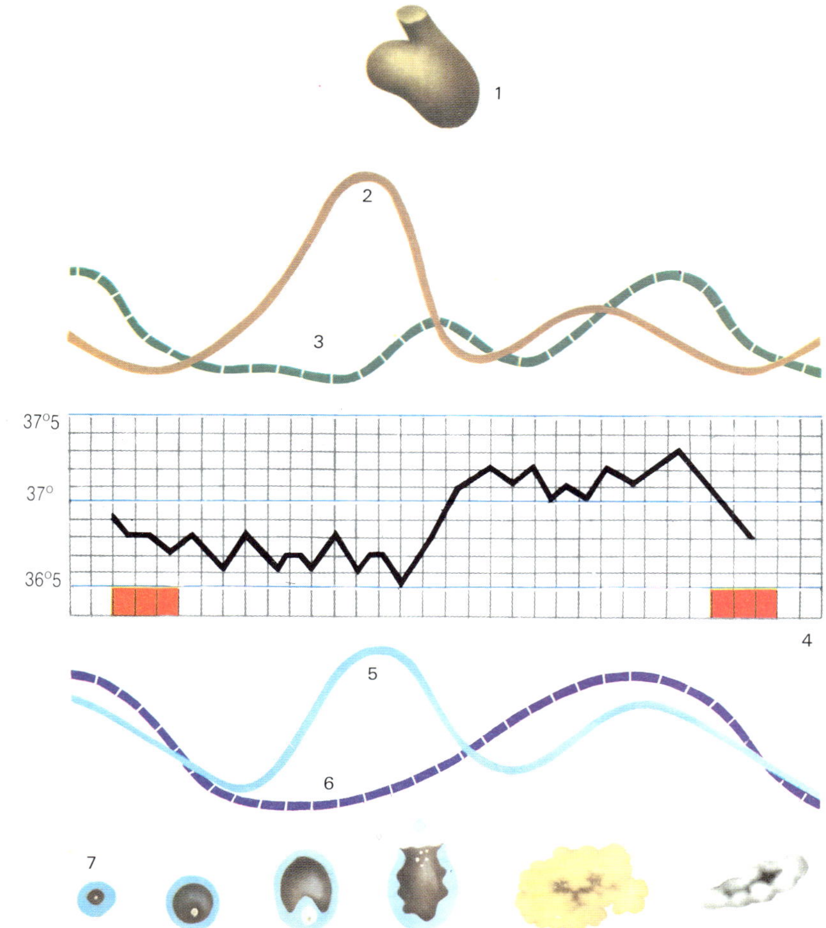

Links:
Der Monatszyklus beginnt mit dem ersten Tag der Regel und endet mit dem ersten Tag der nächsten Regel. Der Zyklus wird von der Hypophyse gesteuert. Sie leitet ihre Befehle über zwei Botschafter weiter: Die Hypophysenhormone FSH und LH (s. Bildtext S. 44). Infolge des plötzlichen Absinkens der Produktion dieser Hormone geht der Gelbkörper zugrunde. Die Gebärmutterschleimhaut wird mit der Regelblutung abgestoßen.

1. Hypophyse

Sekretion der Hypophysenhormone:

2. FSH
3. LH
4. Temperaturkurve

Sekretion der Eierstockhormone:

5. Östrogen
6. Progesteron
7. Veränderungen eines Follikels

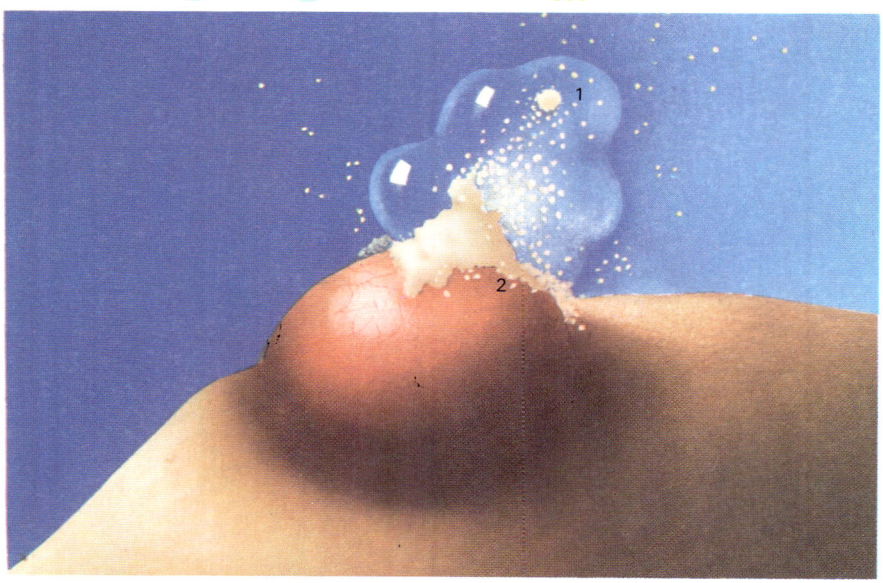

Links:
Jeden Monat entwickelt sich an der Oberfläche des Eierstocks eine kleine Ausbuchtung: Der Follikel. Sein Wachstum dauert etwa zwei Wochen. Wenn er reif ist, platzt er explosionsartig auf und setzt eine kleine Zelle frei: Die Eizelle oder Geschlechtszelle.

1. Eizelle
2. Follikelsprung

Kann die Regel bei einer Frau ausbleiben, auch wenn sie beim Geschlechtsverkehr nicht schwanger geworden ist?

Das ist zwar möglich, kommt aber nicht oft vor. Manchmal wird das hormonelle Gleichgewicht durch eine Zyste am Eierstock, durch heftige Gemütsbewegungen oder auch durch bestimmte Medikamente so gestört, daß keine Regel eintritt. Dann sollte die Frau einen Arzt aufsuchen.

Warum ist die Regelblutung manchmal schmerzhaft?

Normalerweise sind Regelblutungen nicht schmerzhaft. Trotzdem kann es sein, daß die Menstruation in den ersten Zyklen oder auch später einmal mit Schmerzen verbunden ist.

Dies kann verschiedene Ursachen haben. Der Geschlechtsapparat ist sehr sensibel. Wenn die Gebärmutterschleimhaut ausgestoßen wird, d. h. wenn es zur Blutung kommt, werden gleichzeitig Prostaglandine (Gewebshormone) produziert; dabei können starke Kontraktionen oder Krämpfe im Uterus oder Schmerzen an anderen Geschlechtsorganen auftreten. Es gibt heute Medikamente, welche die Auswirkungen der Prostaglandine hemmen, ohne unangenehme Nebenwirkungen zu haben. Frauen, die Schmerzen bei der Regelblutung spüren, können diese Mittel unbedenklich einnehmen, sollten aber gelegentlich mit dem Arzt darüber sprechen.

Regelschmerzen können durch Fehlbildungen oder Entzündungen der Gebärmutter, aber auch durch seelische Konflikte bedingt sein. Auch hier ist ein Gespräch mit dem Gynäkologen wichtig.

Gibt es Mittel, um den Zeitpunkt der Regelblutung zu verschieben, z. B. wegen einer Sportprüfung?

Es ist heute durchaus möglich, den Zeitpunkt der Regel durch die Einnahme künstlichen Gelbkörperhormons zu verschieben, wenn man befürchtet, daß sie mit dem Tag einer Prüfung oder einer Sportveranstaltung zusammenfällt. Die Regelblutung wird so lange hinausgezögert, wie man das Präparat einnimmt.

Was ist Fluor?

Fluor (auch Ausfluß oder Weißfluß) nennt man jede unblutige Flüssigkeitsabsonderung aus der Scheide. Er ist häufig und hat die verschiedensten Ursachen: Entzündungen der Scheide, der Gebärmutterschleimhaut oder der Vulva. Im allgemeinen ist er recht harmlos. Wenn er aber zunimmt und lästig wird oder aber Juckreiz verursacht, muß er ärztlich behandelt werden. Es könnte sich um das Symptom einer Geschlechtskrankheit handeln.

In welchem Alter tritt die Menopause ein?

Das Alter der Menopause schwankt ebenso sehr wie das Alter der Pubertät. Meistens hören die Menstruationsblutungen zwischen dem 48. und 52. Lebensjahr auf.

Warum bleibt dann die Regelblutung aus?

Weil der Eierstock nicht mehr in der Lage ist, die noch in ihm vorhandenen Primärfollikel reifen zu lassen. Die Hypophyse versucht, die Tätigkeit der Eierstöcke zu stimulieren und schüttet nun in besonders großen Mengen das Hormon FSH aus. Es entsteht ein hormonales Ungleichgewicht, das indirekt für die Hitzewallungen verantwortlich ist, unter denen Frauen in den Wechseljahren oft leiden.

Das Ausbleiben der Regel ist ein besonderes Merkmal der Gattung Mensch. Bei anderen Lebewesen dauern die Menstruationszyklen bis ans Lebensende fort.

Zuweilen treten während der Menopause Blutungen auf. Woher kommt das?

Blutungen treten im Alter der Menopause tatsächlich oft ein. Sie können funktionsbedingt, d. h. auf Hormonstörungen zurückzuführen sein, oder aber sie haben gynäkologische Ursachen (z. B. Wucherungen, Fibrome).

In diesem Alter entwickelt sich auch häufiger Genitalkrebs. Darum sind regelmäßige gynäkologische Untersuchungen von Frauen, sobald sie sich dem 50. Lebensjahr nähern, besonders wichtig.

Der Geschlechtsverkehr

Wie entsteht ein Mensch?

Damit ein Kind gezeugt werden kann, müssen sich Ei und Samenfaden begegnen und vereinigen, d. h. es muß eine Befruchtung stattfinden. Das befruchtete Ei nistet sich im Uterus ein (diesen Vorgang nennt man Nidation) und wird zum Embryo (das ist die Schwangerschaft). Vom dritten Schwangerschaftsmonat an (die Organentwicklung ist jetzt abgeschlossen) heißt die menschliche Leibesfrucht Fötus. Der Fötus verläßt den Leib der Mutter, wenn er lebensfähig ist (das ist die Geburt).

Beim Geschlechtsverkehr vereinigen sich die Körper von Mann und Frau, so daß es zu einer Befruchtung kommen kann.

Dient der Geschlechtsverkehr nur der Fortpflanzung?

Nein, beim Menschen dient der Geschlechtsverkehr nur recht selten der Fortpflanzung. Meistens geht es um die sexuelle Lust, die mit dem Geschlechtsverkehr verbunden wird. Heute legt man immer mehr Wert auf die sexuelle Befriedigung des anderen. Dann wird die eigene Lust zur besonders tiefempfundenen Befriedigung.

Wodurch fühlen sich Jungen und Mädchen gegenseitig angezogen?

Es ist der Geschlechtstrieb oder das sexuelle Verlangen (Libido), das Menschen zueinander drängt. Seit Freud gilt die Auffassung, daß der Sexualtrieb zwei Antriebskräfte in sich vereinigt: Das körperliche Verlangen und ein emotionelles Bedürfnis. Beide können zusammenwirken, der eine Trieb kann stärker als der andere sein, sie können aber auch im Gegensatz zueinander stehen.

Was versteht man unter sexuellem Verlangen?

Das lateinische Wort für sexuelles Verlangen ist „Libido“. Sie ist die Energie des Sexualtriebs. Das sexuelle Verlangen ist von Mensch zu Mensch, von einem Moment zum anderen unterschiedlich stark ausgeprägt.

Verschiedene Faktoren spielen hierbei eine Rolle: Das sinnliche Verlangen, das wie Hunger oder Durst etwas Körperliches ist und sich nicht immer vom Willen kontrollieren läßt, und die Gefühle, vergleichbar mit der Zuneigung, die man für seine Eltern oder Freunde empfindet und die vom Herzen kommt.

Was verursacht eine Erektion?

Unter dem Einfluß sexueller Erregung wird das Glied größer und richtet sich auf. Diese Veränderungen sind darauf zurückzuführen, daß Blut in die Schwellkörper des Penis fließt.

Sexuelle Erregung ist beim Mann deutlich sichtbar – und bei der Frau?

Beim Mann zeigt sich das sexuelle Verlangen äußerlich in einer deutlich sichtbaren Reaktion, der Erektion. Auch bei der Frau löst sexuelle Erregung bestimmte Vorgänge aus. Sie sind nicht so sichtbar, aber deswegen nicht weniger wichtig.

Der unwiderstehliche Drang nach Liebe, Zärtlichkeit und sexueller Lust führt zum sexuellen Kontakt. Nicht allein unsere Sinne (vor allem die Augen und der Geruchssinn) vermitteln uns erotische Reize, sondern auch unsere Gedanken, unsere Kultur, unsere Gefühle und unsere Vorstellungen. Die sexuelle Erregung löst bei beiden Partnern bedeutende Veränderungen der Geschlechtsorgane aus: Das Glied des Mannes wird durch das in die Schwellkörper strömende Blut größer, es versteift sich und richtet sich auf; die Scheide sondert Gleitflüssigkeit ab, eine feuchtglitschige Substanz, die das Eindringen des Penis erleichtert.

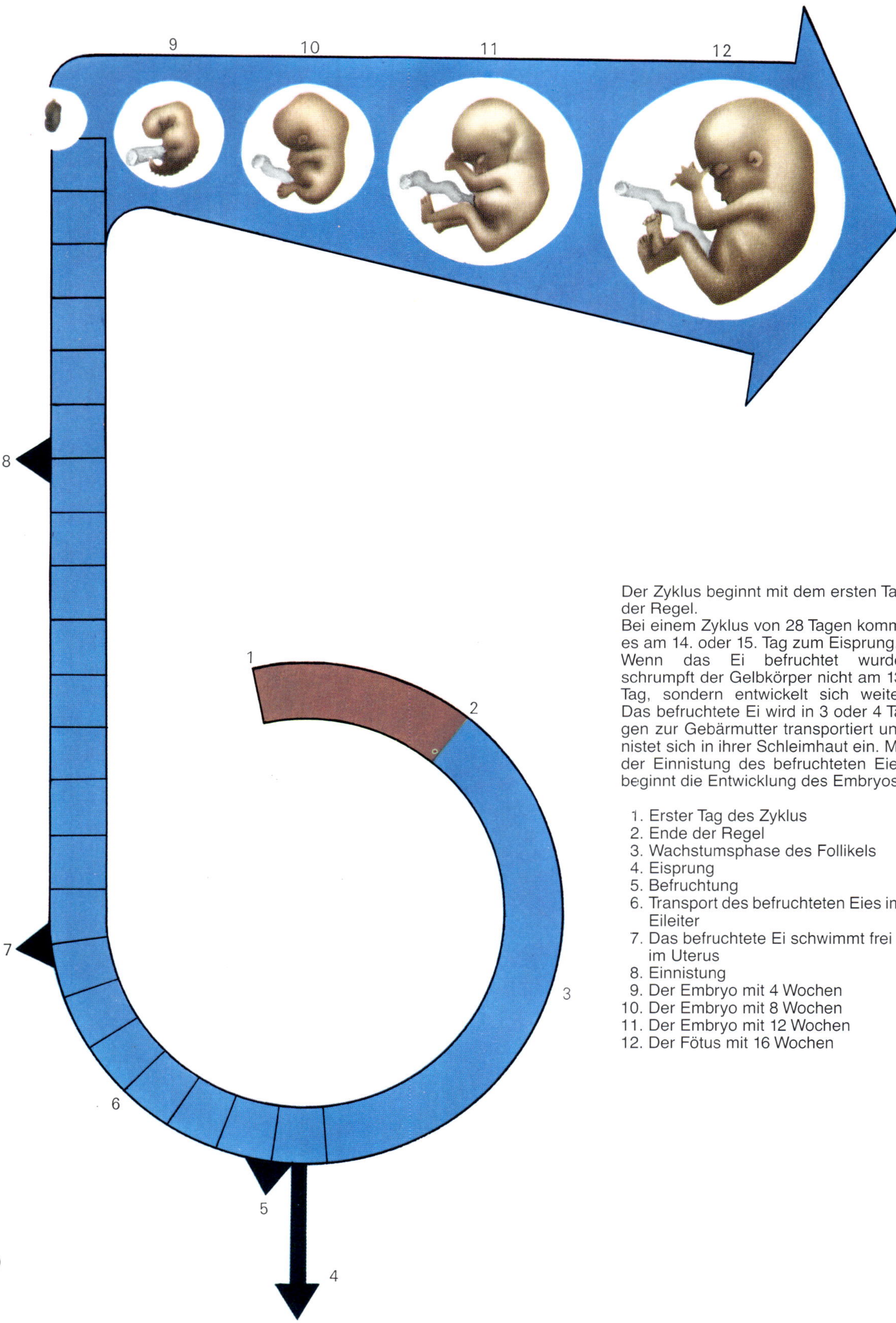

Der Zyklus beginnt mit dem ersten Tag der Regel.
Bei einem Zyklus von 28 Tagen kommt es am 14. oder 15. Tag zum Eisprung. Wenn das Ei befruchtet wurde, schrumpft der Gelbkörper nicht am 13. Tag, sondern entwickelt sich weiter. Das befruchtete Ei wird in 3 oder 4 Tagen zur Gebärmutter transportiert und nistet sich in ihrer Schleimhaut ein. Mit der Einnistung des befruchteten Eies beginnt die Entwicklung des Embryos.

1. Erster Tag des Zyklus
2. Ende der Regel
3. Wachstumsphase des Follikels
4. Eisprung
5. Befruchtung
6. Transport des befruchteten Eies im Eileiter
7. Das befruchtete Ei schwimmt frei im Uterus
8. Einnistung
9. Der Embryo mit 4 Wochen
10. Der Embryo mit 8 Wochen
11. Der Embryo mit 12 Wochen
12. Der Fötus mit 16 Wochen

Unter dem Einfluß der sexuellen Erregung strömt Blut in die Gefäße der Vagina. An den Vaginalwänden bilden sich winzige Tropfen einer Gleitflüssigkeit, die das Eindringen des Penis erleichtern. Auch die Form der Vagina verändert sich. Der obere Teil erweitert sich oval, während sich das untere Drittel zusammenzieht und beim Verkehr um den Penis schmiegt.

Was ist der Unterschied zwischen Petting und Geschlechtsverkehr?

Von Geschlechtsverkehr spricht man nur dann, wenn der Penis in die Vagina eindringt. Petting nennt man sexuelle Handlungen ohne die Einführung des Penis, so daß eine Entjungerung oder eine Befruchtung vermieden werden. Petting kann unter seltenen Umständen aber trotzdem zu einer Schwangerschaft führen, wenn der Samenerguß an der Scheide stattfindet und dabei Sperma durch die natürliche Öffnung des Hymens dringt.

Wenn ein Junge beim Petting angelangt ist und nicht weitergehen darf, weil das junge Mädchen nicht einverstanden ist, kann es dann zu psychischen Störungen beim Jungen oder Mädchen kommen?

Petting verursacht keine psychologischen Störungen, wenn beide Partner es so wollen. Es kann aber zu Spannungen führen, wenn der Kontakt für beide Partner unbefriedigend ist. Diese Art sexueller Beziehung ist meist nur vorübergehend: Entweder trennt man sich vom Partner, oder man sollte sich schnellstens für eine Methode der Empfängnisverhütung entscheiden.

Unter dem Einfluß sexueller Stimulation schwillt das Glied an, wird größer, dikker und härter: Es hängt nun nicht mehr herab, sondern richtet sich nach vorne oder auch nach oben auf.

1. Nicht erigierter Penis
2. Erigierter Penis
3. Harnröhre
4. Prostata
5. Cowpersche Drüse
6. Hoden

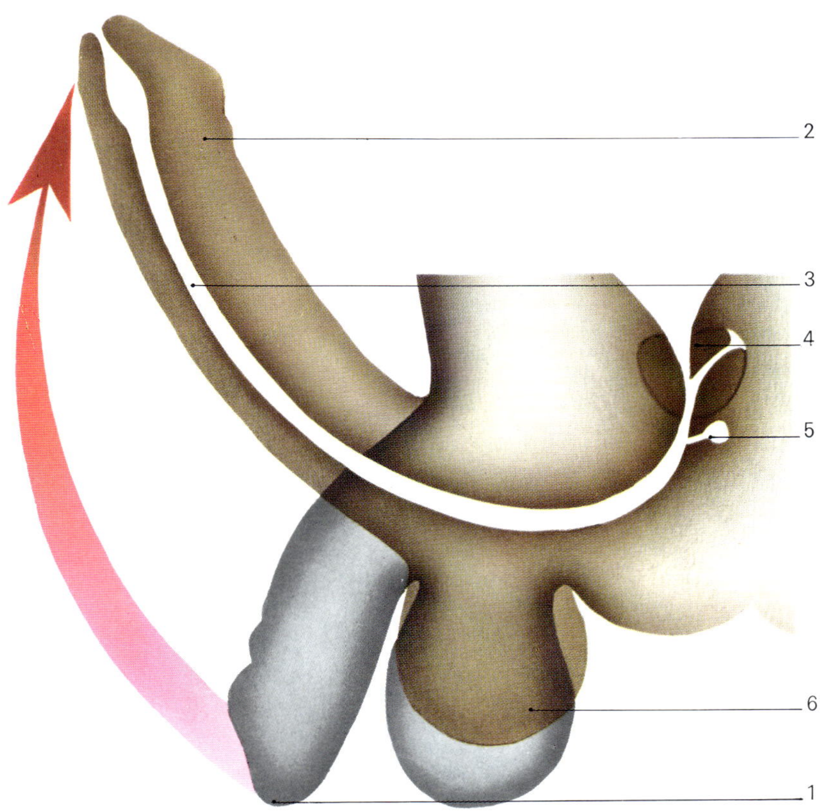

Wie lange soll der Geschlechtsakt dauern?

Die geschlechtliche Vereinigung (Koitus) läßt sich in vier unterschiedlich lange Phasen einteilen:

Die Phase des Begehrens und der wachsenden Erregung ist individuell sehr verschieden lang. In dieser einleitenden Phase bereiten sich die Körper von Mann und Frau auf den Geschlechtsverkehr vor. Es folgt eine Phase hoher, ungefähr gleichbleibender Erregung, die sogenannte Plateauphase, die oft mit der Einführung des Penis beginnt und kurz vor dem Orgasmus endet. Die anschließende Orgasmusphase ist sehr kurz. Auf sie folgt eine Rückbildungs- oder Entspannungsphase, in der die körperlichen Erregungszeichen allmählich wieder abklingen.

Der amerikanische Sexualforscher Kinsey hat festgestellt, daß die Plateauphase bei den untersuchten Paaren im Durchschnitt weniger als zwei Minuten dauerte. Sie kann bei vorzeitigem Samenerguß sogar ganz entfallen, kann aber auch mehrere Stunden dauern. Wichtig ist nicht die Dauer des Geschlechtsaktes, sondern seine Intensität und sein Erfolg, d. h. die Befriedigung beider Partner.

Wozu dient die Klitoris?

Die Klitoris ist ein kleines, erektionsfähiges Organ der Frau, vergleichbar mit dem Glied des Mannes. Sie liegt vor dem Punkt, an dem die kleinen Schamlippen zusammentreffen, und spielt in der weiblichen Sexualität eine wichtige Rolle. Sie vergrößert sich in der Phase der Erregung. Sie ist von einer Schleimhautfalte bedeckt, der Klitorisvorhaut, hinter die sie sich während des Geschlechtsverkehrs zurückzieht. Zusammen mit den kleinen Schamlippen ist sie für die sexuelle Befriedigung der Frau von gro-

In der ersten Phase sexueller Erregung verändern sich die Geschlechtsorgane der Frau. Diese Veränderungen sind zwar nicht so deutlich sichtbar wie beim Mann, aber darum nicht weniger wichtig: Es kommt zur Bildung einer vaginalen Gleitflüssigkeit, die den Verkehr erleichtert. Diese Flüssigkeit wird vom oberen Drittel der Scheide abgesondert.

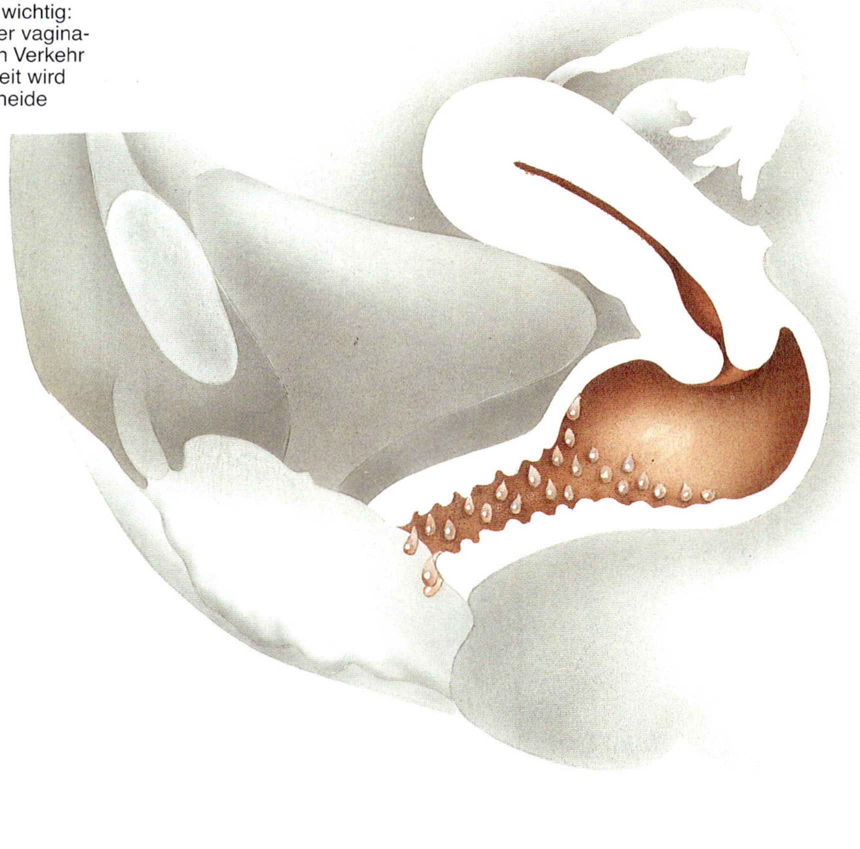

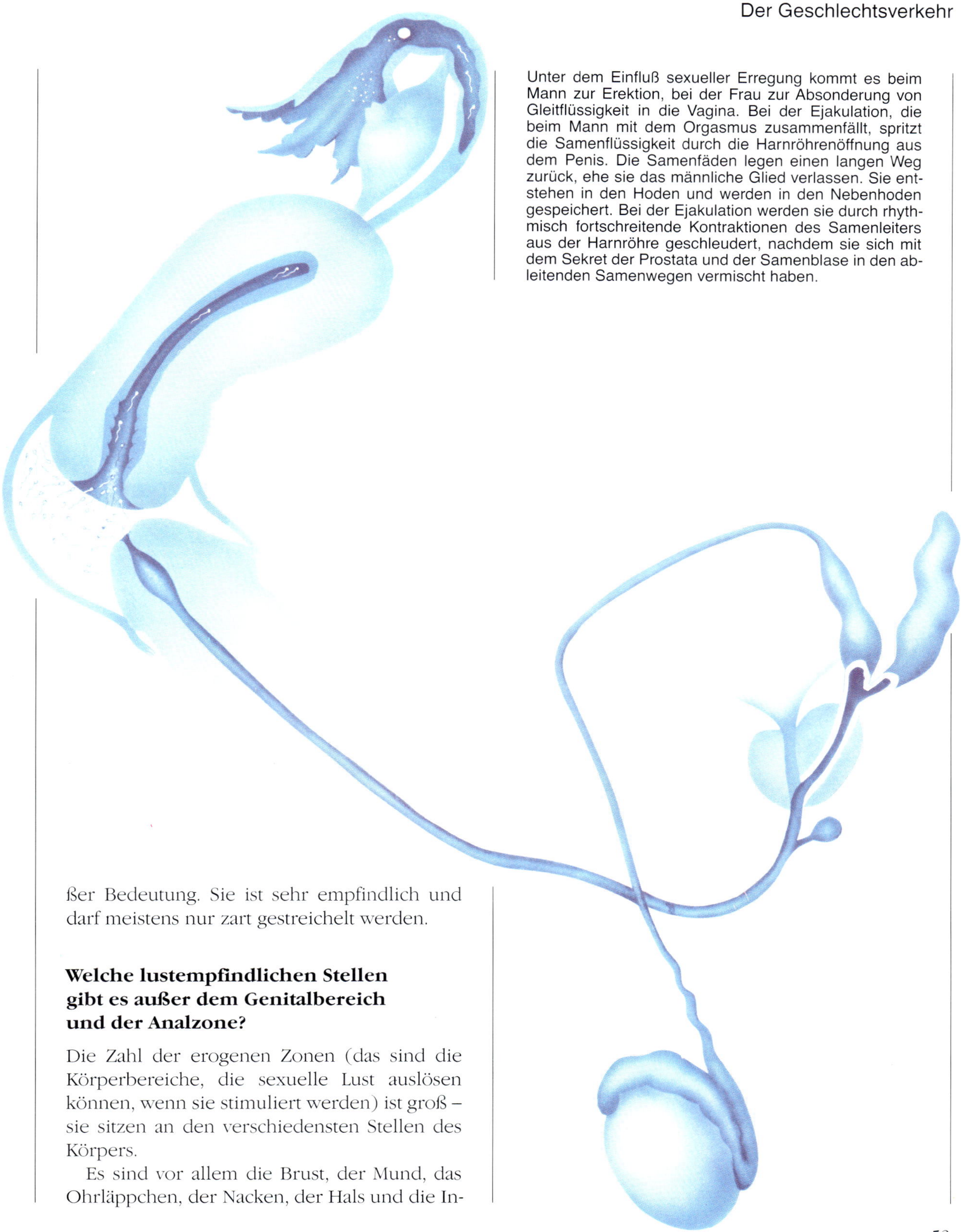

Unter dem Einfluß sexueller Erregung kommt es beim Mann zur Erektion, bei der Frau zur Absonderung von Gleitflüssigkeit in die Vagina. Bei der Ejakulation, die beim Mann mit dem Orgasmus zusammenfällt, spritzt die Samenflüssigkeit durch die Harnröhrenöffnung aus dem Penis. Die Samenfäden legen einen langen Weg zurück, ehe sie das männliche Glied verlassen. Sie entstehen in den Hoden und werden in den Nebenhoden gespeichert. Bei der Ejakulation werden sie durch rhythmisch fortschreitende Kontraktionen des Samenleiters aus der Harnröhre geschleudert, nachdem sie sich mit dem Sekret der Prostata und der Samenblase in den ableitenden Samenwegen vermischt haben.

ßer Bedeutung. Sie ist sehr empfindlich und darf meistens nur zart gestreichelt werden.

Welche lustempfindlichen Stellen gibt es außer dem Genitalbereich und der Analzone?

Die Zahl der erogenen Zonen (das sind die Körperbereiche, die sexuelle Lust auslösen können, wenn sie stimuliert werden) ist groß – sie sitzen an den verschiedensten Stellen des Körpers.

Es sind vor allem die Brust, der Mund, das Ohrläppchen, der Nacken, der Hals und die Innenseiten der Schenkel und natürlich der Genitalbereich. Jeder mit Nervenreizen versehene Teil des Körpers kann zur erogenen Zone werden! Das entdeckt man oft erst, wenn der Partner diese Stellen richtig streichelt oder anders reizt.

Was ist ein klitoraler oder vaginaler Orgasmus?

Lange Zeit war man der Ansicht, es gäbe zwei Formen von weiblichem Orgasmus: Den klitoralen Orgasmus als äußerliche, weniger befriedigende Auslösung des Lustgefühls und den geheimnisvollen inneren Vaginalorgasmus, der allein eine tiefe sexuelle Erfüllung bringen könne. Diese einst gültige Vorstellung ist heute überholt. Amerikanische Sexualforscher haben nachgewiesen, daß die oberen zwei Drittel der Vagina und der Gebärmutterhals eine untergeordnete Rolle beim sexuellen Lustempfinden der Frau spielen.

Es gibt auf der körperlichen Ebene nur eine Form von Orgasmus, und die physiologischen Reaktionen sind gleich: Rhythmische Kontraktionen der orgastischen Manschette, d.h. des unteren Drittels der Vagina. Durch sie verengt sich der Kanal, in den der Penis eingedrungen ist.

Ein Unterschied zwischen dem vaginalen und dem klitoralen Orgasmus existiert nicht. Bei Mann und Frau gibt es nur einen Orgasmus: Den Höhepunkt des sexuellen Lustempfindens – der allerdings von jedem sehr unterschiedlich erlebt werden kann.

Ist die sexuelle Befriedigung bei der Frau immer gleich stark?

Physiologisch gesehen äußert sich die sexuelle Befriedigung stets in der gleichen biologischen Reaktion. Aber natürlich kann die Intensität dieses Lustgefühls unterschiedlich sein.

Wie kommt es, daß manche Frauen beim Orgasmus sehr heftig reagieren?

Da die Intensität und die Gefühle beim Orgasmus individuell sehr unterschiedlich sind, sind auch die Lustäußerungen verschieden. Die sexuelle Reaktion der Frau hängt auch vom Partner ab. Bei Männern gilt das ebenso.

Stimmt es, daß die Frau mehr Lust beim Vorspiel empfindet als beim Koitus selbst?

Das ist möglich. Das sexuelle Vorspiel kann der Frau größere sexuelle Befriedigung geben als der Koitus selbst, vor allem beim ersten Geschlechtsverkehr, da dieser manchmal von belastenden Gefühlen begleitet ist. So kann zum Beispiel auch die Angst vor einer Schwangerschaft zu Hemmungen führen.

Untersuchungen über die weibliche Sexualität haben gezeigt, daß der Orgasmus der Frau oft erst nach längerer Zeit erreicht werden kann. Die Frau braucht oft mehr Zuwendung und Stimulation, ehe sie den Höhepunkt ihres sexuellen Gefühls voll genießen kann.

Und der Orgasmus beim Mann?

Der Orgasmus des Mannes fällt mit der Ejakulation zusammen. Auf dem Höhepunkt der sexuellen Erregung kommt es zu rhythmischen Kontraktionen des Samenstrangs, durch die das Sperma in die Harnröhre gepreßt wird. Diese Kontraktionen werden immer heftiger und führen schließlich zur Ejakulation.

Nach dem Orgasmus kommt es beim Mann zu einer Phase der Entspannung, in der jede weitere sexuelle Reizung meistens wirkungslos bleibt oder sogar unangenehm ist. Diese sogenannte Refraktärzeit ist bei jungen Männern sehr kurz oder sogar gar nicht vorhanden und wird später immer länger. Eine solche Phase gibt es bei der Frau nicht. Sie kann mehrere Orgasmen nacheinander erleben.

Jugendliche müssen Erfahrungen mit der Sexualität sammeln. Dadurch lernen sie neue Arten der Lustempfindung, neue Positionen und eine neue emotionale Gefühlswelt kennen.

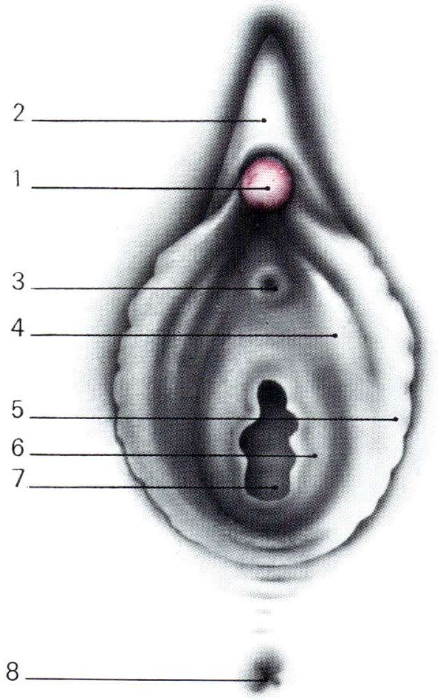

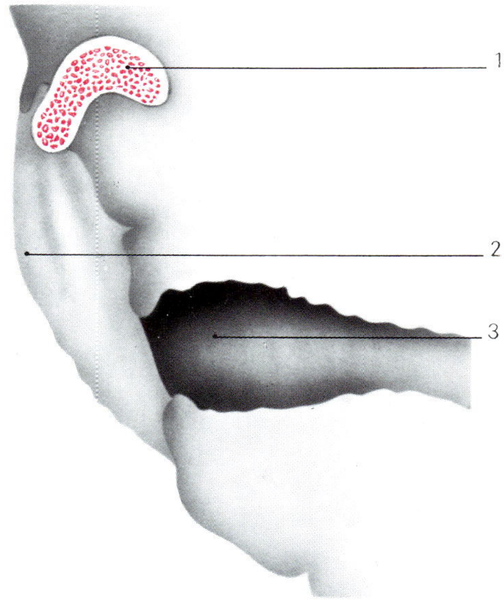

Vulva und Klitoris

I. Ansicht von vorn:

1. Klitoris
2. Klitorisvorhaut
3. Harnröhren-öffnung
4. Kleine Scham-lippe
5. Große Scham-lippe
6. Hymen
7. Öffnung der Vagina
8. Anus

II. Seitenansicht:

1. Klitoris
2. Große Scham-lippe
3. Vagina

Wird das Sperma des Mannes auf einmal oder nacheinander ausgestoßen?

Die Ejakulation des Spermas erfolgt stoßweise im Rhythmus der Muskelkontraktionen, die in Intervallen von etwa einer Sekunde aufeinander folgen und langsam schwächer werden.

Kann schon die erste Ejakulation zu einer Befruchtung führen?

Gleich bei der ersten Ejakulation kann es zu einer Schwangerschaft kommen, wenn das Sperma genügend reife Samenzellen enthält. Meistens werden die Samenzellen aber erst nach einigen Monaten voll befruchtungsfähig, d.h. beim Knaben stellt sich dasselbe Phänomen ein wie beim Mädchen, dessen erste Regelblutung normalerweise nicht mit einem Eisprung einhergeht. Doch diese Phänomene treten nicht konstant auf, man sollte sich darum auf keinen Fall darauf verlassen. Auch beim ersten Geschlechtsverkehr ist Verhütung angesagt!

Was ist Frigidität? Ist es möglich, daß man sich körperlich nicht versteht?

Frigidität ist ein Begriff, der früher oft verwendet wurde, aber heute kaum mehr benutzt wird. Man spricht besser von sexuellen Schwierigkeiten, wenn es um Störungen des sexuellen Verlangens (Libidostörungen), Störungen beim Geschlechtsverkehr selbst oder um die Fähigkeit, zum Orgasmus zu kommen, geht. Ursprünglich bezeichnete der Begriff Frigidität die Störung des sexuellen Verlangens beim Mann wie auch bei der Frau.

Das körperliche Einvernehmen spielt eine wichtige Rolle in einer Partnerbeziehung. Der Geschlechtsverkehr ist eine besondere Form des menschlichen Zusammenlebens. Daher ist es wichtig, daß man die Faktoren untersucht, die das Liebesleben stören und Partner daran hindern, zum Orgasmus zu kommen.

Jahrhundertelang war Sexualität mit dem Makel der Sünde behaftet. Geschlechtsverkehr galt als schmutzig, schandhaft und strafbar. Unsere ganze zivilisierte Welt war bemüht, Sexualität verborgen zu halten, anstatt sie zu genießen und zu fördern. Deshalb ist es nicht verwunderlich, daß Gefühle von Schuld oder Scham Hemmungen entstehen lassen, die zusammen mit der Angst vor einer Schwangerschaft die häufigsten Gründe für „sexuelle Schwierigkeiten“ sind.

Schließlich können auch Unerfahrenheit

oder Ungeschicklichkeit des Partners Ursache für sexuelle Schwierigkeiten sein. Darum sollten beide Partner mit einem Arzt offen über ihre Probleme sprechen, und nicht nur derjenige, der seine sexuelle Erlebnisfähigkeit als unvollkommen empfindet.

Ist ein junges Mädchen anormal, wenn es beim Verkehr nicht befriedigt wird?

Sicher nicht. Wie wir gelesen haben, braucht die Frau normalerweise eine gewisse Zeit, bis sie sich in ihrer Sexualität voll entfaltet. Es ist also nicht verwunderlich, wenn ein Mädchen beim ersten Geschlechtsverkehr keinen Orgasmus erlebt. Es sollte aber mit dem Freund darüber reden, um eventuelle Probleme gemeinsam zu lösen.

Was ist Vaginismus?

Vaginismus ist ein ungewolltes Zusammenziehen der Muskeln, die die Scheide umgeben. Durch diesen Scheidenkrampf wird ein Eindringen des Penis verhindert. Die Ursache des Vaginismus ist häufig Angst vor dem Geschlechtsverkehr, er kann behandelt werden, wenn er längere Zeit bestehen bleibt.

Kann Geschlechtsverkehr schmerzhaft sein?

Normalerweise ist er es nicht; aber eine Entjungferung kann manchmal kurzzeitig weh tun. Die Erzählungen der Großmütter sind manchmal voll von abschreckenden Schilderungen über die Entjungferung – mit der uneingestandenen Absicht, die Enkelin vom Geschlechtsverkehr abzuhalten. In Wirklichkeit ist der erste Geschlechtsverkehr meistens nicht schmerzhaft – aber auch nicht immer so lustvoll wie erhofft.

Was ist Impotenz?

Impotenz nennt man die Unfähigkeit des Mannes, zur Erektion zu kommen. Dies kann mit ungenügender sexueller Stimulierung zusammenhängen oder – im Gegenteil – mit zu starker sexueller Erregung. In diesem Fall ist sie vorübergehend. Impotenz hat vielfach psychische Ursachen, ebenso wie die Unfähigkeit, die Erektion zu halten. Gelegentliche Impotenz kommt bei jedem Mann vor, auch wenn er ganz gesund ist. Das ist normal und geht meist vorüber.

Nach der Ejakulation erschlafft der Penis und bildet sich nach einiger Zeit auf seine ursprüngliche Größe zurück. Die Rückbildung des erigierten Gliedes in den Zustand der Ruhe erfolgt in zwei Phasen: Die erste tritt schnell ein, die zweite verläuft langsamer.

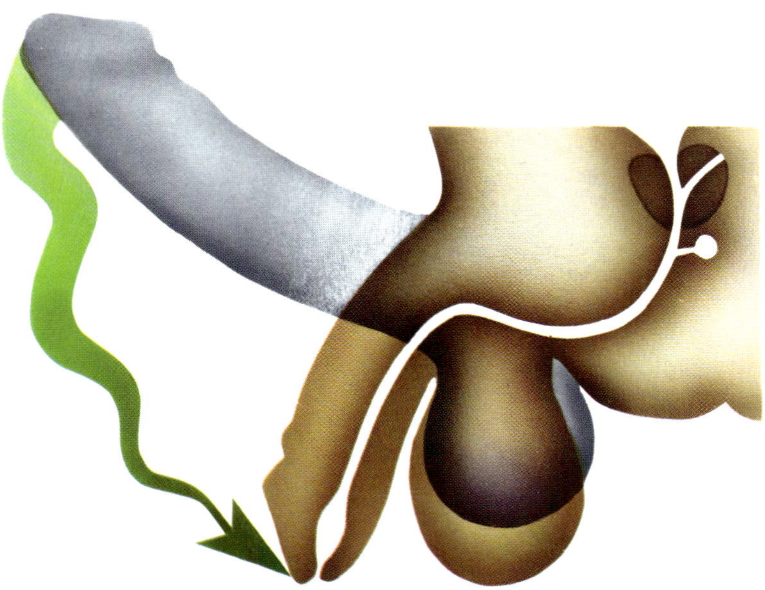

Empfängnisverhütung

Kann ein Mädchen bei jedem Geschlechtsverkehr schwanger werden?

Nicht unbedingt, aber die Chancen sind recht groß. Während des Geschlechtsaktes wirkt im Körper der Frau alles zusammen, damit die Eizelle, die jeden Monat einmal den Eierstock verläßt und über die Eileiter in den Uterus wandert, mit den ihr entgegenkommenden Samenzellen zusammentrifft und es zu einer Schwangerschaft kommt.

Beim Mann kann es bei jedem Geschlechtsverkehr zum Samenerguß in die Scheide kommen, bei der Frau hingegen reift nur ein befruchtungsfähiges Ei im Monat heran. Eine Frau kann also nur während einer sehr kurzen Zeitspanne im Monatszyklus schwanger werden. Es ist aber sehr schwer, diese Zeitspanne genau zu bestimmen.

Wenn ein Junge und ein Mädchen Geschlechtsverkehr haben, ohne irgendwelche Vorsichtsmaßregeln zu treffen, kann es sehr schnell zu einer Schwangerschaft kommen. Sie müssen also Maßnahmen zur Empfängnisverhütung ergreifen. Auch beim ersten Mal!

Andererseits gibt es Paare, die sich ein Kind wünschen, aber keines bekommen. Das kann an einer Störung der Fortpflanzungsfähigkeit beim Mann oder der Frau liegen (Sterilität).

Was sind empfängnisverhütende Methoden?

Darunter versteht man alle Methoden, die eine Schwangerschaft, also die Vereinigung von Ei- und Samenzelle, vorübergehend verhindern, es aber dennoch der Frau ermöglichen, fruchtbar zu sein, sobald sie es wieder möchte. Diese Methoden unterscheiden sich von der Empfängnisverhütung durch Sterilisation (Operation), die (fast immer) endgültig ist, und einer Abtreibung, die den Abbruch einer bestehenden Schwangerschaft bedeutet.

Man unterscheidet vier Gruppen empfängnisverhütender Methoden:

1. Die „natürlichen" Verhütungsmethoden, bei denen weder Mittel angewendet noch Medikamente eingenommen werden.
2. Die mechanischen Barriere-Methoden. Dazu gehören beim Mann das Präservativ (Kondom) und bei der Frau das Scheidendiaphragma.
3. Die Intrauterinspirale (Intrauterin-Pessar).
4. Hormonelle Verhütungsmethoden; hierzu zählt die Antibabypille.

Welche Methode gilt als die beste?

Vom Standpunkt der Wirksamkeit aus ist die Pille die sicherste Methode, da sie – vorausgesetzt, sie wird vorschriftsmäßig eingenommen – fast absoluten Schutz bietet.

Aber die Pille ist nicht ohne Probleme. So wird sie von einigen Mädchen nicht vertragen (was sich schon früh oder erst später herausstellen kann), oder sie darf aus medizinischen Gründen nicht verschrieben werden. Oft vergißt man auch, sie einzunehmen oder nimmt sie nicht pünktlich ein.

Heutzutage werden Kondome besonders empfohlen – sie belasten den Körper nicht, sind bei richtiger Anwendung sehr sicher und schützen außerdem vor den meisten sexuell übertragbaren Krankheiten.

Da es keine für jeden Menschen gleichermaßen geeignete Verhütungsmethode gibt, ist es wichtig, sich über die Methoden möglichst genau zu informieren, damit das Paar diejenige auswählen kann, die ihm am besten zusagt.

Die meisten Männer und Frauen von heute bevorzugen eine geplante Elternschaft. Die Entwicklung der Wissenschaft hat dies möglich gemacht.

Wie kann man sich Verhütungsmittel beschaffen?

Man sucht eine Beratungsstelle (z. B. Pro Familia) oder einen Arzt auf, um fachgerecht und individuell über die Vor- und Nachteile der jeweiligen Methode und die vorschriftsmäßige Anwendung unterrichtet zu werden. Man kann dort auch zu zweit hingehen, oder sich z. B. mit seiner Jugendgruppe beraten lassen.

Wie verhält sich der Arzt gegenüber einer Minderjährigen?

Für Minderjährige gibt es diesbezüglich keine Probleme. Das Gesetz will den Jugendlichen den Zugang zu Verhütungsmitteln ermöglichen, daher ist es erlaubt, sie an Minderjährige abzugeben. Die damit zusammenhängende medizinische Beratung ist kostenlos, wie sonst ein Arztbesuch auch, wenn die Eltern Mitglied einer gesetzlichen Krankenkasse sind.

Außerdem gibt es in jeder etwas größeren Stadt Familienberatungsstellen oder Familienplanungszentren. Am besten schaut ihr ins Telefonbuch (z. B. unter Pro Familia), oder ihr fragt beim Gesundheitsamt nach.

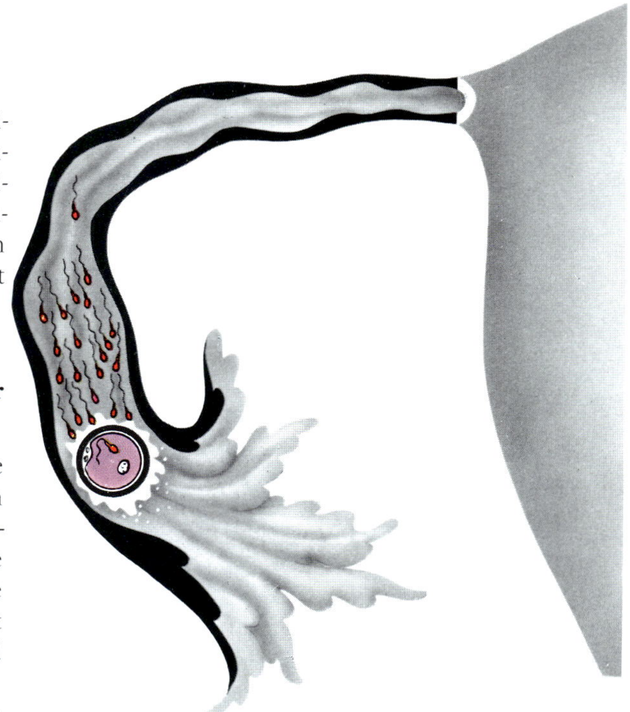

Nach dem Eisprung wandert die Eizelle den Eileiter hinab. Im oberen Drittel des Eileiters trifft sie auf die Samenfäden. Obgleich viele Spermien vorhanden sein müssen, damit es zu einer Befruchtung kommt, dringt nur ein einziger Samenfaden in die Eizelle ein.

An welchen Tagen des Zyklus ist die Gefahr, schwanger zu werden, gering?

Wie wir gesehen haben, findet der Eisprung (Ovulation) nur einmal monatlich statt, und zwar normalerweise etwa am 13. oder 14. Tag vor der zu erwartenden Regelblutung. Eine exakte Berechnung des Datums der Ovulation unter Berücksichtigung des Eintritts der letzten Regel läßt sich jedoch nicht anstellen, auch nicht bei Frauen mit regelmäßigem Zyklus. Bei Mädchen mit unregelmäßigem Zyklus – und die meisten jungen Mädchen menstruieren unregelmäßig – ist die Gefahr, sich zu irren, noch viel größer.

Man sollte deshalb allen Verhütungsmethoden mißtrauen, die darauf beruhen, daß man den Termin der Ovulation aufgrund der üblichen Dauer des Zyklus berechnet, denn durch sie sind wohl schon mehr Schwangerschaften entstanden als verhindert worden. Die Zahl der „Knaus-Ogino-Babys" ist sehr groß – man nennt sie so nach dem österreichischen Gynäkologen Knaus und dem japanischen Gynäkologen Ogino; sie haben diese für ihre hohe Versagerquote bekannte Methode zur Berechnung der periodischen Fruchtbarkeit der Frau erfunden.

Mit einiger Sicherheit erkennt man nur, daß eine Ovulation stattgefunden hat, wenn man jeden Morgen vor dem Aufstehen die Körpertemperatur rektal mißt. Sie ist zu Beginn des Zyklus um etwa ein halbes Grad niedriger als am Ende des Zyklus. Der Zeitpunkt des Temperaturanstiegs ist der des Eisprungs. Ab dem dritten Tag nach Eintritt eines Temperaturanstiegs ist nicht mehr mit einer Befruchtung zu rechnen. In den letzten 8 bis 10 Tagen vor der Regel kann die Frau also Geschlechtsverkehr haben ohne die Gefahr, schwanger zu werden. Sie muß aber diese sogenannte „Basaltemperatur" täglich zur gleichen Zeit messen.

Wie lange dauert ein Eisprung?

Der Zeitraum, in dem das Ei befruchtet werden kann, ist kurz. Da die Befruchtung im oberen Drittel des Eileiters einige Stunden nach der Ovulation, d. h. nachdem die Eizelle vom Follikel freigegeben worden ist, stattfinden muß, beträgt die Zeit, in der ein Samenfaden auf die Eizelle treffen und sie befruchten kann, theoretisch nur etwa 6 Stunden. Da die Samenzellen jedoch eine Lebensdauer von mehreren Tagen haben, läßt sich der genaue Moment einer möglichen Befruchtung beim Geschlechtsverkehr nicht feststellen. Darin liegt die Schwierigkeit der natürlichen Empfängnisverhütung.

Es sind aber noch weitere Faktoren zu berücksichtigen, z.B. die Zeit, die die Samenfäden benötigen, um die Eileiter hinaufzuwandern. Sie ist bei jeder Frau unterschiedlich lang.

Es dauert etwa zweieinhalb Monate, bis sich aus den Ursamenzellen reife Samenfäden entwickelt haben. Sie müssen einen langen Weg vom Hoden, wo sie entstehen, bis zur Harnröhrenöffnung, durch die sie bei der Ejakulation herausgeschleudert werden, zurücklegen. Die Spermien werden in den Nebenhoden gespeichert.
Die Samenflüssigkeit (Sperma) besteht nicht nur aus reifen Samenfäden, sondern auch aus den Sekreten der Prostata und der Samenblasen. Beim Geschlechtsverkehr wird das Sperma in die Scheide ejakuliert und in der Nähe des Gebärmutterhalses deponiert. Zur Zeit des Eisprungs können die Spermien durch den Gebärmutterhals wandern, da sich sein Schleimpfropf verflüssigt hat, und gelangen in die Gebärmutter, von wo sie in die Eileiter aufsteigen.
Die Befruchtung findet im oberen Drittel des Eileiters statt. Die Spermien müssen also den Gebärmutterhalskanal, die Gebärmutterhöhle und die unteren zwei Drittel des Eileiters überwinden, bevor sie auf die Eizelle treffen.

1. Hoden – 2. Nebenhoden – 3. Samenleiter – 4. Samenblase – 5. Prostata – 6. Harnsamenröhre – 7. Harnsamenröhreöffnung – 8. Scheide – 9. Gebärmutterhals – 10. Gebärmutter – 11. Eileiter.

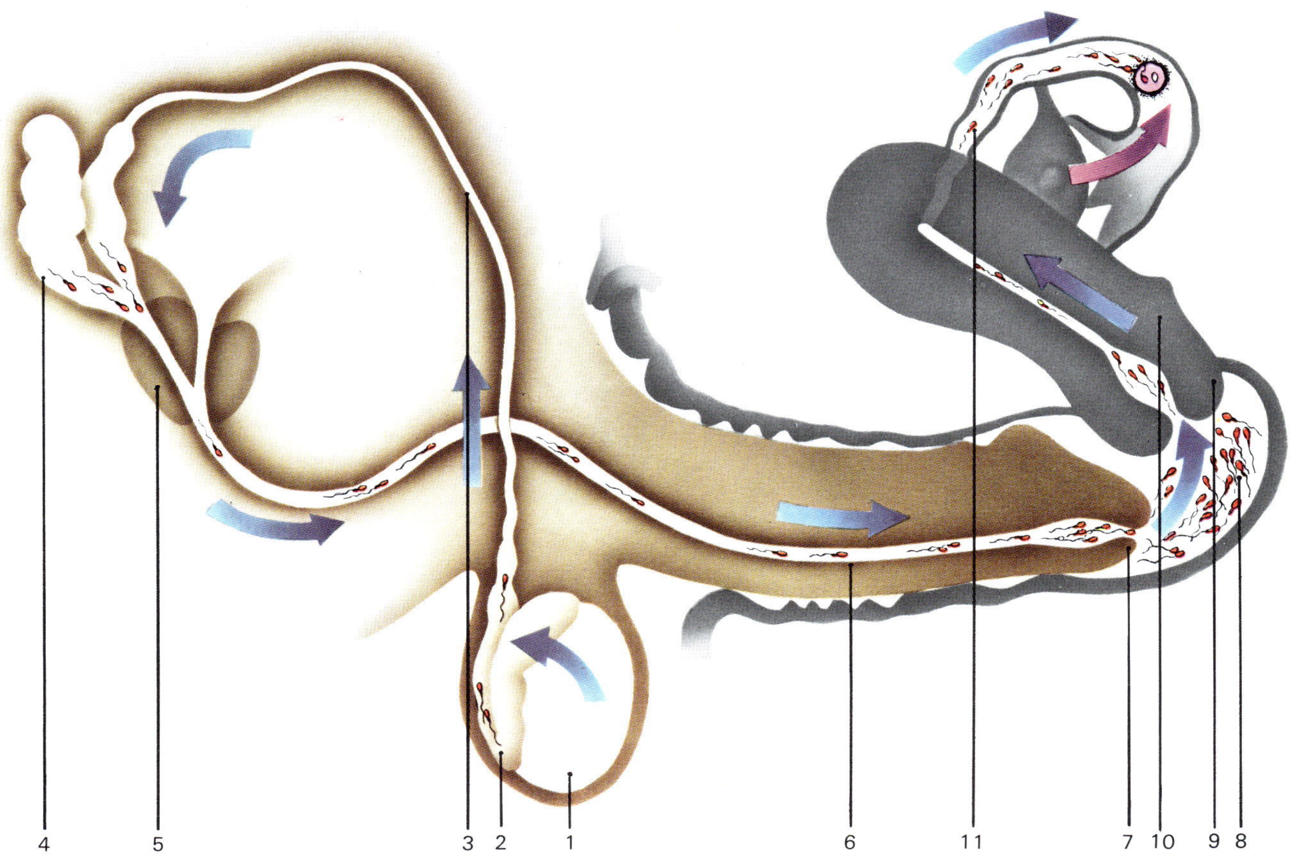

Im Durchschnitt legen die Samenfäden in den weiblichen Geschlechtswegen pro Minute etwa 1,5 mm zurück.

Wie lange bleiben Samenfäden am Leben?

Die Lebensdauer der Spermien ist je nach Beschaffenheit der Umgebung, in der sie sich befinden, sehr verschieden. Da sich in der Scheide gewöhnlich eine Vielzahl von Keimen aufhält, bietet sie den Samenfäden kein sehr günstiges Milieu. Hier überleben sie kaum länger als einige Stunden.

Dagegen finden sie im Schleim des Gebärmutterhalses eine sehr günstige Umgebung, in der sie noch mehrere Tage nach dem Verkehr befruchtungsfähig sind.

Wenn eine Frau nur ein Ei im Monat produziert, hat sie doch wenig Aussichten, schwanger zu werden. Wird sie also nur durch ein Mißgeschick schwanger?

Wenn eine Schwangerschaft unerwünscht ist, kann man von „Mißgeschick" sprechen, denn die Periode für die Befruchtung der Frau ist kurz. Aber in dieser Zeitspanne wirkt im Körper der Frau alles zusammen, um eine Schwangerschaft zu begünstigen. Da weder der Beginn noch die Dauer der Zeitspanne der optimalen Befruchtungsfähigkeit exakt feststellbar ist, empfiehlt es sich, während des ganzen Zyklus Vorsichtsmaßnahmen zu treffen, wenn eine Schwangerschaft vermieden werden soll. Schwangerschaftsverhütung ist also trotz der gewaltigen Fortschritte, die man seit 30 Jahren auf diesem Gebiet erzielt hat, noch immer etwas mühsam – aber notwendig.

Eine unerwünschte Schwangerschaft erscheint tatsächlich sehr oft wie ein Mißgeschick, und dies um so mehr, als mit der Befruchtung der Eizelle der Ablauf der Schwangerschaft einer Eigengesetzlichkeit unterliegt, die kaum noch zu beeinflussen ist. Man sollte daher immer mit der Möglichkeit, schwanger zu werden, rechnen, wenn man sexuelle Beziehungen aufnehmen möchte, und vor jedem Verkehr für eine wirksame Empfängnisverhütung sorgen, um unnötige Risiken auszuschließen.

Können Sie uns die Temperaturmethode erklären?

Sie ist im Prinzip einfach. Jeden Morgen mißt die Frau gleich nach dem Wachwerden unter absoluten Ruhebedingungen ihre Temperatur rektal und trägt die Werte in eine Kurve ein.

Normalerweise liegt die Körpertemperatur der ersten Hälfte des Zyklus unter 37 °C. Nach dem Eisprung steigt sie langsam oder auch plötzlich über 37 °C. Bis zum Eintritt der Regel, also ungefähr 10 bis 13 Tage lang, bleibt sie auf dieser Höhe.

Man nimmt an, daß der Eisprung bis zum Abend des 3. Tages nach dem Temperaturanstieg stattgefunden hat, so daß danach Verkehr ohne Risiko einer Empfängnis stattfinden kann.

Da die Fehlerquote bei dieser Methode etwa 10 % ausmacht, bietet sie kaum ausreichende Sicherheit und kann für eine sichere Verhütung nicht empfohlen werden – außerdem setzt sie voraus, daß man den Geschlechtsverkehr auf 8 bis 10 Tage pro Monatszyklus beschränkt.

Kann man diese Methode auch jungen Mädchen empfehlen?

Nur, wenn ihr Zyklus regelmäßig ist. Wenn er unregelmäßig ist, ist von der Temperaturmethode abzuraten. Da dies gerade bei jungen Mädchen noch oft der Fall ist, und weil man bei der Methode sehr diszipliniert sein muß, überfordert sie junge Mädchen meist.

Muß die Temperatur jeden Morgen gemessen werden?

Ja. Außerdem muß jede Messung in eine grafische Tabelle eingetragen werden. Nur so lassen sich falsche Auswertungen vermeiden.

Die moderne Empfängnisverhütung macht es möglich, daß sexuelle Lust und Zeugung nicht mehr zwangsläufig miteinander verbunden sind. Ein Paar kann sich ohne Furcht vor unerwünschter Schwangerschaft und ohne Angstgefühle den Freuden sexueller Intimität hingeben.

Wie bestimmt man die Periode der Unfruchtbarkeit, wenn man krank ist?

Im Falle eines fieberhaften Infekts kann die Temperaturkurve im ganzen höher liegen, doch der Moment des Temperaturanstiegs in der Zeit nach der Ovulation ist oft trotzdem feststellbar. Bei einer leichten Infektion nimmt die Körpertemperatur im allgemeinen nach 3 oder 4 Tagen wieder ab. Sobald aber die kleinste ungewohnte Belastung eintritt (Schlaflosigkeit, Nachtarbeit, Grippe, starke Gefühlserregung) kann man sich auf die Temperaturmessung nicht mehr verlassen und sollte bei der Auswertung der Kurve sehr vorsichtig sein, denn die Temperaturschwankungen können auf andere Faktoren zurückzuführen sein als auf den Eisprung.

Was ist der Unterschied zwischen der Temperaturmethode und der Knaus-Ogino-Methode?

Auch wenn die Temperaturmethode konsequent angewendet wird, hat sie eine hohe Versagerquote. Der Grund dafür sind in der Regel Fehler bei der Auslegung der Temperaturkurve.

Die Knaus-Ogino-Methode, bei der zur Errechnung der optimalen fruchtbaren Periode die letzten 12 Monatszyklen der Frau genau protokolliert werden müssen, basiert auf folgender Gleichung:

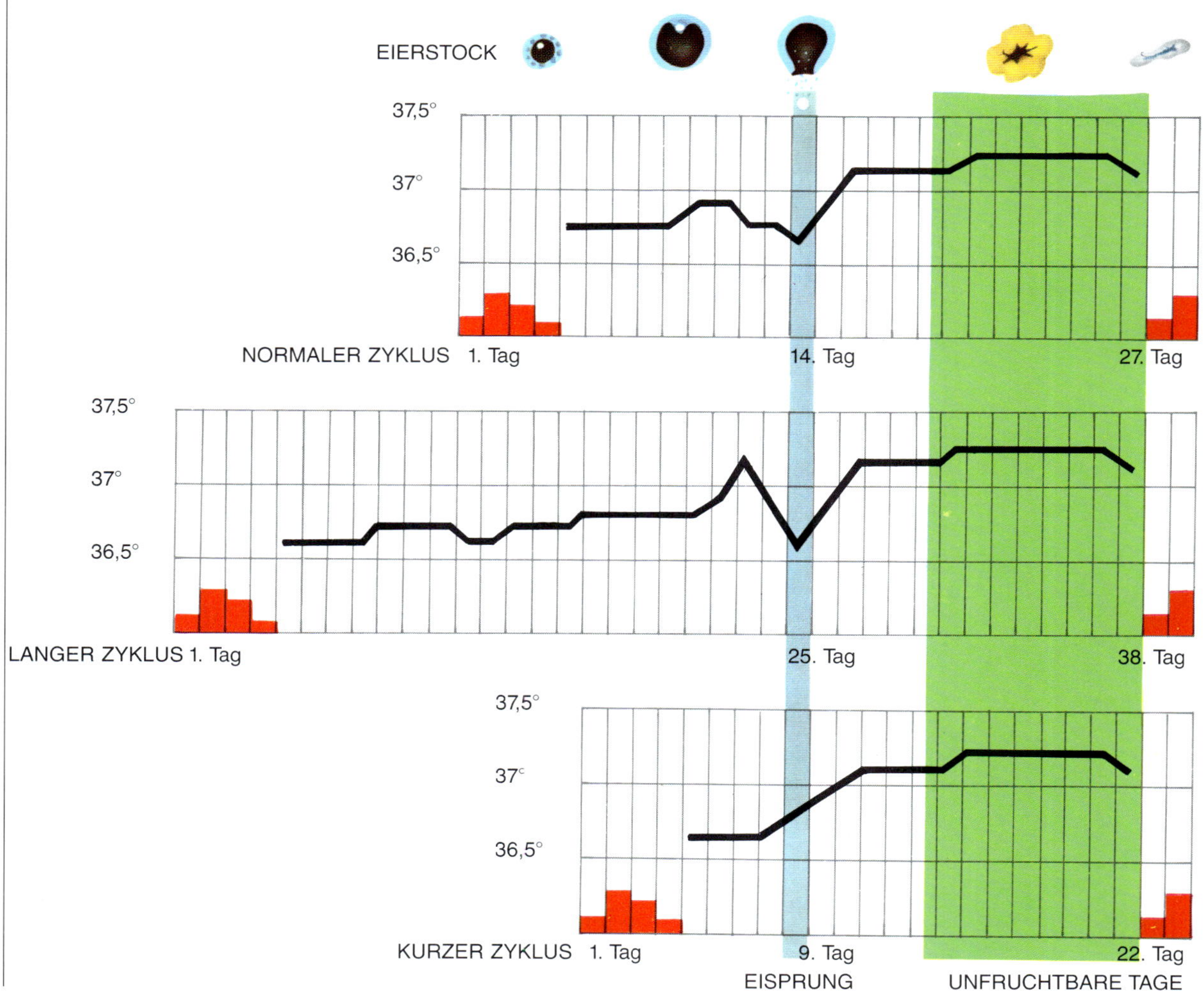

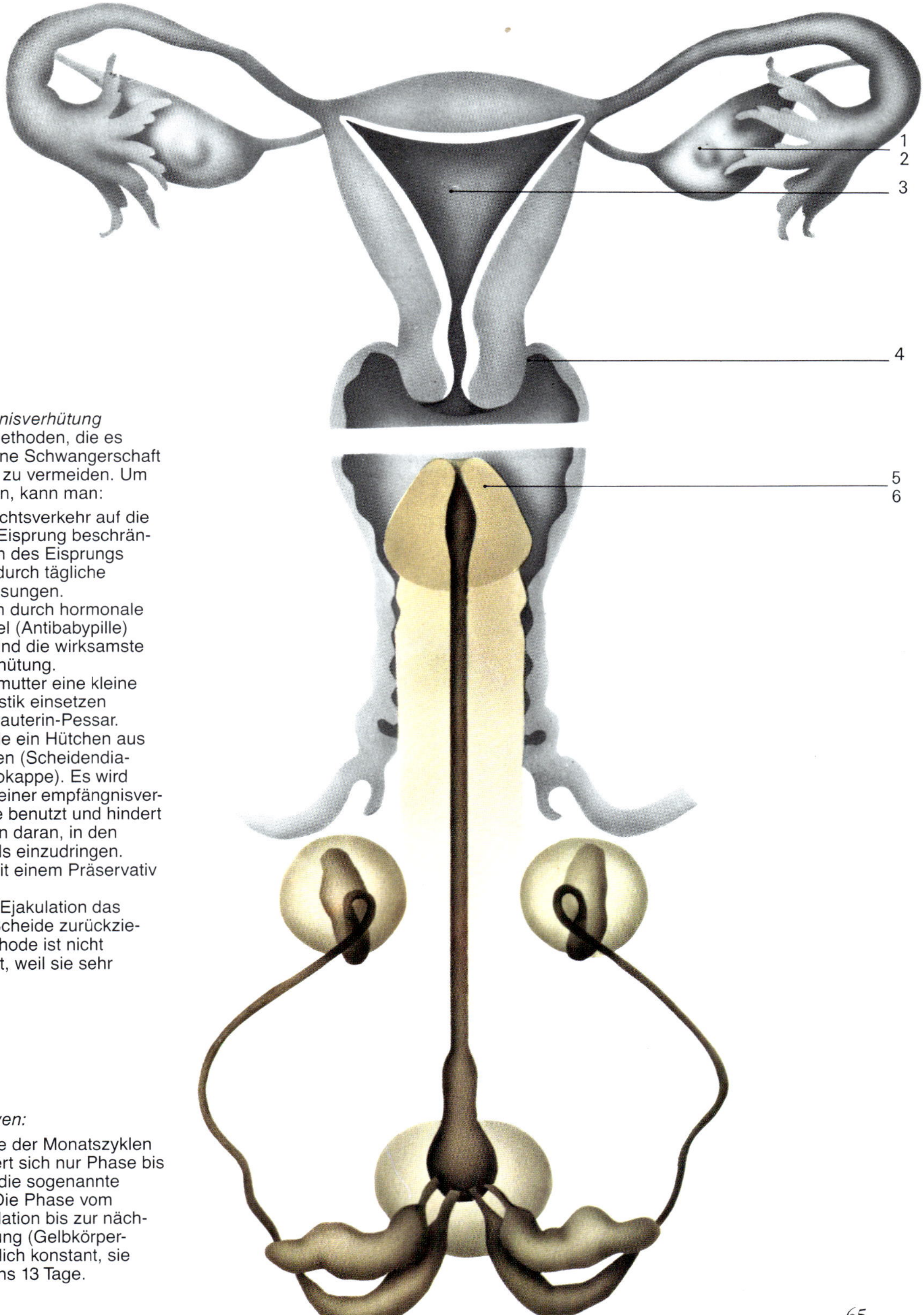

Rechts:

Unter *Empfängnisverhütung* versteht man Methoden, die es ermöglichen, eine Schwangerschaft vorübergehend zu vermeiden. Um das zu erreichen, kann man:

1. Den Geschlechtsverkehr auf die Zeit nach dem Eisprung beschränken. Den Termin des Eisprungs bestimmt man durch tägliche Temperaturmessungen.
2. Die Ovulation durch hormonale Verhütungsmittel (Antibabypille) hemmen. Sie sind die wirksamste Empfängnisverhütung.
3. In die Gebärmutter eine kleine Spirale aus Plastik einsetzen lassen, den Intrauterin-Pessar.
4. In die Scheide ein Hütchen aus Gummi einführen (Scheidendiaphragma; Portiokappe). Es wird zusammen mit einer empfängnisverhütenden Salbe benutzt und hindert die Samenfäden daran, in den Gebärmutterhals einzudringen.
5. Den Penis mit einem Präservativ überziehen.
6. Kurz vor der Ejakulation das Glied aus der Scheide zurückziehen. Diese Methode ist nicht empfehlenswert, weil sie sehr unsicher ist.

Temperaturkurven:

Wenn die Länge der Monatszyklen schwankt, ändert sich nur Phase bis zum Eisprung, die sogenannte Follikelphase. Die Phase vom Eintritt der Ovulation bis zur nächsten Regelblutung (Gelbkörperphase) ist ziemlich konstant, sie dauert höchstens 13 Tage.

Erster Tag = kürzester Zyklus minus 18
Letzter Tag = längster Zyklus minus 11,

d. h. bei einem Zyklus, dessen Dauer zwischen 26 und 32 Tagen schwankt, dauert die fruchtbare Periode vom 8. bis zum 21. Tag. Diese Methode ist um so unsicherer, je unterschiedlicher die Länge der Zyklen sind. Sie ist auf keinen Fall zu empfehlen.

„Aufpassen", was bedeutet das?

Durch das plötzliche Zurückziehen des Gliedes aus der Scheide direkt vor der Ejakulation (das nennt man *Koitus interruptus* = Unterbrechung des Geschlechtsverkehrs) soll vermieden werden, daß die Samenfäden in den Gebärmutterhals gelangen.

Schon das Wort „aufpassen" besagt, worin die Schwierigkeit dieser Methode liegt: Sie erfordert vom Mann im Augenblick des Orgasmus ein außerordentliche Willensanstrengung. Das erklärt auch die extrem hohe Versagerquote dieser Methode, insbesondere bei jungen, unerfahrenen Menschen. Eigentlich handelt es sich bei einer so unsicheren Methode gar nicht um eine echte Verhütungsmethode. Sie ist keinesfalls zu empfehlen!

Welche Folgen hat der Koitus interruptus?

Der Hauptnachteil dieser Methode liegt in der Unzuverlässigkeit. Nach heutiger Kenntnis hat sie weder für den Mann noch für die Frau psychische Folgen, vorausgesetzt allerdings, daß sich keiner der Partner durch diese Methode frustriert fühlt, was oft der Fall ist.

Können durch den Gebrauch von Präservativen seelische Störungen entstehen?

Nein, Präservative (Kondome) verursachen keine seelischen Störungen. Es ist jedoch möglich, daß einer der Partner den Geschlechtsverkehr als nicht vollkommen empfindet. Das gilt fast nur für die Männer und ist häufig eine Frage der Gewöhnung.

Bieten Präservative (Kondome) wirksamen Schutz?

Das ist unbestreitbar. Die Versagerquote ist von der Übung abhängig, die man damit hat. Bei richtiger Anwendung ist diese Verhütungsmethode sehr zuverlässig. Außerdem bieten Präservative den Vorteil, daß sie jederzeit verfügbar sind, da man sie als Mittel zum Schutz gegen Geschlechtskrankheiten und Aids in Apotheken oder Drogerien ohne Rezept erhält.

Mit Präservativen kann man zu jedem Zeitpunkt des Zyklus Geschlechtsverkehr haben; sie lassen sich gefahrlos verwenden.

Sollte man Präservative benutzen, wenn man zum ersten Mal Geschlechtsverkehr hat?

Auch beim ersten Mal ist Empfängnisschutz nötig. Um möglichst wenig gestört zu werden, nehmen viele junge Mädchen lieber die Pille. Aber wenn beide sich mit Kondomen auskennen, sind sie auch für das erste Mal zu empfehlen.

Besonders empfehlenswert sind Kondome, die mit Gleitsubstanzen beschichtet sind.

Sie sollten zusammen mit einer empfängnisverhütenden Salbe benutzt werden (sie hat eine doppelte Wirkung: sie fördert die Gleitfähigkeit und tötet Spermien ab).

Es heißt, Präservative schützen vor Aids – stimmt das?

Aids überträgt sich durch Absonderungen der Scheide und durch Samenflüssigkeit. Deshalb wird der Gebrauch von Präservativen zum Schutz sehr empfohlen. Tatsächlich sind Präservative das beste Mittel zum Schutz vor einer Übertragung dieser Krankheit, gegen die es bis heute noch kein Heilmittel gibt. Deshalb ist es auf alle Fälle ratsam, sich bei gelegentlichem Geschlechtsverkehr durch ein Präservativ zu schützen, auch wenn die Frau die Pille nimmt. Vor allem ist man dann auch vor den meisten anderen sexuell übertragbaren Krankheiten geschützt.

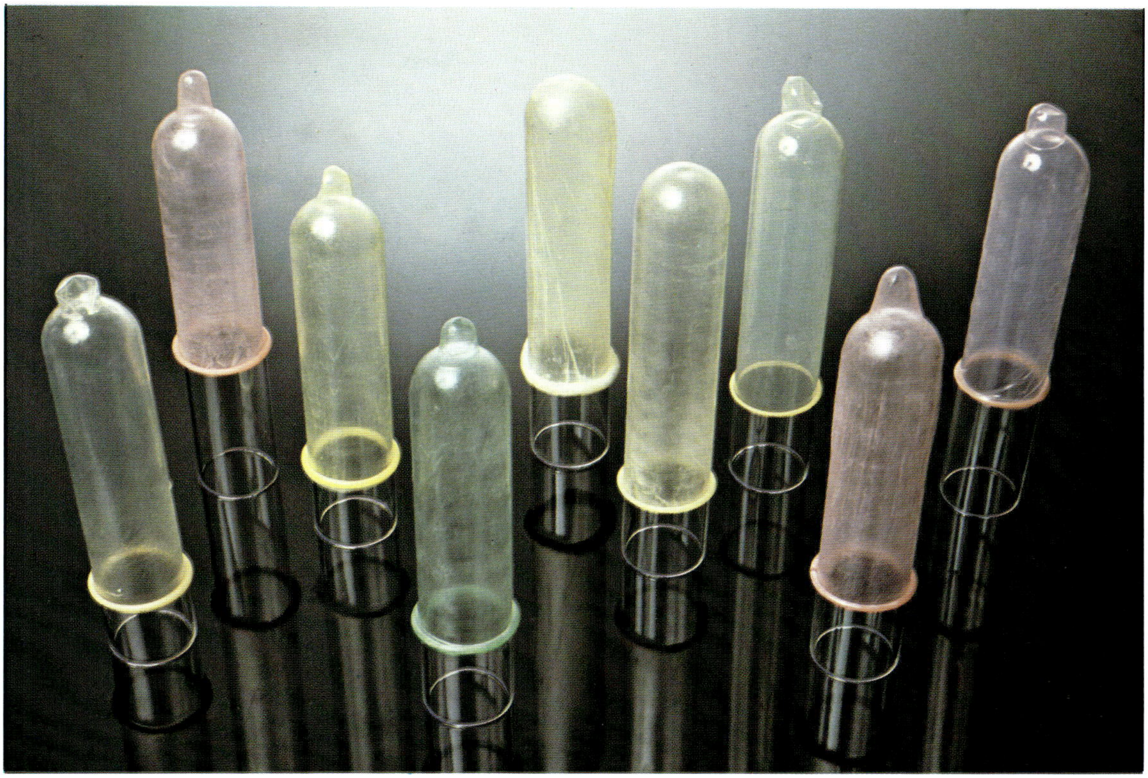

1

Das Präservativ (1) oder Kondom, in der Umgangssprache auch „Pariser" oder „Gummi" genannt, wird wie ein Fingerling über den erigierten Penis gestreift; dabei läßt man am Ende 1 cm frei. Es darf nur einmal benutzt werden. Das Kondom ist in Automaten, Apotheken und Drogerien frei käuflich. Man kann es zusammen mit einem samenabtötenden Produkt verwenden; es ist außerdem auch ein sehr guter Schutz vor der Übertragung von Geschlechtskrankheiten.
Zu den chemischen Mitteln gehören Salben, Tabletten, Sprays oder Zäpfchen. Diese in Frankreich gebräuchliche Tube (2) enthält ein samenabtötendes Mittel, das vor dem Geschlechtsverkehr in die Scheide eingeführt wird.
Vaginalkugeln oder -zäpfchen (3) sind mindestens 15 Minuten vor dem Geschlechtsverkehr in die Vagina einzuführen, damit sie bis zu dem Zeitpunkt des Verkehrs geschmolzen sind.
Vaginalschwämmchen (4) sind mit einer samenabtötenden Substanz getränkt. Sie werden unmittelbar vor dem Geschlechtsverkehr in die Vagina eingeführt. Ihre empfängnisverhütende Wirkung hält 24 Stunden an.

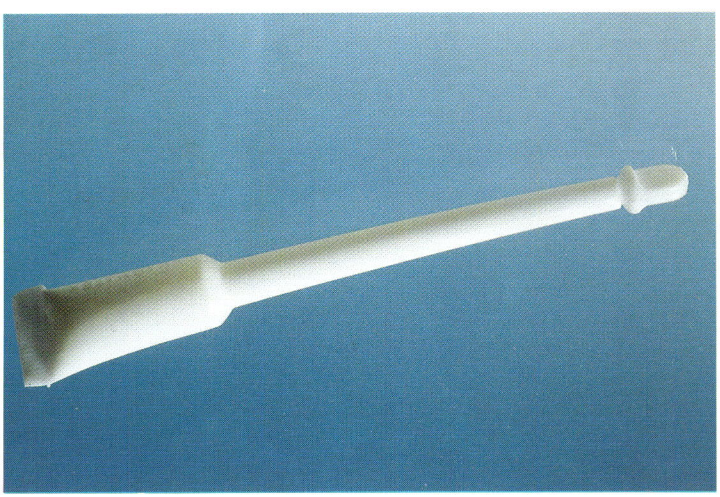

2

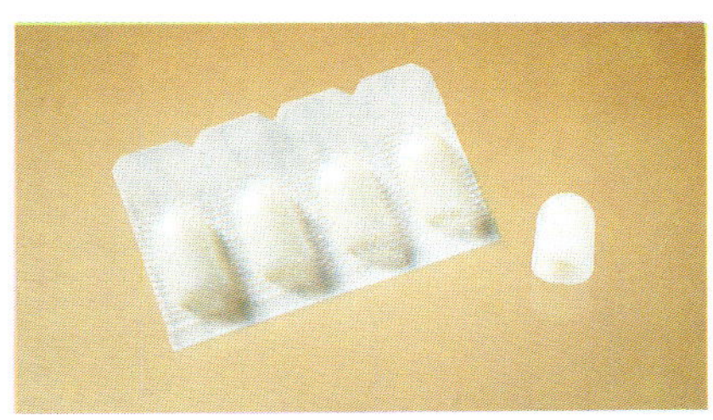

3

4

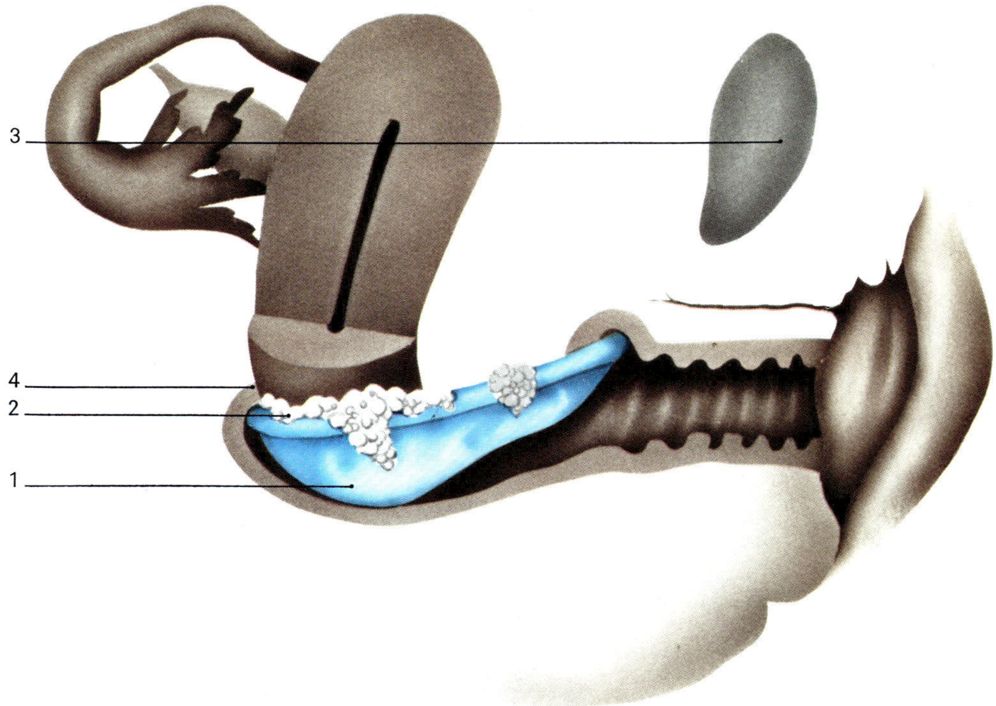

Das Scheidendiaphragma ist das am meisten benutzte mechanische Verhütungsmittel für die Frau. Um eine sichere Empfängnisverhütung zu gewährleisten, muß es vom Arzt angepaßt werden, und die Frau muß lernen zu prüfen, ob es den Gebärmutterhals vollständig bedeckt. Ebenso wie andere „Gummipräservative" für die Frau sollte das Diaphragma nur zusammen mit einer empfängnisverhütenden (samentötenden) Salbe benutzt werden.

1. Scheidendiaphragma – 2. Empfängsnisverhütende Salbe – 3. Schambeinfuge – 4. Hinteres Scheidengewölbe.

Gibt es lokale oder vaginale Mittel zur Empfängnisverhütung?

Ja, seit mehreren Jahren gibt es auch lokale chemische Mittel. Sie sind leicht zu handhaben und bieten einen gewissen zusätzlichen Schutz bei nicht geplantem Geschlechtsverkehr. Allerdings ist keines dieser Mittel absolut zuverlässig, denn ihre Versagerquote liegt ziemlich hoch. Sie enthalten eine samenabtötende Substanz, die die Samenfäden daran hindert, in den Gebärmutterhalsschleim einzudringen und zum Uterus aufzusteigen. Es gibt sie in verschiedener Aufmachung: *Vaginalkugeln* oder *-zäpfchen* werden einige Zeit vor dem Geschlechtsakt tief in die Vagina eingeführt. Damit sie schmelzen können, bleibt man mindestens 10 Minuten ausgestreckt liegen. Diese Mittel haben neben ihrer Unzuverlässigkeit auch oft unangenehme Nebenwirkungen wie Brennen oder andere Mißempfindungen in der Vagina oder am Penis. Sie können die Schleimhaut irritieren, und man weiß heute sogar, daß sie bei alleiniger Verwendung (also ohne Kombination mit einem Kondom) die Übertragungsmöglichkeit von bestimmten sexuell übertragbaren Krankheiten (z. B. Aids) erhöhen.

Vaginalschwämmchen oder *-tampons* sind kleine, mit einer samenabtötenden (spermiziden) Substanz getränkte Schwämmchen, die tief in die Vagina eingeführt werden. Sie können dort 24 Stunden lang bleiben, so daß ohne weitere Manipulation in kurzen Abständen hintereinander Geschlechtsverkehr ausgeführt werden kann. Manchmal ist es etwas schwierig, sie wieder herauszunehmen; ihr Hauptnachteil aber ist der Preis, denn sie sind recht teuer.

Diese lokalen Verhütungsmittel für die Frau haben wie Kondome oder Präservative für Männer zwar den Vorteil, daß sie ohne Rezept erhältlich sind. Aber wirklich empfehlenswert sind sie kaum.

Welches sind die „Präservative" für die Frau?

Das meistgebrauchte mechanische Verhütungsmittel für die Frau ist das Scheidendiaphragma. Man verwendet auch Portiokappen (Portio = Gebärmutterhals, Muttermund).

Diaphragmen sind halbkugelförmige Gummihütchen. Portiokappen haben die Form einer Kapuze. Beide Vorrichtungen decken den äußeren Muttermund ab und beide werden vom Arzt angepaßt. Aber während das Diaphragma von der Frau vor jedem Geschlechtsverkehr selbst eingesetzt werden kann, muß die Portiokappe vom Arzt nach jeder Menstruation eingesetzt und einige Tage vor der zu erwartenden Regel wieder entfernt werden. Zusätzlich werden samentötende Mittel verwendet, um die Sicherheit zu erhöhen.

Wo setzt man sie ein?

Das Diaphragma wird in die Scheide eingeführt. Es schließt den Uterushals gegen das hintere Scheidengewölbe ab, so daß keine Spermien in die Gebärmutter gelangen können.

Kann man das Diaphragma bei den ersten sexuellen Beziehungen benutzen?

Im allgemeinen nein, denn das Jungfernhäutchen ist noch nicht genügend dehnbar, um das Diaphragma einzuführen.

Woraus besteht der Unterschied zwischen Diaphragma und Spirale?

Während das Diaphragma vor jedem Geschlechtsverkehr von der Frau selbst in die Vagina eingeführt und etwa nach 8 Stunden wieder entfernt werden muß, kann die Spirale, die vom Frauenarzt in den Uterus eingesetzt wird, jahrelang dort bleiben, wenn sie gut vertragen wird. Deshalb verlangt das Diaphragma eine gewisse Erfahrung und Geschicklichkeit und aktive Mitarbeit der Frau, während die Spirale, wenn sie vom Arzt eingesetzt wurde, keine weitere Mitarbeit der Frau erfordert.

Warum muß die Spirale vom Arzt eingesetzt werden?

Im Gegensatz zur Vagina ist der Uterus eine keimfreie Höhle. Die Einführung eines Fremdkörpers in den Uterus erfordert daher, daß man streng aseptisch (keimfrei) vorgeht, da sonst die Gefahr einer Infektion besteht.

Wie wirkt die Spirale?

Der genaue Wirkungsmechanismus der Spirale ist noch unbekannt, sie ist jedoch keineswegs ein rein mechanisches Verhütungsmittel. Vermutlich werden die Befruchtung und Einnistung des Eis aufgrund von hormonellen Mechanismen und einer lokalen Reaktion der Uterus-Schleimhaut verhindert.

Warum sind Spiralen verschiedenartig geformt?

Um die Verträglichkeit der Spirale und ihre Zuverlässigkeit zu verbessern, hat man ihre Größe und Oberfläche verändert oder dem Plastikmaterial, aus dem sie angefertigt wird, Hormonpräparate oder Mineralsalze, insbesondere Kupfer, hinzugefügt. Die Versuche, die Wirksamkeit dieser Methode weiter zu verbessern, sind noch nicht abgeschlossen.

Es heißt, die Spirale sei gefährlich – stimmt das?

Weil mit der Anwendung der Spirale ein zwar geringes, aber nichtsdestoweniger nennenswertes Infektionsrisiko verbunden ist, sollte sie bei einem jungen Mädchen oder einer Frau, die noch nicht schwanger war, nicht eingesetzt werden.

Ist die Spirale absolut zuverlässig?

Nein, auch die Spirale verzeichnet eine gewisse Versagerquote. Im Gegensatz zu früheren Vorstellungen versagt ihr Schutz manchmal schon dann, wenn sie sich noch in der Gebärmutter befindet und nicht erst, wenn sie von ihr spontan ausgestoßen worden ist, was manchmal vorkommt.

Ist die Pille wirksamer?

Ja, die Pille ist das zuverlässigste Empfängnisverhütungsmittel – vorausgesetzt, die Einnahme erfolgt vorschriftsmäßig.

Woraus setzt sich die Pille zusammen?

Heutzutage ist eine Vielzahl unterschiedlicher Pillen im Handel. Die meisten enthalten eine Kombination aus zwei Hormonen, die von den Eierstöcken produziert werden: Östrogen und Gestagen (Gestagene sind künstliche Progesteron-ähnliche Hormone).

Wie wirkt die Pille?

Die in der Pille enthaltenen künstlichen Sexualhormone, die zu Beginn des Zyklus gleichzeitig eingenommen werden, hemmen die Sekretion der Hormone der Hypophyse und damit die Hormonproduktion der Eierstöcke, die von der Hypophysentätigkeit abhängig ist. Die Pille wirkt also durch die Unterdrückung des Eisprungs.

Worin unterscheiden sich die einzelnen Pillen?

Man unterscheidet drei verschiedene Arten:
– die *Einphasen-* oder *Kombinationspräparate:* in jeder Tablette sind sowohl Östrogene als auch Gestagene enthalten, deren Dosierung gleichbleibt.
– die *abgestuften Einphasenpräparate:* um Nebenwirkungen durch Gestagene herabzusetzen, ist deren Dosierung während der ersten 10 Einnahmetage reduziert.
– die *Zweiphasen-* oder *Sequentialpräparate:* diese sind dem Zyklus stärker nachempfunden. In der ersten Einnahmephase enthalten sie Östrogen, zusätzlich wird in der zweiten Phase Gestagen hinzugefügt.

Eine besondere Form ist die sogenannte „Minipille", die eine besonders niedrige Gestagen-Dosis enthält, aber deswegen sehr exakt täglich zur gleichen Uhrzeit eingenommen werden muß.

Die Anwendung der Hormone in Form von Depot-Spritzen („3-Monats-Spritze") kommt für junge Mädchen nicht in Frage.

Die „Pille danach" kommt nur in bestimmten Fällen nach ärztlicher Anordnung z. B. bei Versagen von Kondomen in Betracht (innerhalb 48 Stunden).

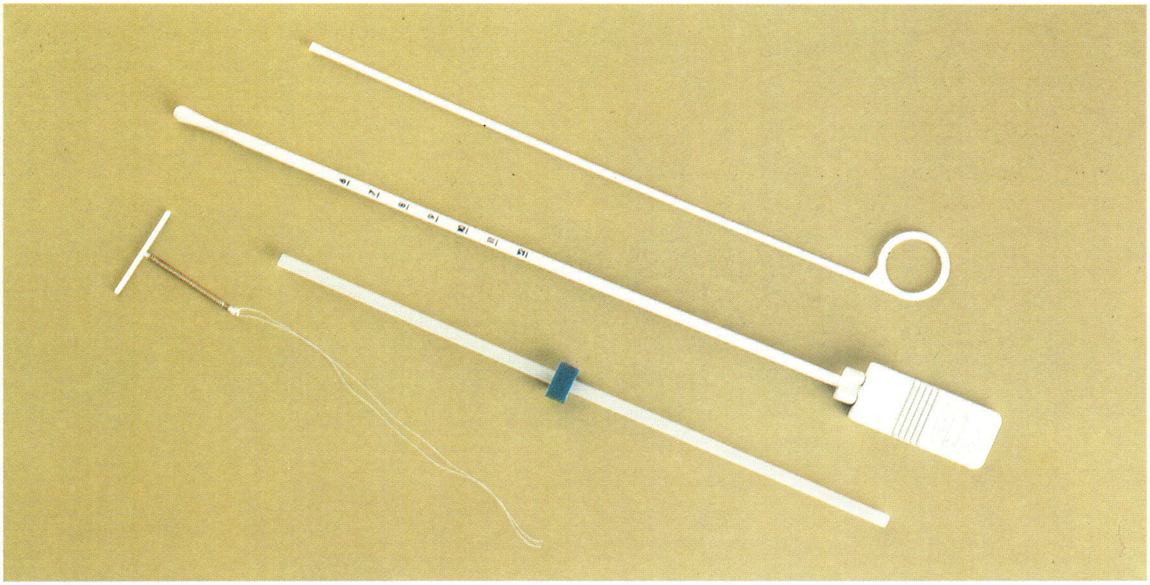

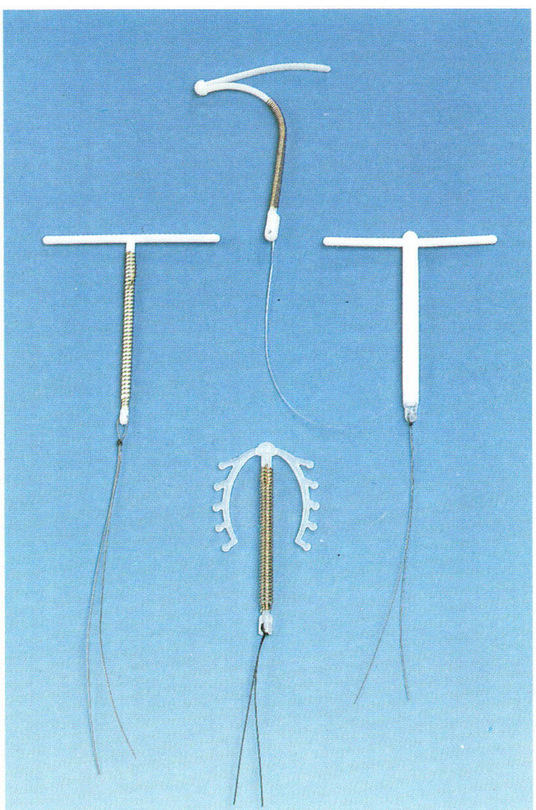

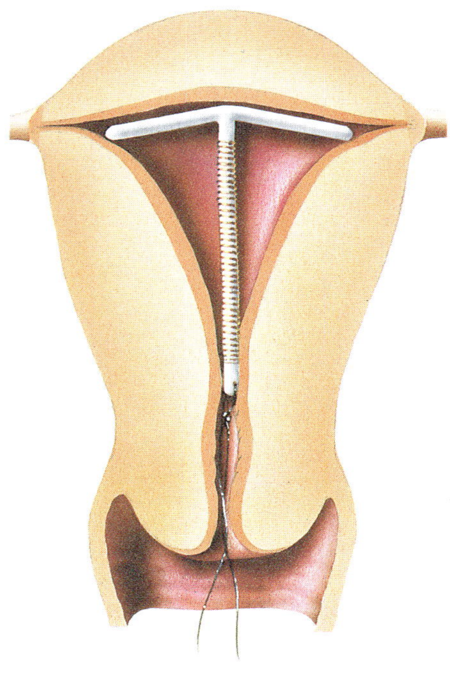

Das Intrauterin-Pessar (die „Spirale") gibt es in verschiedenster Ausführung. Es handelt sich um kleine Geräte aus Plastik, die vom Arzt in die Gebärmutterhöhle eingesetzt werden. Sie bieten einen ziemlich sicheren Schutz vor einer Schwangerschaft. Allerdings werden sie nicht immer gut vertragen, und sie erfordern eine Kontrolle durch den Arzt. An dem heraushängenden Faden können sie entfernt werden.

Wie nimmt man die Pille ein?

Die Einnahme erfolgt am Anfang des Menstruationszyklus, spätestens am fünften Tag nach dem Einsetzen der Regelblutung. Ab dann wird sie täglich (meistens drei Wochen lang) eingenommen, danach folgt eine Pause von sieben Tagen. Da in den im Handel angebotenen Pillenheftchen unter jeder Pille der jeweilige Wochentag der Einnahme angegeben ist, kann man sie eigentlich nicht vergessen – oder man merkt es spätestens am nächsten Morgen. Wenn man die Pilleneinnahme mehr als einen Tag vergessen hat, besteht kein Empfängnisschutz mehr, für den Rest des Zyklus muß dann eine andere Methode angewendet werden.

Die Minipille muß während des ganzen Zyklus täglich eingenommen werden, und zwar immer zur selben Stunde, also auch während der Menstruation. Vergißt man sie oder nimmt sie zu spät ein, besteht die Gefahr einer Schwangerschaft. In diesem Fall sollte man die Einnahme fortsetzen, gleichzeitig aber andere Vorsichtsmaßnahmen treffen (Präservative, Vaginalzäpfchen), bis zum nächsten Zyklus von 28 Tagen. Bleibt die Regelblutung aus, sollte man einen Schwangerschaftstest vornehmen lassen.

Ab wann ist die Pille wirksam?

Der Empfängnisschutz beginnt mit dem ersten Einnahmetag, vorausgesetzt, man hat spätestens am fünften Tag des Zyklus mit der Einnahme begonnen.

Bekommt man seine Regel?

Ja, während der Zeit, in der man mit der Tabletteneinnahme aussetzt, tritt eine Regelblutung ein. Es ist keine eigentliche Regelblutung, d. h. sie resultiert nicht aus der Rückbildung des Gelbkörpers nach einem Eisprung, sondern eine menstruationsähnliche Blutung, die durch den plötzlichen Abfall des Hormonspiegels ausgelöst wird.

Warum wird die Regel schwächer, wenn man die Pille einnimmt?

Da es sich nur um eine menstruationsähnliche Blutung handelt, unterscheidet sie sich in den meisten Fällen von der normalen Regelblutung: Sie ist schwächer, dunkler und schmerzlos. Möglicherweise kann die Blutung während einiger Monate ganz ausbleiben, doch das ist kein Grund zur Beunruhigung, wenn die Pille sonst gut vertragen wird.

Was tut man, um nicht zuzunehmen, wenn man die Pille einnimmt?

Die Gefahr zuzunehmen, ist bei den heutigen niedrig dosierten Präparaten recht gering. Falls eine Anlage zu Übergewicht besteht, wird der Arzt dies bei der Auswahl des empfängnisverhütenden Mittels berücksichtigen.

Ist es wahr, daß die Pille nervös macht?

Manchmal stimmt das. Es kann zu erhöhter Reizbarkeit, Neigung zur Depression oder zu Angstzuständen kommen. Bei einigen Frauen verschlimmern sich nach Einnahme der Pille bereits vorher bestehende nervöse Störungen; es ist aber schwer, festzustellen, inwieweit sie tatsächlich durch die Pille bedingt sind.

Und die Übelkeit?

Sie tritt in einigen Fällen auf und ist im allgemeinen vorübergehend, sie verschwindet nach einigen Tagen. Es kommt heute auch selten vor, daß die Pille zu Verdauungsstörungen führt und deshalb abgesetzt werden muß.

Können Sie uns sagen, worin die Gefahren der Pille liegen?

Zunächst einmal muß man zwischen unerwünschten Nebenwirkungen (sie sind meist vorübergehend und hören auf, sobald man die Pille absetzt) und größeren Gesundheitsrisiken unterscheiden. Von den Nebenwirkungen haben wir die wichtigsten schon genannt: Übelkeit, Gewichtszunahme und vermehrte Reizbarkeit. Außerdem kann es in selteneren Fällen zur Bildung von braunen Flecken (wie während der Schwangerschaft), zu Zwischenblutungen oder aber zum Ausbleiben der Monatsblutung kommen.

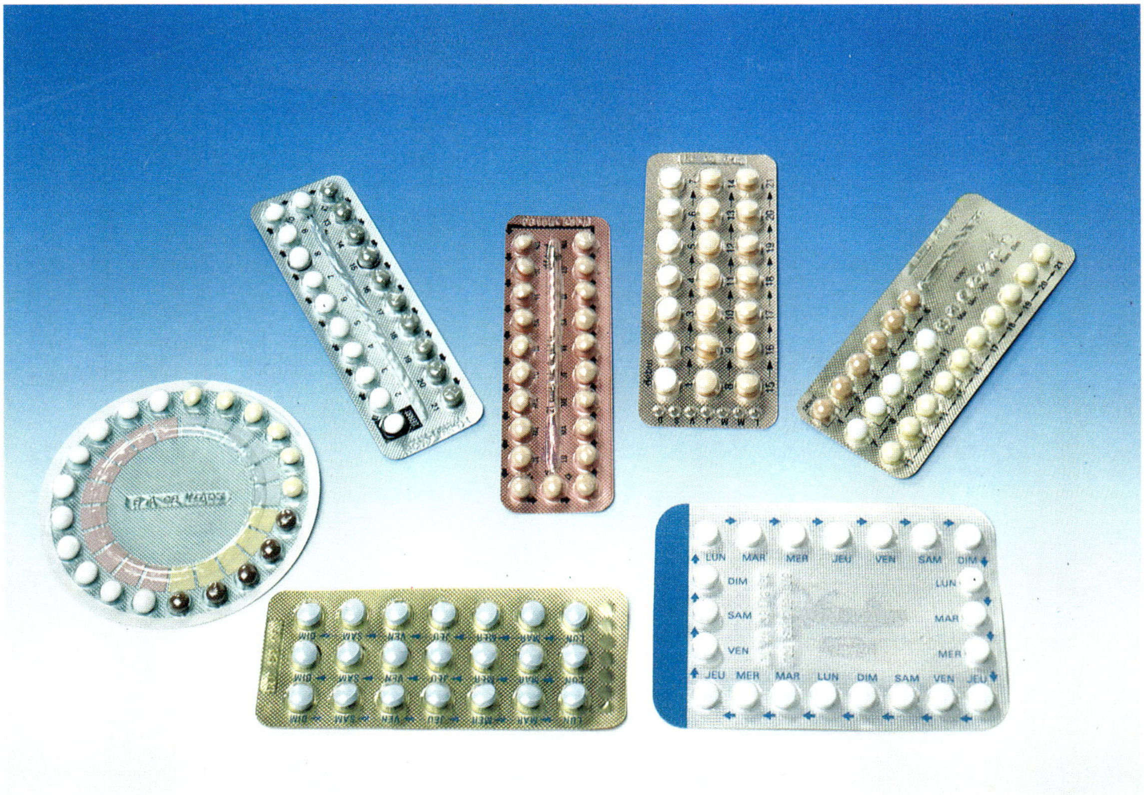

Vorschriftsmäßig eingenommen, bietet die Pille einen sehr guten Schutz. Sie sollte aber nur nach einer ärztlichen Untersuchung eingenommen werden, damit Unverträglichkeit oder schädliche Nebenwirkungen von vornherein ausgeschlossen werden. Die Pille ist das beliebteste Empfängnisverhütungsmittel.

Die drei größeren Risiken, die immer wieder diskutiert werden, sind: Eine Gefährdung der Nachkommenschaft, eine erhöhte Emboliegefahr und ein verstärktes Krebsrisiko.

Bisher ist kein schlüssiger Beweis für eine Gefährdung der Nachkommenschaft durch die Pille erbracht worden. Im Gegenteil: Alle Untersuchungen der letzten Jahrzehnte an neugeborenen Babys von Müttern, welche zeitweilig die Pille eingenommen haben, zeigen, daß der Prozentsatz an Mißbildungen nicht höher ist als bei anderen Frauen. Man kann also heute sagen, daß dieses immer wieder genannte Risiko auf keinerlei wissenschaftlicher Erkenntnis basiert.

Eindeutig ist hingegen, daß die Pille das Embolierisiko bei Frauen erhöht, die zur Thrombose neigen. Eine Thrombose ist die Bildung von Pfropfen aus Blutbestandteilen in den Adern; wenn sie sich lösen und an anderen Stellen (z. B. in der Lunge oder im Herz) festsetzen, ist das eine Embolie; man wird deshalb Frauen, die schon eine Embolie hatten, diese Pille nicht geben, denn die Gefahr einer Wiederholung (Rezidiv) ist groß. Schließlich sollte man vor der Behandlung mit Ovulationshemmern durch eine Blutuntersuchung feststellen, ob Stoffwechselanomalien (z. B. erhöhte Thromboseneigung) vorliegen. Das Krebsrisiko erhöht sich durch die Pille nicht.

Ein nachgewiesenes Gesundheitsrisiko besteht jedoch vor allem durch die Einnahme der

Pille bei Raucherinnen. Bei Frauen um die Vierzig, die rauchen, erhöht sich die Gefahr eines Herzinfarkts beispielsweise um das Sechsfache.

Besteht die Gefahr, durch die Antibabypille unfruchtbar zu werden?

Keinesfalls. Es kann nur passieren, daß die Eierstöcke nach dem Absetzen der Pille ihre normale Funktion nicht sofort wieder aufnehmen und die Menstruation einige Monate lang ausbleibt. Dieses Ausbleiben heißt Amenorrhöe. Es handelt sich aber um eine vorübergehende Erscheinung und ist nicht gleichzusetzen mit Unfruchtbarkeit.

Sollte man nach dem Absetzen der Pille einige Zeit warten, bevor man sich zu einer Schwangerschaft entschließt?

Obgleich nicht nachgewiesen ist, daß auch nur das geringste Risiko für eine Schwangerschaft besteht, wenn die Frau gleich nach dem Absetzen der Pille schwanger wird, sollte man abwarten, bis sich der Monatszyklus wieder normal eingespielt hat, also nach dem Absetzen der Pille noch 2 bis 3 Monate.

Gibt es Pillen für den Mann?

Trotz aller bisherigen Forschungen gibt es noch keine Antibabypillen für Männer, und zwar aus zwei wesentlichen Gründen: Der erste ist wissenschaftlich: Ein im Hoden erzeugter Samenfaden braucht ungefähr zweieinhalb Monate, bis er zur Harnröhrenöffnung gelangt. Man müßte also sehr lange im voraus dafür sorgen, daß die Spermienbildung unterbunden wird bzw. daß der Mann wieder zeugungsfähig wird.

Der zweite Grund ist psychologisch: Männer verwechseln noch allzu oft Potenz und Männlichkeit mit Zeugungsfähigkeit.

Deshalb ist in den nächsten Jahren kaum damit zu rechnen, daß es bald auch für den Mann hormonale Empfängnisverhütungsmittel geben wird, auch wenn es richtig wäre, daß sich die Männer an der Kontrolle über die Fruchtbarkeit des Paares stärker beteiligen.

Was ist „die Pille danach“?

Wenn man Geschlechtsverkehr gehabt hat, ohne Vorsichtsmaßnahmen zu treffen, kann man bestimmte Hormonpillen noch innerhalb von 48 Stunden nach dem Verkehr einnehmen. Man sollte sich in einem solchen Fall so schnell wie möglich ärztlich untersuchen und beraten lassen.

Was ist der Unterschied zwischen Sterilisation und Empfängnisverhütung?

Empfängnisverhütende Methoden werden vorübergehend angewandt. Sie erlauben den Sexualpartnern, später Kinder zu bekommen, wenn sie es wünschen. Die Sterilisation hingegen ist endgültig. Sie erfolgt durch einen kleinen chirurgischen Eingriff: Bei der Frau werden die Eileiter und beim Mann die Samenleiter unterbunden und durchtrennt.

Läßt sich eine Sterilisation rückgängig machen?

Die meisten Versuche, durchtrennte Eileiter oder Samenleiter – beide sind sehr feine Kanäle – operativ wieder zu verbinden, scheitern.

Man muß sich also dessen bewußt sein, daß eine Sterilisation etwas Endgültiges ist. Deshalb muß ein solcher Schritt sehr sorgfältig bedacht werden.

Was ist eine Abtreibung?

Eine Abtreibung ist ein künstlicher Abbruch der Schwangerschaft. Man spricht von Fehlgeburt (Spontanabort), wenn die Schwangerschaftsunterbrechung unbeabsichtigt erfolgt (d. h. der Gebärmutterinhalt von selbst abgestoßen wird). Ein Abtreibung wird absichtlich herbeigeführt. Es gibt gesetzliche Regelungen, wann ein Arzt einen Schwangerschaftsabbruch durchführen darf. In der Konfliktsituation einer unerwünschten Schwangerschaft kann man sich in darauf spezialisierten Beratungsstellen persönlich beraten lassen.

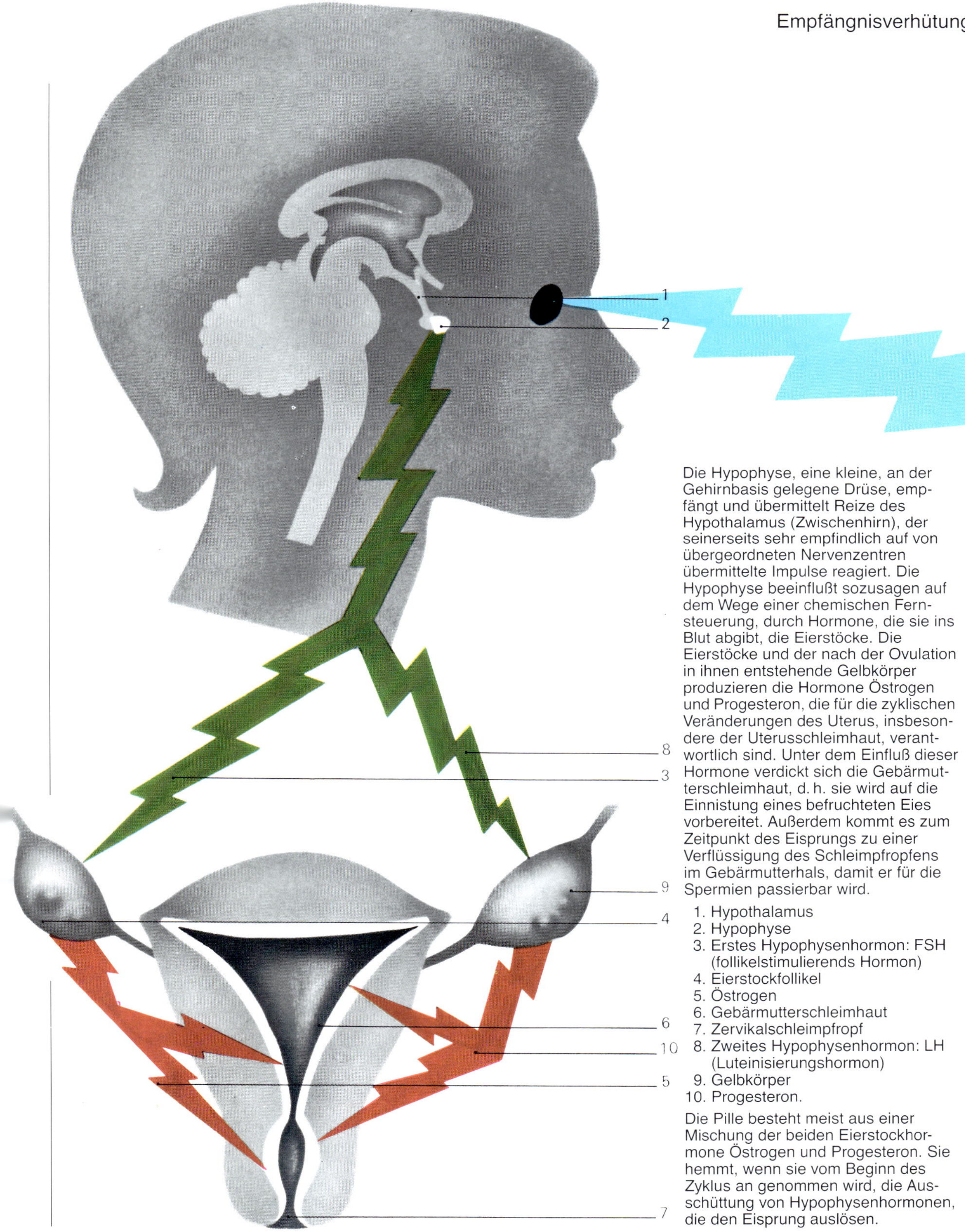

Die Hypophyse, eine kleine, an der Gehirnbasis gelegene Drüse, empfängt und übermittelt Reize des Hypothalamus (Zwischenhirn), der seinerseits sehr empfindlich auf von übergeordneten Nervenzentren übermittelte Impulse reagiert. Die Hypophyse beeinflußt sozusagen auf dem Wege einer chemischen Fernsteuerung, durch Hormone, die sie ins Blut abgibt, die Eierstöcke. Die Eierstöcke und der nach der Ovulation in ihnen entstehende Gelbkörper produzieren die Hormone Östrogen und Progesteron, die für die zyklischen Veränderungen des Uterus, insbesondere der Uterusschleimhaut, verantwortlich sind. Unter dem Einfluß dieser Hormone verdickt sich die Gebärmutterschleimhaut, d. h. sie wird auf die Einnistung eines befruchteten Eies vorbereitet. Außerdem kommt es zum Zeitpunkt des Eisprungs zu einer Verflüssigung des Schleimpfropfens im Gebärmutterhals, damit er für die Spermien passierbar wird.

1. Hypothalamus
2. Hypophyse
3. Erstes Hypophysenhormon: FSH (follikelstimulierends Hormon)
4. Eierstockfollikel
5. Östrogen
6. Gebärmutterschleimhaut
7. Zervikalschleimpfropf
8. Zweites Hypophysenhormon: LH (Luteinisierungshormon)
9. Gelbkörper
10. Progesteron.

Die Pille besteht meist aus einer Mischung der beiden Eierstockhormone Östrogen und Progesteron. Sie hemmt, wenn sie vom Beginn des Zyklus an genommen wird, die Ausschüttung von Hypophysenhormonen, die den Eisprung auslösen.

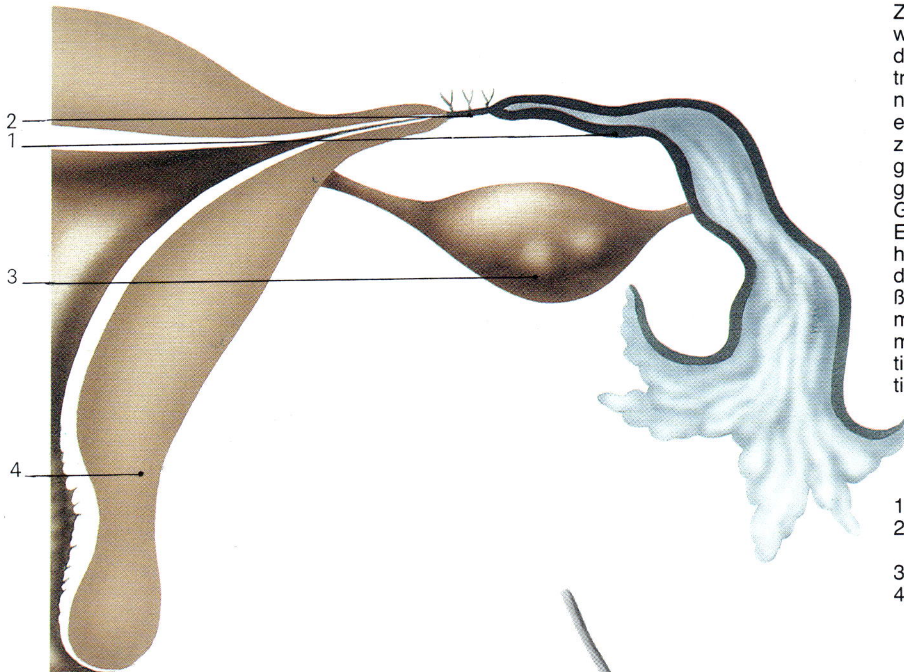

Zur Sterilisierung der Frau wird eine Ligatur (Unterbindung) und Resektion (Durchtrennung) der Eileiter vorgenommen. Die Sterilisation ist eine endgültige Maßnahme, zu der ein chirurgischer Eingriff erforderlich ist. Seit einiger Zeit gibt es ein kleines Gerät zur Unterbindung der Eileiter (Coelioskop für Bauchhöhlenspiegelung). Da bei diesem Verfahren eine größere Öffnung des Bauchraumes nicht mehr nötig ist, wird man dieses Verfahren zukünftig überwiegend zur Sterilisation der Frau anwenden.

1. Eileiter
2. Unterbindung/ Durchtrennung
3. Eierstock
4. Gebärmutter

Kann man eine Schwangerschaft im frühesten Stadium durch Pillen oder Spritzen unterbrechen?

Seit einiger Zeit gibt es zwei Medikamente, mit denen sich eine seit 2 bis 4 Wochen bestehende Schwangerschaft abbrechen läßt. Die Präparate können zusammen oder getrennt eingenommen werden. Nimmt man sie gleichzeitig ein, führen sie in 95 % der Fälle zu einem Abort. Es handelt sich um Antiprogesteron (RU 486), das nicht frei auf dem Markt erhältlich ist, und Prostaglandine. Zum Zeitpunkt der Drucklegung dieses Buches war noch nicht entschieden, ob RU 486 in Deutschland angewendet werden darf. Sicher ist aber, daß es die körperlich schonendste Art des Schwangerschaftsabbruches ist.

Weil diese Arten der Abtreibung jedoch nicht immer erfolgreich sind und starke Blutungen auftreten können, dürfen sie in jedem Fall nur unter strenger, ärztlicher Überwachung vorgenommen werden.

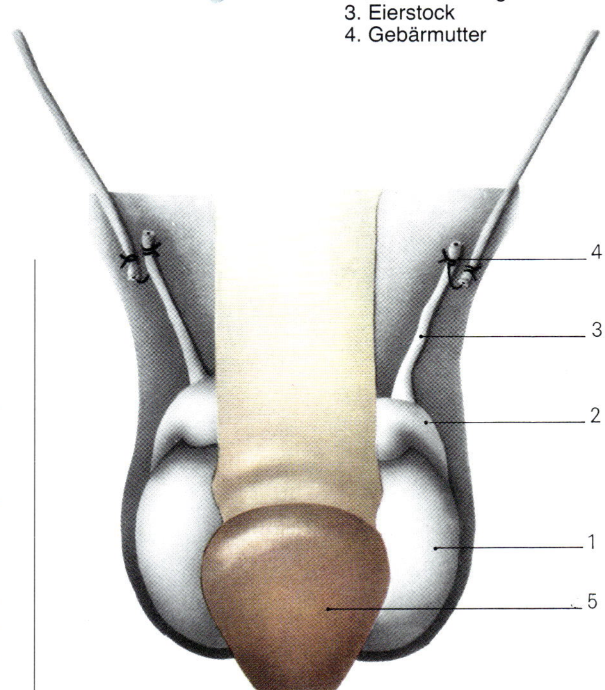

Beim Mann werden die Samenleiter unterbunden und durchtrennt. Die Sterilisation des Mannes (Vasektomie) ist wesentlich einfacher und komplikationsloser, aber auch sie ist endgültig und läßt sich kaum wieder rückgängig machen. Dieser Eingriff wird in örtlicher Betäubung durchgeführt.

1. Hoden – 2. Nebenhoden – 3. Samenleiter – 4. Vasektomie – 5. Penis.

Man sagt, eine Abtreibung sei gefährlich. Warum?

Die Abtreibung war gefährlich, solange sie illegal war und deshalb unter mangelhaften hygienischen Bedingungen vorgenommen wurde. Häufig kam es zu Komplikationen in Form lebensbedrohender Infektionen und zu bleibenden Schäden, die das ganze Sexualleben der Frau negativ beeinflussen und ihr die Möglichkeit, Kinder zu bekommen, für immer nehmen konnten.

Ist eine ärztlich durchgeführte Abtreibung auch gefährlich?

Nein, die überwiegende Zahl der von Ärzten vorgenommenen Abtreibungen haben für die Frau keine Folgen, sie fühlt sich körperlich bald so gesund wie zuvor. Aber immerhin ist jede ärztliche Abtreibung eine kleine „Operation" und als solche auch mit Risiken verbunden. Komplikationen sind immer denkbar (z. B. Blutungen oder eine Infektion). Und oft ist es für die Frauen nicht leicht, den Abbruch psychisch zu verarbeiten. Noch viel schwieriger und problematischer ist es jedoch, wenn eine Frau gezwungen wird, eine ungewollte Schwangerschaft auszutragen. Daher ist es auf jeden Fall besser, konsequente Empfängnisverhütung zu betreiben und es gar nicht erst zu einer Abtreibung kommen zu lassen!

In welchen Ländern ist die Abtreibung erlaubt?

Fast alle europäischen Länder haben ihre Gesetze zugunsten einer gesetzlich erlaubten (legalen) Abtreibung geändert. Doch auch in diesen Ländern gibt es Gruppen, die gegen eine Liberalisierung des Schwangerschaftsabbruchs ankämpfen.

Liegt es immer an der Frau, wenn ein Paar kinderlos bleibt?

Nein, man weiß heute, daß die Ursachen einer Sterilität gleichermaßen beim Mann und bei der Frau zu suchen sind.

Was sind die Hauptursachen für die Unfruchtbarkeit der Frau?

Hierfür gibt es zwei Hauptursachen:
– Die Begegnung von Ei- und Samenzelle kann nicht stattfinden, weil der Weg als Folge von Infektionen oder Entzündungen verklebt ist (Gebärmutterhals, Uterus oder – was sehr häufig vorkommt – die Eileiter);
– oder der Eierstock gibt keine befruchtungsfähige Eizelle ab.

Im erstgenannten Fall läßt sich der Weg manchmal durch eine Operation frei machen. Gelingt dies nicht, gibt es heute die Möglichkeit der *in-vitro*-Befruchtung (Befruchtung „im Reagenzglas") (siehe Seite 108–109).

Im letztgenannten Fall kann man die Eierstockproduktion durch Medikamente stimulieren.

Was sind die Ursachen für die Zeugungsunfähigkeit des Mannes?

Die Hoden produzieren als Folge von Anomalien keine oder zu wenig Spermien. Auch können erworbene oder angeborene Mißbildungen der ableitenden Samenwege die Samenfäden daran hindern, in den Uterus zu gelangen.

Zu den erworbenen Mißbildungen zählen die Folgen von schweren Infektionen (z. B. Gonorrhöe oder Tripper, aber auch Mumps), die zu einer Verengung der Samenkanäle oder des Samenleiters führen. Glücklicherweise sind diese Erscheinungen im Zeitalter der Antibiotika selten geworden.

Wieviele Samenzellen sind nötig, damit es zu einer Befruchtung kommt?

Man schätzt, daß 10 Millionen/ml Samenflüssigkeit notwendig sind, damit die Wahrscheinlichkeit einer Befruchtung besteht. Wichtiger jedoch als die Gesamtmenge ist die Anzahl an *beweglichen*, gesunden Samenfäden. Letztlich ist es aber immer nur *eine* Samenzelle, die die Eizelle befruchtet!

Schwangerschaft

Was ist eine Schwangerschaft? Was ist eine schwangere Frau?

Seitdem es Leben auf der Erde gibt, pflanzt es sich zwischen Leben und Tod fort. Gebirge verändern ihre Gestalt trotz aller Erosion im Laufe von Jahrtausenden kaum. Lebewesen hingegen werden geboren und sterben. Und sie pflanzen sich fort. Aber ihre Fortpflanzung ist nicht bei allen Arten gleich.

Bei der ungeschlechtlichen Fortpflanzung trennt sich ein Teil des Elternorganismus ab und bildet ein neues Lebewesen. So geschieht es z. B. bei Einzellern wie den Amöben, die in Gewässern zu finden sind. Bei den höher entwickelten Arten vereinigen sich zwei vom Organismus der Eltern vorbereitete Zellen (Geschlechtszellen, Gameten), damit ein neues Einzelwesen entsteht. Da die Eltern unterschiedliche Geschlechter haben, spricht man von geschlechtlicher Fortpflanzung. Wenn sich die männliche und die weibliche Keimzelle vereinigt haben, entwickelt sich das befruchtete Ei oder der Embryo, bis es nach einer Wachstums- und Reifeperiode fähig ist, selbständig zu leben. Die Dauer dieses Reifeprozesses schwankt bei den verschiedenen Lebewesen zwischen einigen Tagen und mehreren Monaten. Manche Arten legen das befruchtete Ei weit ab vom Ort der Befruchtung in ein Nest, in einen Bach oder in die Erde, und es reift allein heran. Bei anderen Lebewesen entwickelt sich das befruchtete Ei einige Monate im Bauch der Mutter, bis es reif genug ist, um geboren zu werden. So ist es beim Menschen. Das befruchtete Ei wächst in der Gebärmutter seiner Mutter in neun Monaten zu einem kleinen Menschen heran. Diese Zeit nennt man Schwangerschaft. Eine schwangere Frau ist eine Frau, die ein Kind bis zur Entbindung trägt.

Wie kommt es zur Befruchtung der Eizelle durch die Samenzelle?

Damit eine Befruchtung stattfinden kann, d. h. sich ein Ei bildet, das sich in einen Embryo umwandelt, muß eine Samenzelle in eine Eizelle eindringen.

Beim Eisprung wird eine Eizelle vom Eierstock freigesetzt. Sie ist fast mit bloßem Auge zu erkennen. In der Nähe der Stelle, an der der Eisprung stattfindet, sitzt das trichterförmig erweiterte, äußere Ende des Eileiters, die Eileitertrompete; sie nimmt die Eizelle auf. Eine Ei-

Wie alle anderen Lebewesen können Menschen im Laufe ihres Lebens Nachkommen zeugen, die ihnen ähnlich sind: Das ist das Gesetz der Fortpflanzung. Der kleine Mensch entwickelt sich neun Monate lang im Uterus seiner Mutter. Dann wird er geboren.

zelle bewegt sich nicht selbständig fort, sie wird durch einen Sekretstrom in das Innere des Eileiters transportiert. Hier begegnen sich Ei- und Samenzelle.

Die beim Geschlechtsverkehr vor dem Gebärmutterhals abgelegten Samenfäden sind viel winziger als die Eizelle, und vor allem sehr viel zahlreicher: Es sind Millionen Spermien, die von den Absonderungen des Gebärmutterhalses in die Gebärmutter in Richtung Eileiter weiterbefördert werden, um nach einigen Stunden bis ins Innere der Eileiter vorzudringen.

Jetzt kann die Befruchtung stattfinden. Dieser Vorgang ist im Tierexperiment im Labor beobachtet und gefilmt worden. Beim Menschen läuft er in der gleichen Weise ab: Mehrere Dutzend Samenzellen kommen mit der Eizelle in Berührung, aber nur einem Spermium gelingt es, durch die Eimembran in das Innere des Eis vorzudringen. Sofort zeigen sich Reaktionen an der Oberfläche der Eizelle: Die Membran umgibt sich mit einer Schutzhülle, die das Eindringen weiterer Samenfäden verhindert. Noch weiß man nicht genau, warum ein Samenfaden erfolgreicher ist als die anderen, denn äußerlich scheinen sie identisch (vielleicht ist es ganz einfach nur Zufall). Sobald die Befruchtung stattgefunden hat, verschmelzen die Chromosomen von Ei- und Samenzelle zu einem Zellkern. Das befruchtete Ei ist nun in der Lage, sich selbständig weiterzuentwickeln: Es teilt sich in zwei gleiche Zellen, dann in vier, in acht, in 16 usw., die weiter zusammenhängen und den Embryo bilden.

Wie entwickelt sich das befruchtete menschliche Ei während der ersten Tage?

Das befruchtete Ei ist so winzig wie eine Nadelspitze. Es befindet sich im oberen Drittel des Eileiters, in der Nähe des Eileitertrichters.

Während der ersten sechs Tage lebt das Ei von seinen Reserven und von der Umgebungsflüssigkeit, ohne direkt von den Nährstoffen des mütterlichen Organismus abhängig zu sein. Es beginnt sich zu entwickeln und wandert bis zu der Stelle, wo es sich in die Gebärmutterschleimhaut einnistet.

– *Es zehrt von seinen Reserven:* Das Ei ist 30- bis 40mal so groß wie der Samenfaden. Das erklärt sich aus der Tatsache, daß das Spermium hauptsächlich nur die für den künftigen Menschen nötigen Chromosomen enthält. Die Eizelle dagegen enthält neben den Chromosomen auch die Nährstoffe, die die Energie für die Zellvermehrung des befruchteten Eis liefern. Sobald sich das Ei in die Gebärmutterschleimhaut eingebettet hat, bekommt es seine Nährstoffe aus dem Blut der Mutter.

– *Es entwickelt sich:* Im Augenblick der Befruchtung vereinigen sich die Kerne von Ei- und Samenzelle, die je einen Satz von 23 Chromosomen enthalten, zu einer einzigen Zelle mit 46 Chromosomen. Diese beginnt sofort, sich zu teilen: Und da sie sich mit ihrem Zellkern teilt, enthält jede der beiden aus dieser Teilung hervorgehenden Zellen in ihrem Kern ebenfalls 46 Chromosomen. Dann teilen sich diese wiederum, so daß vier neue Zellen entstehen, dann acht, dann 16, usw. Diese Zellteilung geht zunächst ohne merkliche Vergrößerung der gesamten Zellmasse vor sich, denn das Ei muß noch einen Engpaß durchwandern: Die engste Stelle des Eileiters, den Isthmus (wo es manchmal steckenbleibt).

– *Es wandert:* Während der ersten drei Tage wandert das befruchtete Ei im Eileiter zur Gebärmutter hin. Im Eileiter befinden sich feine Flimmerhärchen, die sich wellenförmig bewegen und dabei winzige Mengen eines Sekrets absondern. Dadurch wird das Ei wie ein Korken auf einer Wasseroberfläche weiterbefördert. Am vierten Tag gelangt es in die Gebärmutter. Wenn es die Größe von etwa 0,3 mm erreicht hat, besteht das Ei aus über 100 Zellen und ist zur Keimblase (Blastozyste) geworden: Diese nistet sich am 6. Tag endgültig in die Gebärmutterschleimhaut ein.

Wie nistet sich das befruchtete Ei in die Gebärmutterschleimhaut ein?

In der ersten Woche nach der Befruchtung lebt das Ei von seinen Reserven. Für sein weiteres Wachstum braucht es Nährstoffe und Energien, denn dasselbe Ei, das jetzt 0,3 mm groß ist,

Diese Darstellung zeigt den Weg des Eies vom Eierstock, wo es entstanden ist, bis zum Uterus, in dessen Schleimhaut es sich einbettet.
Jeden Monat verläßt ein befruchtungsfähiges Ei einen Follikel an der Oberfläche des Eierstocks und wird vom Trichter des Eileiters aufgenommen. Im Innern des Eileiters trifft die Eizelle mit einem Samenfaden zusammen, wenn ein oder zwei Tage vor dem Eisprung Geschlechtsverkehr stattgefunden hat. Jetzt ist das Ei befruchtet und wandert weiter zum Uterus. Dabei durchläuft es das 2-, 4-, 8- und 16-Zellenstadium, usw.
Ungefähr 8 Tage nach der Befruchtung bettet sich das Ei in die Schleimhaut ein, die das Innere der Gebärmutter auskleidet.

wird in neun Monaten bei der Geburt 50 cm messen und fast 4 Kilogramm wiegen!

Um sich während der Schwangerschaft zu entwickeln, nistet es sich daher in die Gebärmutterschleimhaut ein und bezieht seine Nahrung aus dem mütterlichen Blut. Zum Zeitpunkt der Einbettung besteht das Ei aus Hun-

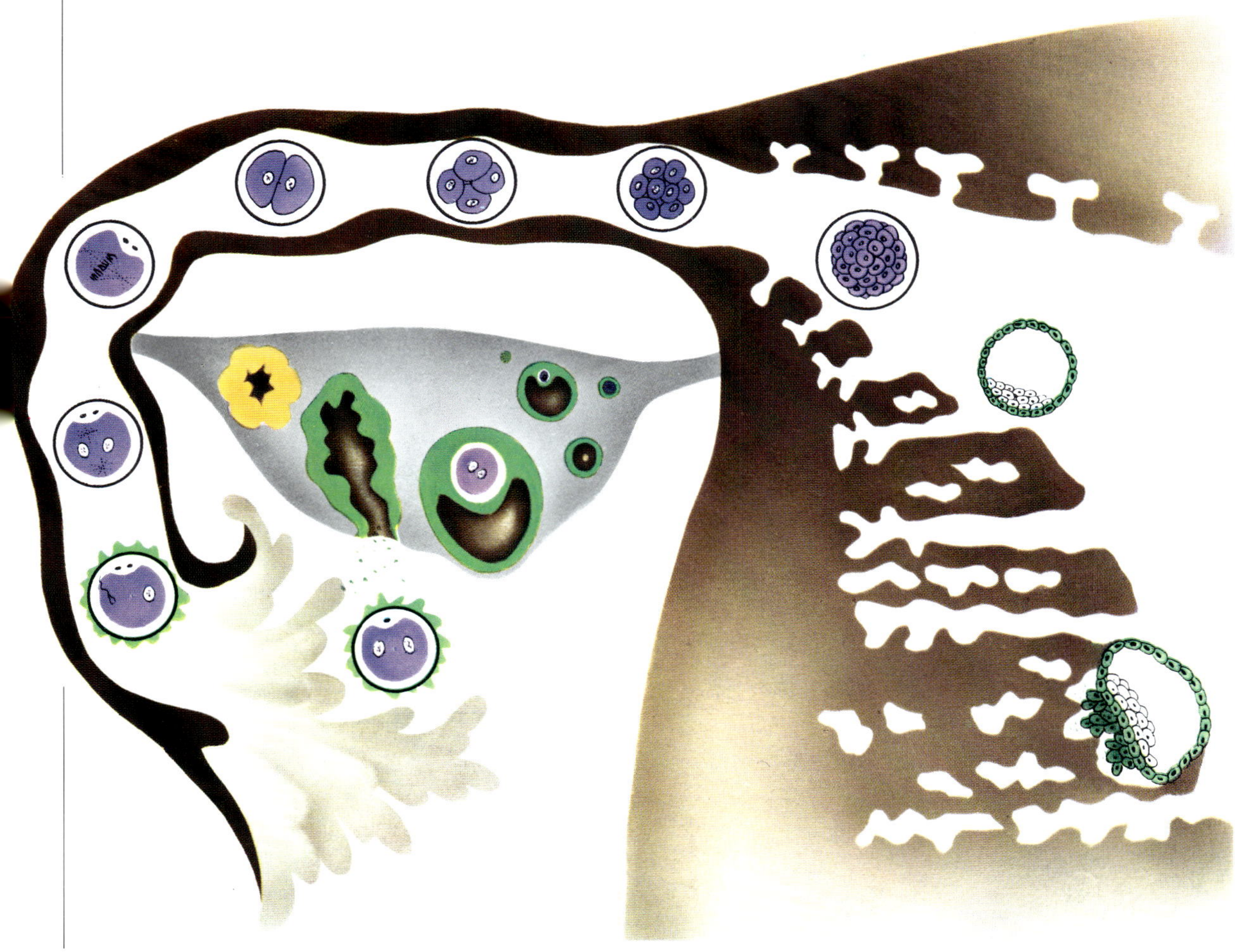

derten von Zellen, die alle gleich zu sein scheinen. Aber ebenso wie ein Maurer mit demselben Zement Mauern, Treppen oder Kamine baut, die zu demselben Haus gehören, aber unterschiedliche Funktionen haben, lassen sich auch die Zellen des befruchteten Eis in drei Gruppen einteilen, die sich unterschiedlich entwickeln:

– Die erste Zellgruppe isoliert sich an einem Pol des Eis: Ihre Aufgabe ist es, sich an Zellen der Gebärmutterschleimhaut anzuheften und in das Innere einzudringen, damit sich das Ei dort einnisten kann. Diese Zellen bilden den „Trophoblasten".

– Eine zweite Zellgruppe konzentriert sich am gegenüberliegenden Pol des Eis. Aus diesen Zellen entwickelt sich in wenigen Tagen der eigentliche Embryo. Der Embryo bleibt mit dem Trophoblasten durch einige Zellen verbunden, die später die Nabelschnur bilden.

– Aus der dritten Zellgruppe entstehen die Hüllen des menschlichen Eis, die „Eihäute", die den Embryo vor Bakterien schützen und ihn neun Monate lang umschließen, damit er sich ungestört entwickeln kann.

Der Trophoblast, der aus der ersten Zellgruppe entsteht, dringt mit mikroskopisch kleinen Verzweigungen tief in die Gebärmutterschleimhaut ein (wie wir bereits erfahren haben, ist der Uterus mit dieser Schleimhaut von innen ausgekleidet), und stellt so die Verbindungen zu den kleinen Gefäßen der Gebärmutter und damit zum mütterlichen Blutkreislauf her. Aus dem Trophoblasten entwickelt sich die Plazenta (Mutterkuchen), die die Ernährung des Embryos sicherstellt.

Was ist die Plazenta?

Die Plazenta ist ein Organ, das der Ernährung, der Sauerstoffzufuhr und der Beseitigung von Stoffwechselschlacken des Embryos dient.

Jeder lebende Organismus benötigt für seine Entwicklung eine ausreichende Menge Nahrung und Sauerstoff. Zugleich muß er Kohlendioxyd und andere Stoffwechselschlacken abgeben, die bei der Verarbeitung der zu seinem Wachstum notwendigen Nährstoffe entstehen. Das gilt für jedes einzelne Organ des Menschen, wie Leber, Gehirn oder Herz. Diese Organe erhalten sauerstoffhaltiges Blut über Arterien und schicken es mit Kohlendioxyd und Schlacken beladen über Venen zurück. Arterien und Venen sind direkte Verzweigungen der Hauptschlagader, die der linken Herzkammer entspringt: der Aorta.

Ähnlich verhält es sich beim Fötus, aber die Arterien und Venen, die ihn versorgen, haben keine direkte Verbindung zum mütterlichen Blutgefäß-System.

Das befruchtete menschliche Ei bleibt während der ganzen Zeit der Schwangerschaft im Uterus, geschützt durch das Fruchtwasser und ein kompliziertes Hüllensystem, und der gesamte Sauerstoff- und Nahrungsaustausch findet über die Plazenta statt. Das mütterliche Blut kommt durch die Arterien der Gebärmutter an die Abertausende von haarfeinen Äderchen der

Foto einer menschlichen Eizelle unter dem Mikroskop. Man erkennt den Zellkern und zahlreiche Samenfäden (Spermien), die um die Eizelle herumschwirren und versuchen, durch die Eihülle in das Ei einzudringen. Einem Spermium wird es gelingen; dabei verliert es seinen Schwanzfaden.

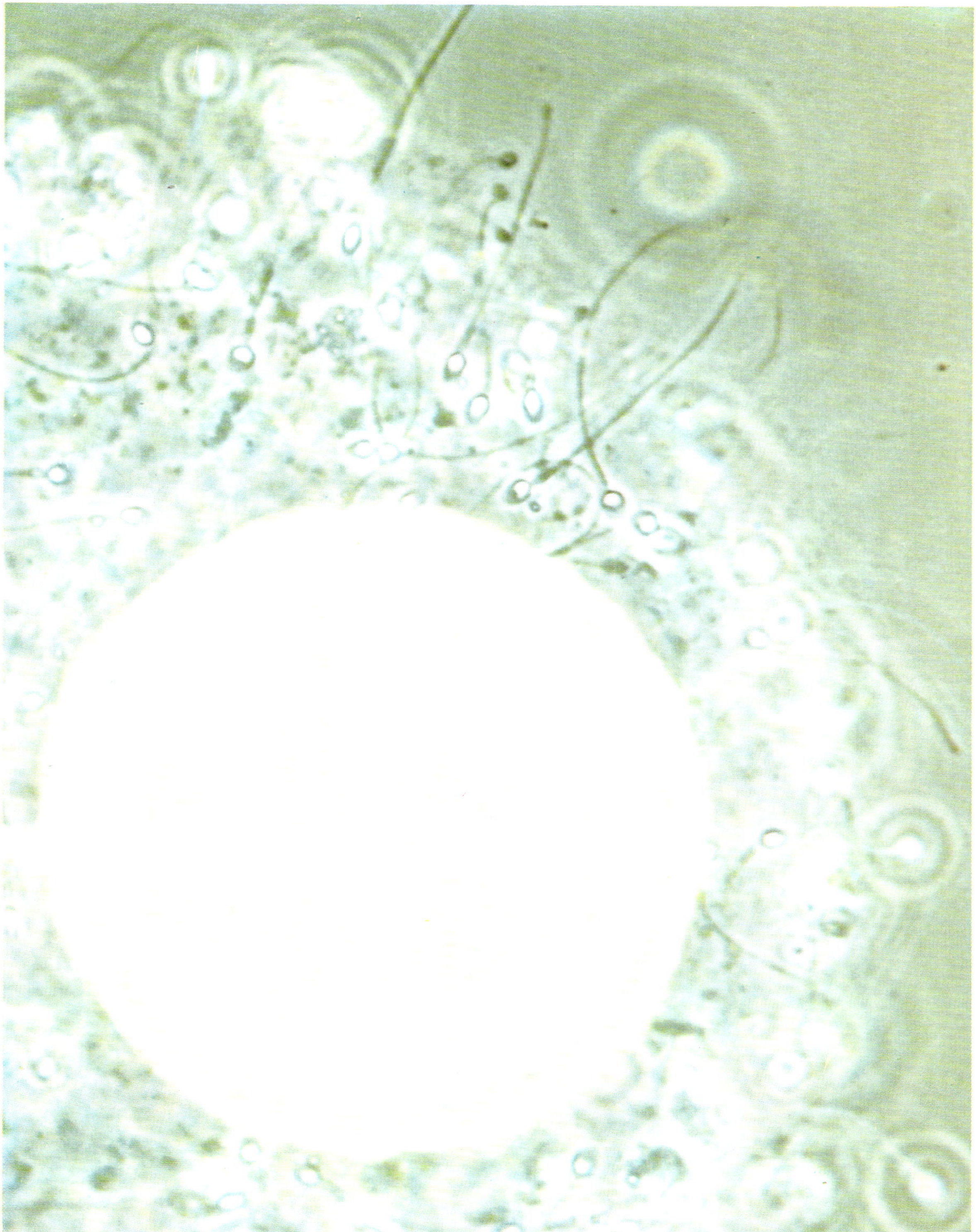

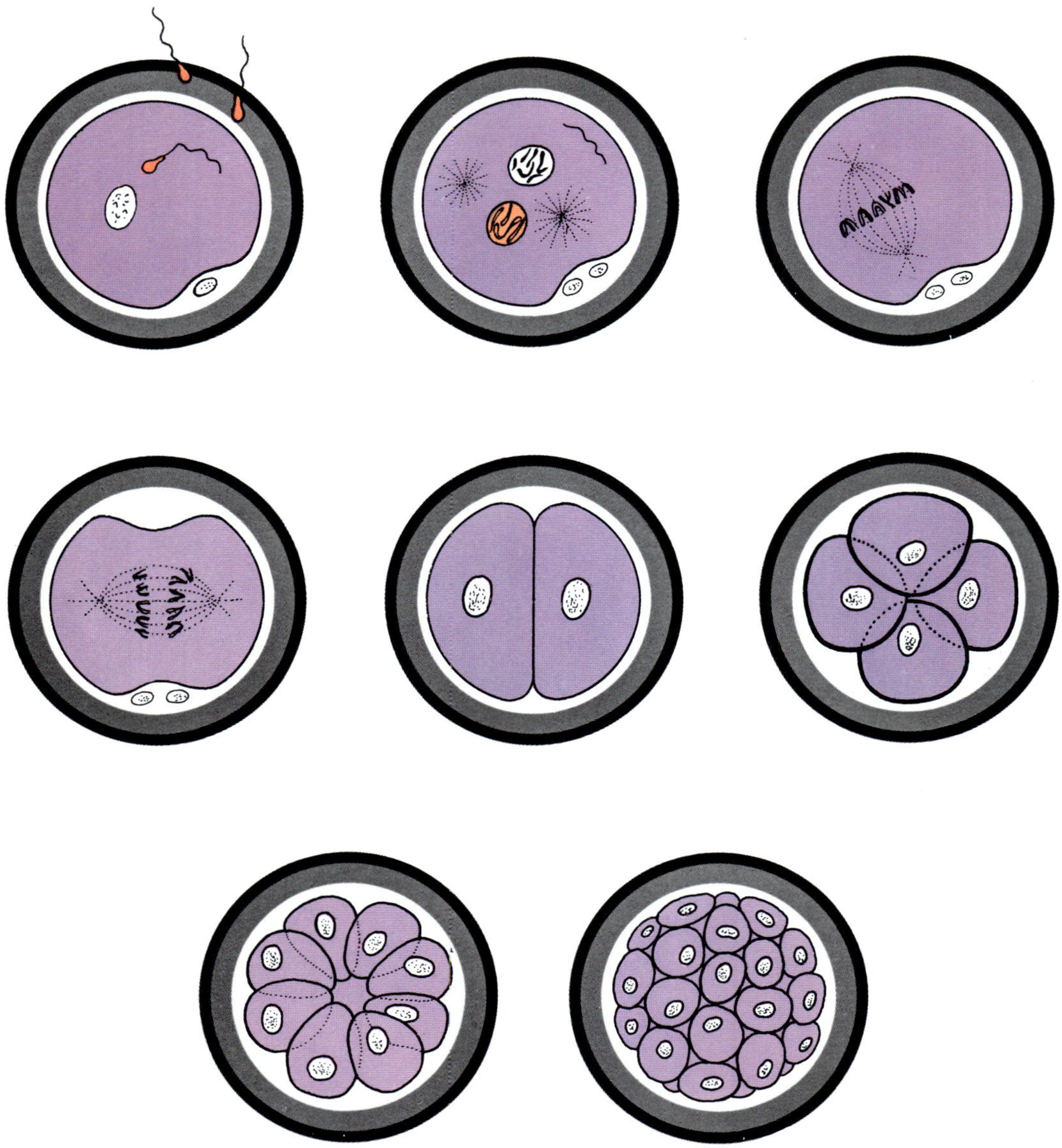

Das Leben beginnt mit der Vereinigung einer Samenzelle mit einer Eizelle. Viele Samenfäden kommen mit dem Ei in Berührung, aber nur einem gelingt es, die äußere Eihülle zu durchstoßen und ins Innere einzudringen. Das befruchtete Ei, das aus dieser Verschmelzung hervorgeht, teilt sich in zwei Zellen, die die gleichen Chromosomen besitzen, dann in 4, 8, 16 usw. Das letzte der oben dargestellten mehrzelligen Gebilde nennt man wegen seiner Ähnlichkeit mit einer Maulbeere Maulbeerkeim *(Morula)*.
Auf der Zeichnung rechts sieht man die Zellen des „Südpols". Sie nehmen Verbindung mit der Uterusschleimhaut auf und werden zur Plazenta. Aus den Zellen des „Nordpols" wird sich der Embryo entwickeln.

1. Uterusschleimhaut – 2. Anfänge der Plazenta – 3. Einbettung des befruchteten Eies – 4. Drüsen der Uterusschleimhaut – 5. und 6. Blutgefäße der Mutter.

Plazenta heran und fließt in die Venen zurück. Die äußere Haut der Plazenta ist wie ein Filter, durch den sie aus dem Blut die Nährstoffe bekommt, die sie für den Fötus braucht, und die Stoffwechselschlacken des Fötus wieder abgibt. Man kann von einem Nebeneinander des mütterlichen und des kindlichen Blutkreislaufs sprechen, die durch die Plazenta-Schranke getrennt sind.

Die Plazenta ist mit dem Fötus durch die Nabelschnur verbunden. In ihr verlaufen drei Adern (zwei Arterien und eine Vene), die zum Nabel des Babys führen (siehe Seite 88). Nach der Geburt bleibt die Plazenta noch 15 bis 20 Minuten in der Gebärmutter. Dann löst sie sich von der Gebärmutterwand und wird ebenfalls ausgestoßen. Das nennt man Nachgeburt.

Woran erkennt eine Frau, daß sie schwanger ist?

Jeden Monat kommt es bei Frauen ab dem Alter von 10 bis 15 Jahren bis zum Alter von 50 Jahren durch Hormone zu einem Eisprung (Ovulation). Dabei wird eine Eizelle aus dem Eierstock in den Eileiter ausgestoßen, die befruchtet werden kann. Wenn kein Befruchtung stattgefunden hat, tritt eine Regelblutung ein. Wenn die Frau schwanger ist, bleibt die Regel aus.

Das erste Zeichen für eine Schwangerschaft ist also das Ausbleiben der monatlichen Regelblutung zu dem erwarteten Termin. Dann muß eine Frau damit rechnen, daß sie schwanger ist. Um sicher zu sein, muß sie aber noch einige Tage abwarten. Denn manchmal verschiebt sich der Eintritt der Regel um einige Tage, ohne daß dies eine Bedeutung hat. Sobald sich das Ei im Uterus eingebettet hat, werden Hormone in den mütterlichen Blutkreislauf abgegeben, die mit dem Urin wieder ausgeschieden werden. Diese Hormone heißen Choriongonadotropine (HCG). Sie lassen sich im Blut oder im Urin nachweisen. Das einfachste Mittel hierzu ist der „Schwangerschaftstest“: Urin, der HCG enthält, reagiert bei diesem Test positiv, was durch einen gefärbten Ring oder ein Plus- oder ein Minus-Zeichen auf dem Teststreifen sichtbar gemacht wird. Hierbei können aber Fehler auftreten, z. B. wenn die im Urin vorhandene Menge an HCG nicht ausreicht, damit es zu einer positiven Reaktion kommt, obgleich die Frau schwanger ist. Die sicherste Diagnose bringt die Untersuchung von Blut auf seinen HCG-Gehalt im Labor.

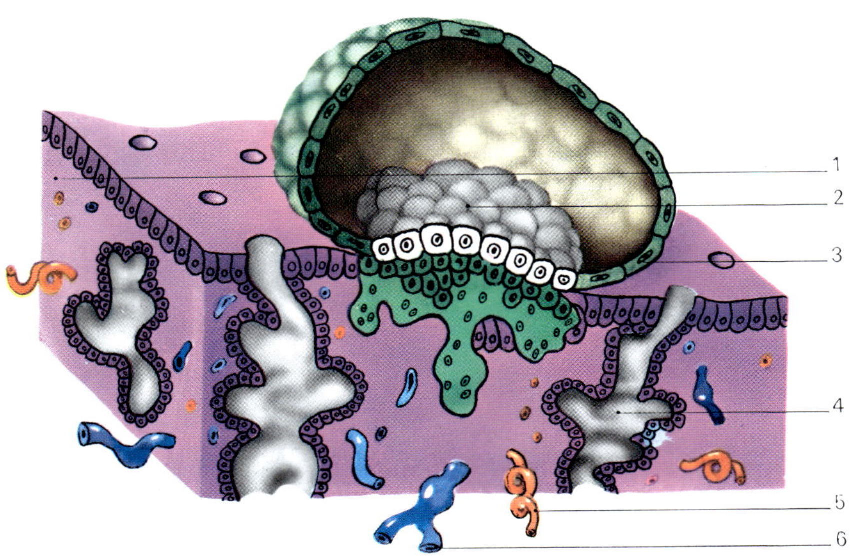

Außer dem Ausbleiben der Regel gibt es eine Vielzahl anderer möglicher Symptome für eine Schwangerschaft: Müdigkeit, Übelkeit, erhöhtes Schlafbedürfnis, geschwollene Brüste, usw. Man weiß nicht genau, was diese Symptome auslöst. Zweifellos aber sind sie eine Reaktion des Organismus auf die Einnistung einer Eizelle und die Folge einer hormonellen Umstellung zu Beginn der Schwangerschaft. Nicht alle Frauen leiden unter diesen Beschwerden, wenn sie schwanger sind. Andererseits gibt es Frauen, bei denen diese Anzeichen auftreten, auch wenn sie gar nicht schwanger sind („Scheinschwangerschaft").

Nur eine ärztliche Untersuchung bringt den sicheren Nachweis, ob eine Frau schwanger ist. Wenn der Frauenarzt feststellt, daß der Uterus größer ist als normal, kann er in den meisten Fällen bestätigen, daß eine Schwangerschaft vorliegt. Wenn er dies nicht mit absoluter Gewißheit sagen kann, wird er Laboruntersuchungen veranlassen.

Wie stellt der Arzt fest, ob die Schwangerschaft normal verläuft?

Bei der ersten Untersuchung hat der Gynäkologe der Frau die Gewißheit gegeben, daß sie schwanger ist. Denn abgesehen davon, daß die Regel nicht eingetreten ist, hat sich der Uterus, in dem der kleine Embryo heranreift, vergrößert.

Nach dieser Diagnose untersucht der Arzt die Schwangere auf ihren Gesundheitszustand. Denn jede Krankheit, die unentdeckt bleibt, kann sich während der Schwangerschaft verschlimmern und die Gesundheit des Kindes gefährden. Der Arzt wird also ihre Lungen untersuchen, das Herz abhören und den Blutdruck messen. Außerdem muß eine Blutprobe gemacht und der Urin auf Eiweiß und Zucker untersucht werden.

Eine Frau, die schwanger ist, sollte sich regelmäßig alle ein bis zwei Monate ärztlich untersuchen lassen, denn die Schwangerschaft belastet alle Organe der Mutter: Das Herz muß für zwei arbeiten, ebenso wie Nieren, Leber usw. Bei einer gesunden Frau wird alles normal verlaufen – vorausgesetzt, sie vermeidet Überanstrengungen. Wenn sie jedoch schon vor Eintritt der Schwangerschaft krank war oder während der Schwangerschaft erkrankt, kann es zu ernsthaften Komplikationen kommen. Das will der Arzt verhindern.

Nach vier Monaten ist der Fötus etwa 12 cm lang, und die Mutter spürt die ersten Bewegungen des Kindes. Noch kann man seine Herztöne nicht hören. Der Uterus hat sich ausgedehnt, und sein oberer Teil steht auf der Höhe des Nabels der Frau. Wenn das Baby 4 1/2 Monate alt ist, kann man mit Hilfe einer Ultraschalluntersuchung feststellen, ob alle seine Organe normal ausgebildet sind und ob es sich normal entwickelt.

Am Ende des fünften Monats ist der Fötus etwa 20 cm lang. Auch der Uterus mißt jetzt zwischen seinem höchsten Punkt und dem Schambein 20 cm. Mit einem besonderen Stethoskop kann man die Herztöne des Fötus hören. Etwa ab dem 5. Monat läßt sich mit der Sonographie auch das Geschlecht des Babys feststellen.

Mit sieben Monaten ist der Fötus etwa 35 cm lang. Er liegt zusammengekrümmt im Uterus und nimmt jetzt in der Regel die Position ein, die er auch bei der Geburt haben wird, d. h. er liegt mit dem Kopf nach unten zum Gebärmutterhals hin *(Schädellage)*. Wenn ein Fötus mit dem Gesäß nach unten liegt, spricht man von *Steißlage*.

Gegen Ende des achten Monats ist der Fötus normalerweise 40 cm lang und wiegt etwa zwei Kilogramm. Der Arzt untersucht, ob das Becken der Frau für die Geburt des Babys weit genug ist und überprüft die Größe, die Lage und den regelmäßigen Rhythmus seines Herzschlags.

Bei jeder Untersuchung prüft der Arzt außerdem, ob Eiweiß im Urin der Mutter vorkommt, mißt ihren Blutdruck und kontrolliert ihr Gewicht. Mit diesen drei Untersuchungen lassen sich die häufigsten Komplikationen rechtzeitig erkennen: Nierenerkrankungen (die nicht nur das Leben des Kindes, sondern auch das der Mutter bei der Entbindung gefährden), erhöhter Blutdruck und übermäßige Gewichtszunahme.

Noch vor fünfzig Jahren, als die Überwa-

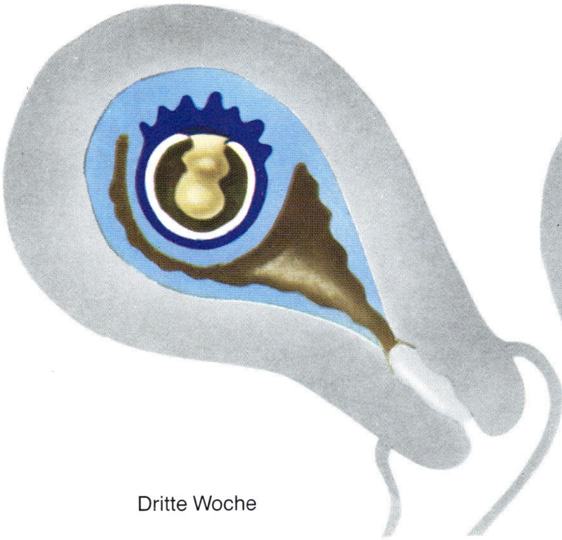

Dritte Woche

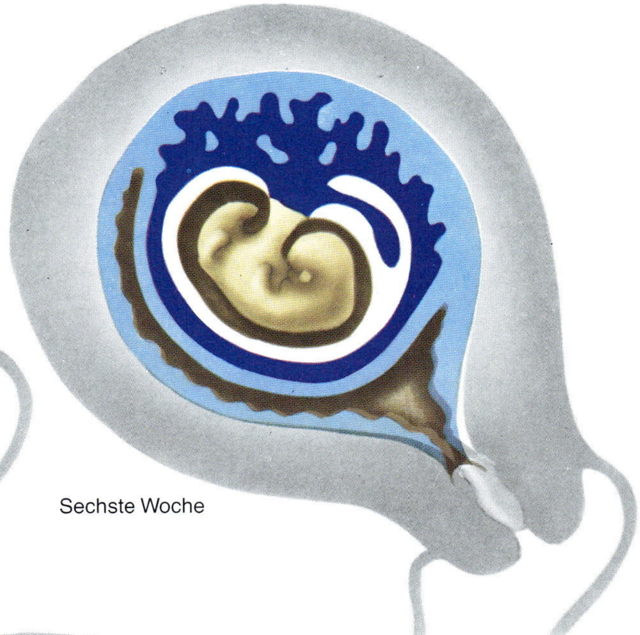

Sechste Woche

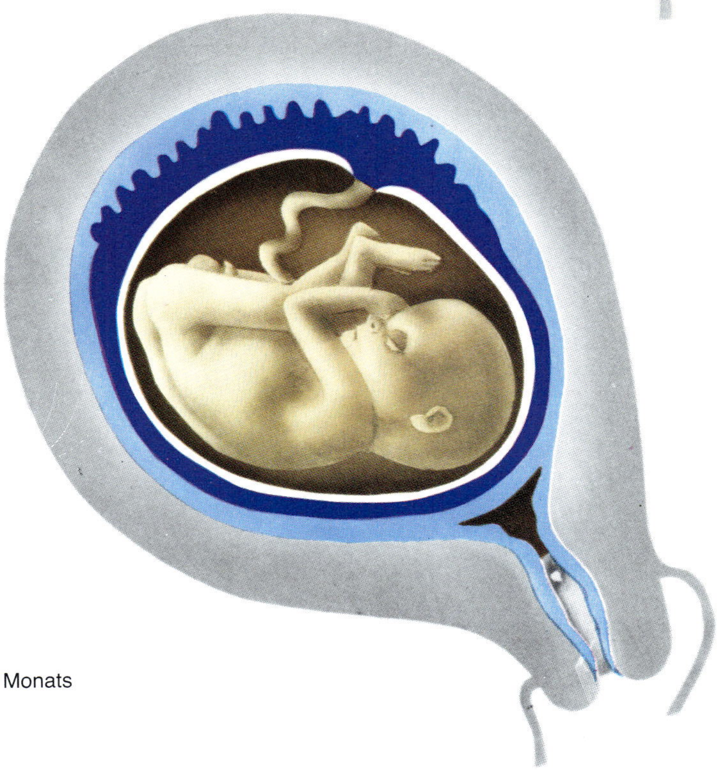

Ende des dritten Monats

Die verschiedenen Wachstumsstadien des Embryos. Im Verlauf der 3. Schwangerschaftswoche bildet sich die Nabelschnur aus, die den Embryo mit der Plazenta verbindet, einem Organ, das dem Stoffaustausch mit der Mutter dient und damit die Ernährung, die Sauerstoffzufuhr und die Beseitigung von Stoffwechselschlacken des Embryos gewährleistet. Etwa um den 60. Tag bilden sich Gliedmaßen und die einzelnen Teile des Kopfes heraus. Ab dem 3. Schwangerschaftsmonat heißt der menschliche Keimling Fötus.

Der Fötus schwebt im Fruchtwasser der Fruchtblase, das seine Beweglichkeit ermöglicht. Innerhalb der Fruchthüllen ist er vor Gewalteinwirkungen von außen und vor Mikroben geschützt. Sauerstoff und Nährstoffe werden ihm von der Plazenta über die Nabelschnur, die zwei Arterien und eine Vene enthält, aus dem Blut der Mutter zugeführt. Die Plazenta ermöglicht den Stoff- und Gasaustausch zwischen Mutter und Frucht und sorgt für die Temperaturregulation. Nach der Geburt wird die Nabelschnur durchtrennt. Von nun an muß das Baby unabhängig von seiner Mutter leben.

1. Nabelschnur (Arterie und Vene) – 2. Querschnitt durch die Uterusmuskulatur – 3. Plazenta mit Blutgefäßen – 4. Arterie und Vene des Uterus (mütterliche Blutgefäße).

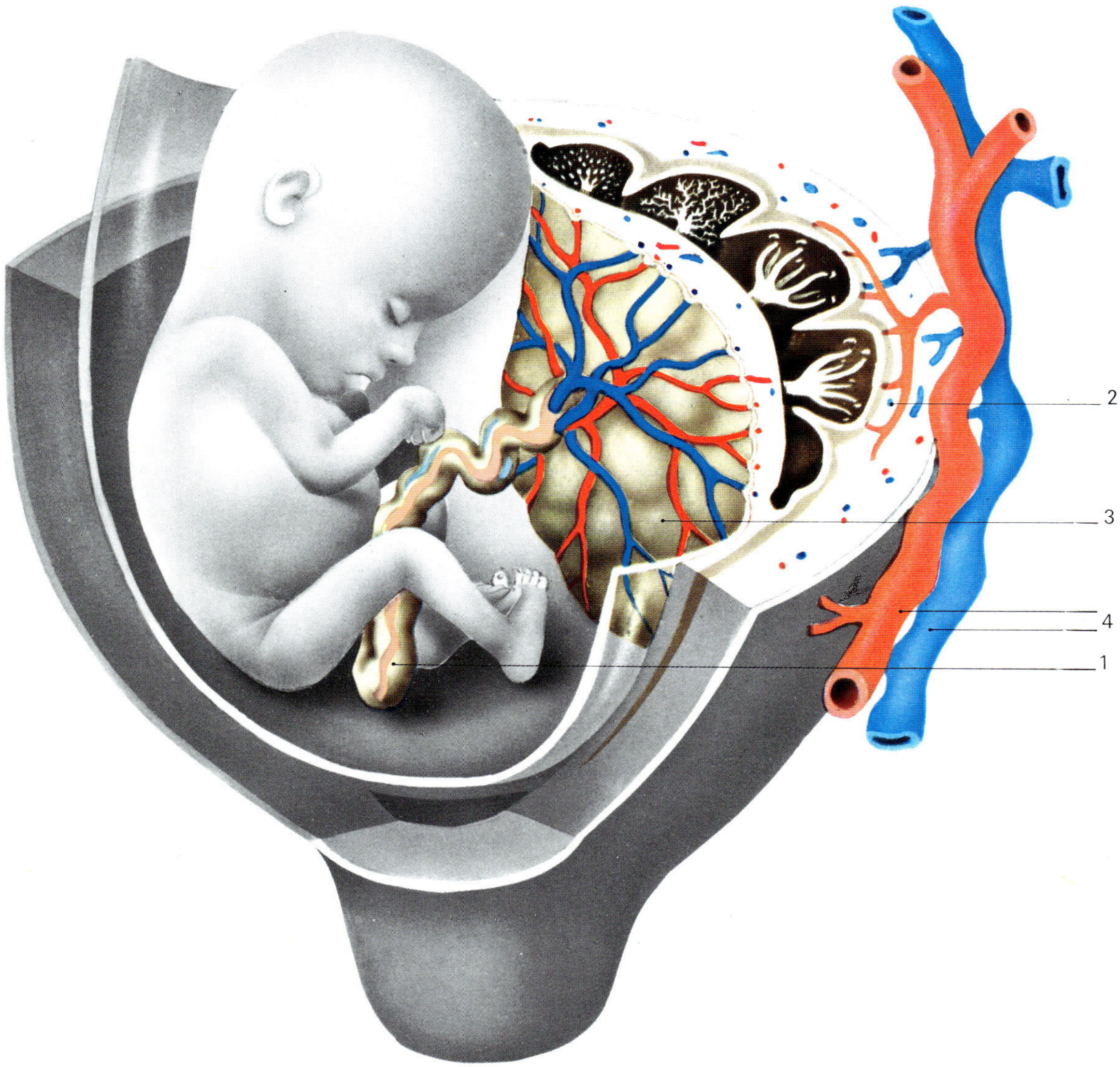

Manchmal vereinigen sich die Chromosomen der Eizelle und der Samenzelle bei der Befruchtung nicht richtig. Der Embryo, der sich daraus entwickelt, ist fehlgebildet und wird dann meist vom mütterlichen Organismus abgestoßen. Es kommt zu einer Fehlgeburt. Das Foto rechts zeigt einen abgestoßenen Embryo. Er befindet sich noch in der Fruchtblase, umgeben von den durchsichtigen Fruchthüllen. Man erkennt die Nabelschnur, die ihn mit der Plazenta verbindet.

chung von Schwangeren weniger weit entwickelt war, bedeutete jede Geburt eine Gefahr für das Leben der Mutter. Heute ist es durch den technischen Stand der Medizin und regelmäßige Vorsorgeuntersuchungen möglich, die allermeisten Komplikationen rechtzeitig festzustellen und zu behandeln.

Was ist eine Fehlgeburt?

Der Keimling, der sich in den Uterus eingebettet hat, beginnt sich zu entwickeln. Für die Dauer von 9 Monaten soll er in dem Embryosack (er besteht aus den Fruchthüllen, die das Ei umgeben und schützen) heranwachsen, bis er selbständig und losgelöst von seiner Mutter leben kann.

Wenn der Embryo aus irgendeinem Grund innerhalb der ersten 6 Monate der Schwangerschaft von dem Uterus abgestoßen wird, spricht man von *Fehlgeburt,* ab dem 6. Monat heißt es *Frühgeburt.* Fehlgeburt bedeutet, daß die Schwangerschaft abgebrochen wurde, d. h. sie ist nicht normal verlaufen. Ein vor Ende des

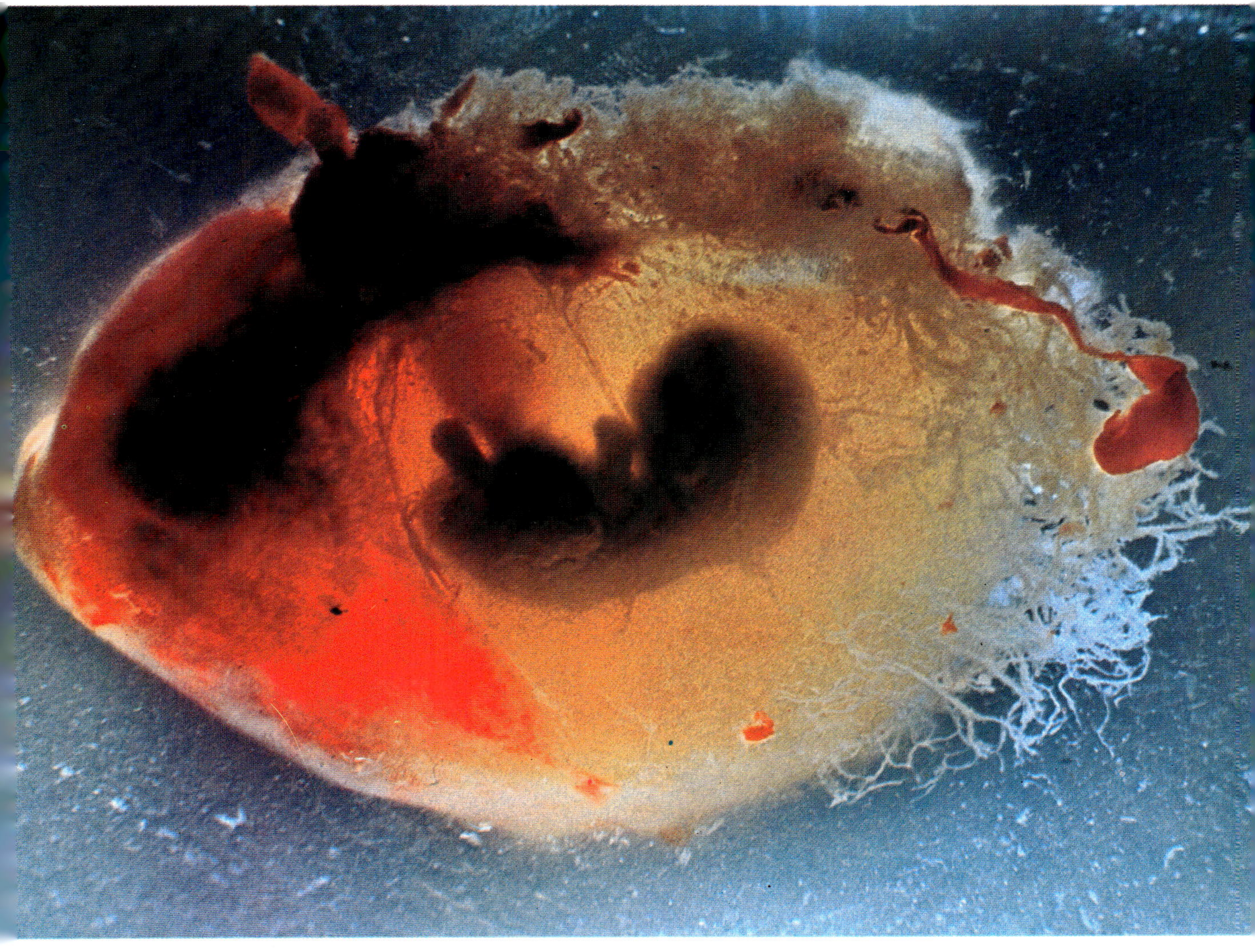

6. Schwangerschaftsmonats abgestoßener Fötus ist in keinem Fall lebensfähig, während ein zu früh geborenes Baby Chancen hat, in einem Brutkasten (Inkubator) zu überleben, wenn man die zu seiner Entwicklung nötigen Voraussetzungen schafft.

Zu einer *Fehlgeburt* kann es hauptsächlich aus zwei recht unterschiedlichen Gründen kommen: Wenn der Fötus sich im Uterus nicht normal entwickeln kann, stirbt er und wird natürlich abgestoßen. Das nennt man *Spontanabort.* Wenn die Frau den Embryo, den sie in sich trägt und der sich bis dahin normal entwickelt hat, aus eigener Entscheidung oder aufgrund medizinischer Probleme entfernen läßt, spricht man von *Abtreibung.*

Ein *Spontanabort* kann drei Hauptursachen haben:

– Im Augenblick der Befruchtung vollzieht sich die Vereinigung der Chromosomen nicht normal, weil der Chromosomensatz unvollständig oder sonstwie geschädigt ist. Der daraus entstehende Fötus ist mißgebildet und wird meist abgestoßen.
– Der Uterus kann sich in den ersten Monaten der Schwangerschaft der Größe des Fötus nicht anpassen und stößt den „Eindringling" wieder ab. Wenn der Arzt dies rechtzeitig erkennt, kann er die drohende Fehlgeburt oft verhindern.
– Aufgrund einer chronischen Erkrankung

Der Sonograph ist ein Gerät, mit dem man die inneren Körperorgane durch Ultraschall sichtbar machen kann. Bei einer Schwangerschaft erkennt man den Embryo im Uterus. Diese Untersuchung ist für Mutter und Kind ungefährlich. Mit dem Sonographiegerät läßt sich feststellen, 1. ob sich ein Embryo im Uterus befindet; 2. ob es sich um nur einen Fötus oder um eine Mehrlingsschwangerschaft handelt; 3. ob die Entwicklung des Fötus normal verläuft, und 4., welche Lage das Kind am Ende der Schwangerschaft einnimmt.
Die Aufnahme unten zeigt den Leib einer schwangeren Frau mit einem querliegenden Fötus. 1. Kopf – 2. Plazenta – 3. Blase.

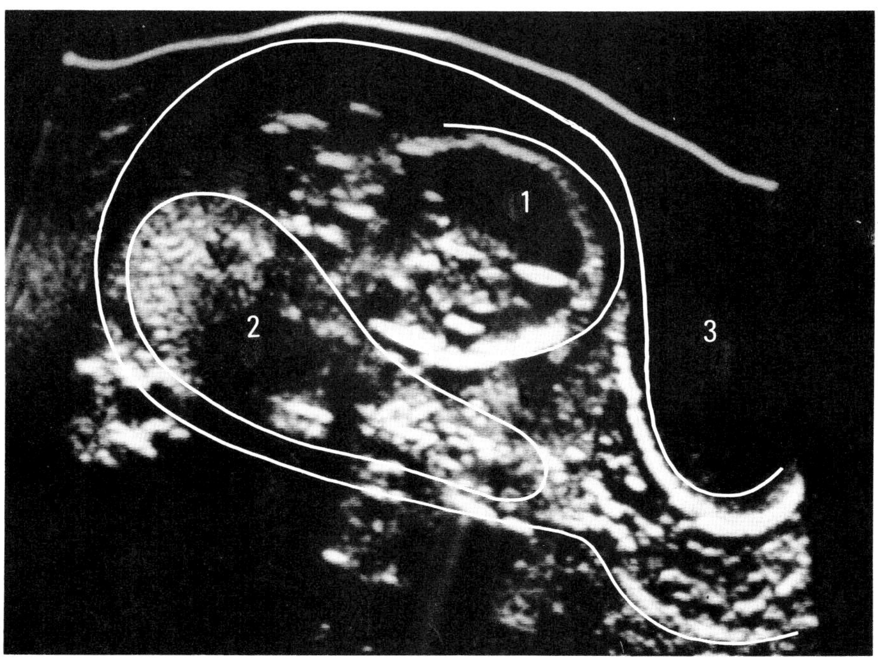

Rechts: Fast 96 % der Kinder liegen mit dem Kopf nach unten in der Gebärmutter, also in einer Position, die den natürlichen Ablauf der Geburt gewährleistet. In etwa 4 % der Fälle befindet sich das Baby in einer Steißlage, d. h. das Gesäß ist der vorangehende Teil. Die nebenstehende Röntgenaufnahme des Bauches einer schwangeren Frau läßt das Skelett des Babys in Kopflage deutlich erkennen.

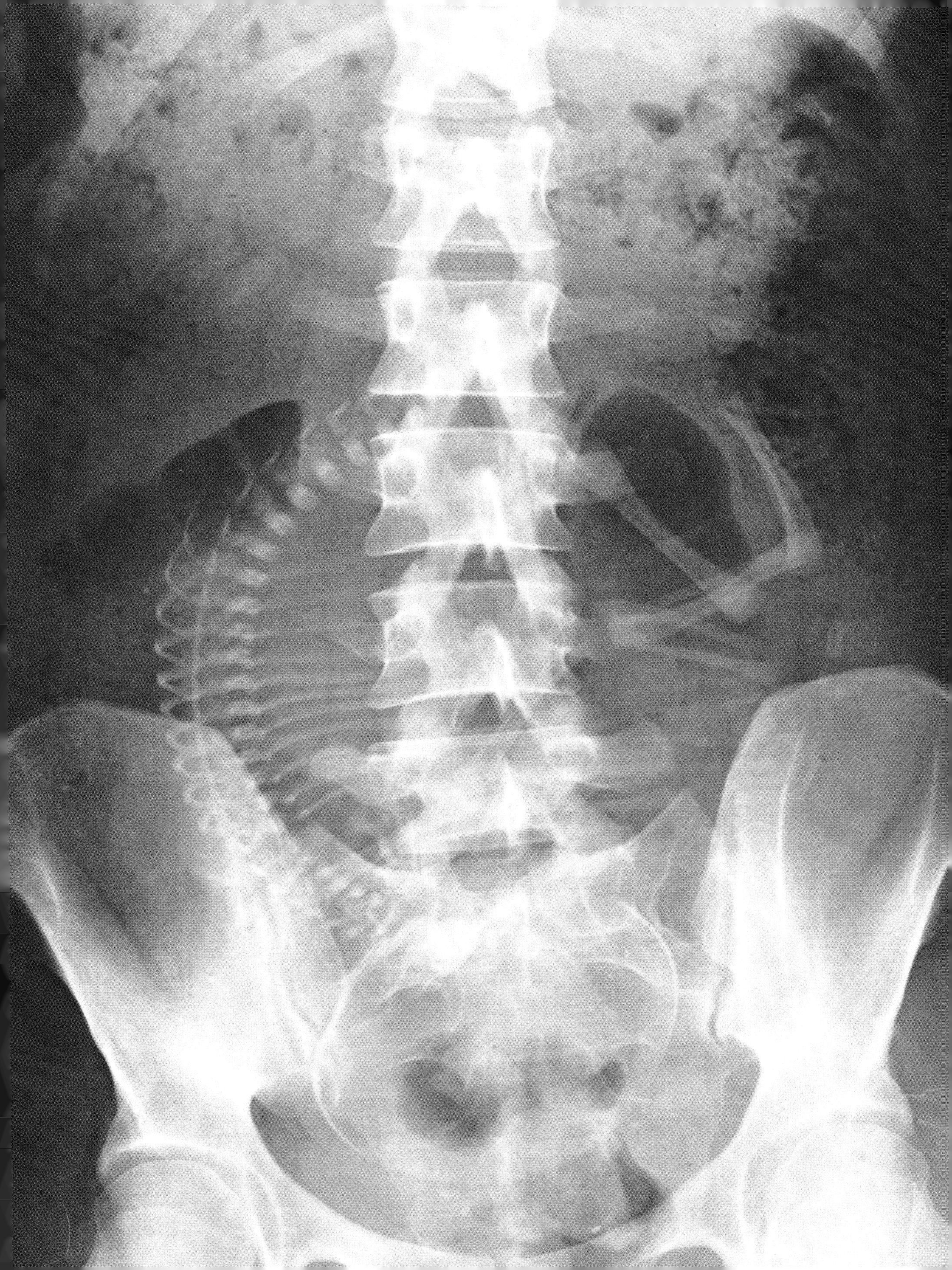

oder einer Infektion der Mutter kann sich der Embryo oder Fötus nicht normal entwickeln.

Wie kommt es, daß der Fötus während der Schwangerschaft nicht von seiner Nabelschnur erwürgt wird?

Der Fötus ist mit der Plazenta durch einen Schlauch verbunden, der ihn mit dem sauerstoffhaltigen Blut der Mutter versorgt (so wie die Kosmonauten mit ihrem Raumschiff verbunden sind). Diesen Schlauch nennt man Nabelstrang oder Nabelschnur. Er ist fingerdick und rund und besteht aus einer gallertartigen Substanz. Darin verlaufen zwei Arterien und eine Vene. Die Nabelschnur hat eine Länge von 20 bis 30 cm.

Manchmal kann man erstaunlicherweise beobachten, daß sich die Nabelschnur um den Hals des Babys oder um seine Schulter gewikkelt hat, ohne es zu strangulieren. Wie erklärt man das? Weil die Nabelschnur recht lang und sehr elastisch ist. Sie kann sich allen Bewegungen des Fötus im Uterus anpassen.

Trotzdem kommt es – allerdings ganz selten – vor (insbesondere bei einer kürzeren Nabelschnur), daß sich der Strang verknotet oder zu straff um das Baby wickelt. Dann wird der Herzschlag des Kindes unregelmäßig und der Geburtshelfer muß sich mit der Entbindung beeilen.

Warum sind Röteln für schwangere Frauen gefährlich?

Röteln sind eine ansteckende Virusinfektion. In den meisten Fällen verläuft sie gutartig. Die ersten Anzeichen sind ein Ausschlag im Gesicht, der dann auf den ganzen Körper übergeht. Gleichzeitig schwellen die Lymphknoten an.

Röteln dauern 2 bis 3 Tage. Sie verbreiten sich wie eine Seuche, vor allem am Ende des Winters und im Frühling. Man steckt sich an, indem man die Viren von bereits an Röteln Erkrankten einatmet (Tröpfcheninfektion). 90 bis 95 % der Bewohner unserer Breiten hatten Röteln in ihrer Jugend und sind dadurch ihr Leben lang gegen sie immun.

Erkrankt eine schwangere Frau in den ersten 3 Monaten der Schwangerschaft an Röteln, ist das für den Embryo sehr gefährlich. Die Zellen des Babys sind in dieser Zeit in voller Entwicklung begriffen, und der Rötelnvirus kann sie leicht zerstören. Zwar wächst der Embryo weiter, aber es kann zu Mißbildungen der Augen (Blindheit durch Grauen Star), der Gehörgänge (Taubheit und Taubstummheit), der Knochen, des Herzens usw. kommen. Wegen dieser schweren Schädigungen sind Röteln sehr gefürchtet.

Heute kann man die Frauen beruhigen: Durch Labortests findet man heraus, ob eine Frau die Röteln bereits gehabt hat und infolgedessen immun gegen sie ist. Man kann sich auch künstlich schützen: Es gibt einen Impfstoff, durch den die Frau schon vor Eintritt einer Schwangerschaft immun wird.

In einigen Ländern sind Röteln ein Grund für eine medizinisch indizierte Abtreibung.

Gilt dies auch für die Toxoplasmose?

Toxoplasma ist in Muttererde enthalten (daher auch in schlecht gewaschenem Gemüse) und in rohem Fleisch. Wenn es von einer schwangeren Frau aufgenommen wird, wandert es durch die Plazenta und verursacht Mißbildungen der Augen oder der Gehörgänge des Fötus. Diese Mißbildungen werden leider erst nach der Geburt erkannt. Daher ist es äußerst wichtig, eine Infektion zu vermeiden. Durch einen Bluttest zu Beginn einer Schwangerschaft stellt man fest, ob die Frau Antikörper gegen Toxoplasma besitzt, so daß ihr Fötus geschützt ist. Sind keine Antikörper in ihrem Blut, muß sie bis zur Entbindung mit der Ernährung besonders vorsichtig sein. Sie sollte diesen Test jeden Monat wiederholen, um sicher zu sein, daß sie sich nicht mit Toxoplasmen infiziert hat. Falls es doch geschieht, werden ihr Antibiotika verschrieben, die das Kind schützen.

Warum ist Aids besonders gefährlich für schwangere Frauen?

Weil die Krankheit bei etwa 30 % der Kinder, die von einer Aids-infizierten (HIV-positiven) Frau geboren werden, innerhalb der ersten

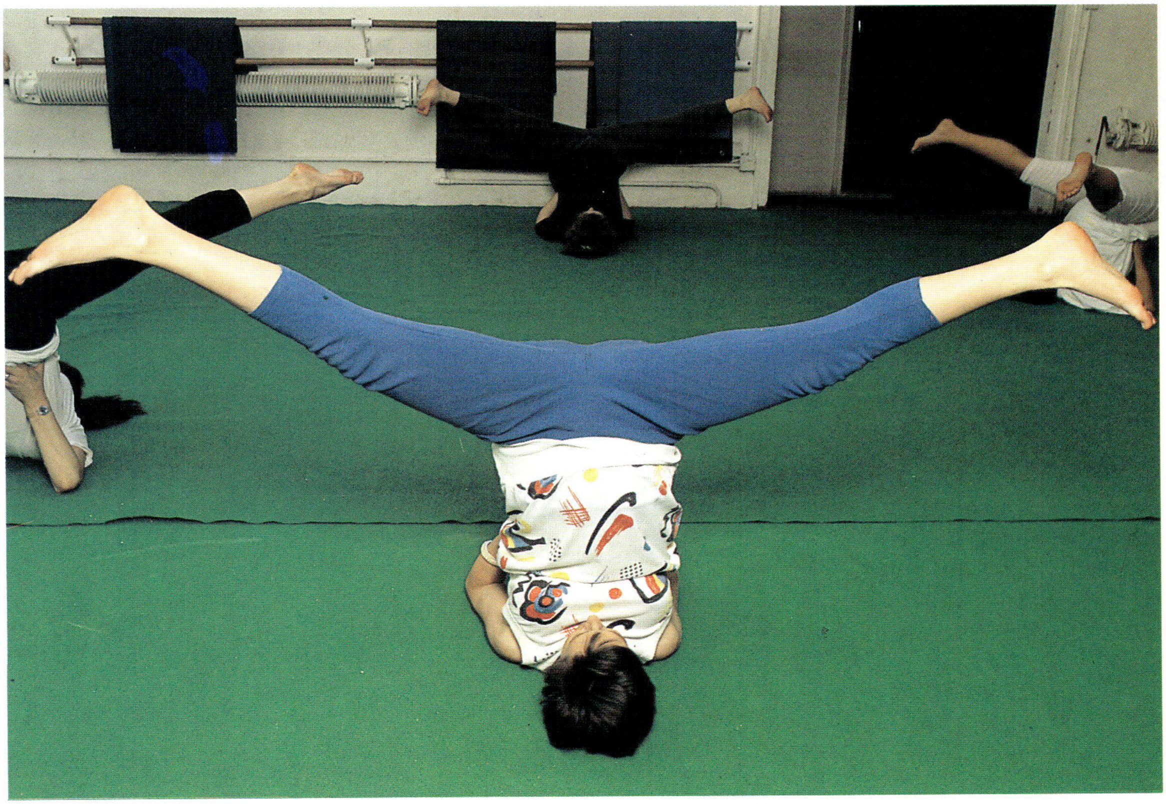

Mit Gymnastikübungen bereiten sich Frauen auf die Bewegungen vor, die die Geburt ihres Kindes erleichtern werden. Man zeigt ihnen auch, wie sie atmen müssen, damit das Zusammenziehen der Gebärmutter keine Schmerzen macht. Sie sehen sich vor der Geburt die Entbindungsstation an und lernen den Arzt und das Personal kennen, das sie betreuen wird.

beiden Lebensjahre ebenfalls ausbricht und die Kinder daran sterben.

Was versteht man unter Rhesus-Faktor?

Der Name stammt von einer Affenart, dem *Macacus rhesus*. Diese Affen eignen sich besonders für Laborversuche.

Im Jahre 1940 fand der österreichische Bakteriologe Karl Landsteiner heraus, daß bei 85 % der Menschen das Blut dieselben Reaktionen zeigt wie das Blut der Rhesusaffen, und daß es bei 15 % völlig anders reagiert. Diese erstgenannte Gruppe nennt man „Rhesus-positiv" und die zweite „Rhesus-negativ".

Man fand sehr bald heraus, daß bei einer Frau mit Rh-negativem Blut, die von einem Mann mit Ph-positivem Blut schwanger wurde, Komplikationen auftreten konnten, die jedoch stets nur das Kind, nie jedoch die Mutter betrafen.

Die Erklärung hierfür ist: Wenn das Kind dieselbe (rhesus-positive) Blutgruppe aufweist wie der Vater (was nicht unbedingt der Fall sein muß), entwickeln sich im rhesus-negativen Blut der Mutter Substanzen, die gegen die positiven Blutkörperchen ihres Kindes ankämpfen. Diese Substanzen (Antikörper) können die Plazenta durchdringen und nach und nach die roten Blutkörperchen des Fötus zerstören. Der Fötus stirbt schon vor der Geburt an Blutarmut oder er kommt mit schweren Krankheitserscheinungen auf die Welt. In einem solchen Fall muß sofort nach der Geburt das gesamte Blut des Kindes ausgetauscht werden.

Diese sogenannte Rhesus-Unverträglichkeit zwischen dem Blut der Mutter und dem des Fötus tritt nur auf, wenn die Mutter rhesus-negativ und das Kind rhesus-positiv ist (denn es reagiert nur die rhesus-negative Blutgruppe gegen die rhesus-positive Gruppe). Solche Komplikationen stellen sich allerdings nur sehr selten schon bei der ersten Schwangerschaft ein. Danach wächst das Risiko, denn bei jeder weiteren Schwangerschaft mit einem rhesus-positiven Kind sind im rhesus-negativen Blut der Mutter die Antikörper bereits vorhanden, die ein Kind schädigen. Heute kann diese Gefahr wirksam durch eine anti-Rh-Impfung bekämpft werden. Diese Impfung muß jedesmal dann vorgenommen werden, wenn Gefahr besteht, daß etwas Blut des Fötus in den mütterlichen Blutkreislauf gerät, z. B. bei der Geburt oder bei einem Spontanabort oder einer ärztlich vorgenommenen Abtreibung.

Wie verläuft eine Entbindung?

Bei der Entbindung verläßt der Fötus den Uterus der Mutter. Durch diesen Vorgang wird das Baby geboren.

Um zu begreifen, was eine Entbindung ist, stellen wir uns einmal die Situation des Fötus am Ende der Schwangerschaft vor: Gewöhnlich liegt er zusammengekauert, mit dem Kopf nach unten, in der Fruchtblase. Die Fruchtblase, die etwa zwei Liter Fruchtwasser enthält, wird von der Gebärmuttermuskulatur umgeben. Der Hals der Gebärmutter ist noch geschlossen. Sie selbst liegt im unteren Teil des Unterleibs in der Mitte des kleinen Beckens. Die Knochen des kleinen Beckens bilden einen Ring: Vorn die Schambeinfuge, hinten das Kreuzbein und an jeder Seite die Hüftknochen. Der Gebärmutterhals mündet in die Scheide, an deren Ende die Vulva, das äußere Geschlechtsorgan der Frau, sitzt.

Damit die Entbindung reibungslos verläuft, müssen regelmäßige Kontraktionen der Gebärmutter eintreten: So erträgt sie der Fötus am besten, d. h. er leidet keinen Sauerstoffmangel, da ihm das Blut der Mutter und damit Sauerstoff regelmäßig zugeführt wird. Erfolgen die Kontraktionen unregelmäßig, bekommt er nicht genügend Sauerstoff und seine Herzschläge ändern ihren Rhythmus. Zur Überwachung des Rhythmus und der Intensität der Kontraktionen hat man einen Monitor entwikkelt, der die Kontraktionen und den Herzschlag des Fötus aufzeichnet. Mit diesem Gerät wird heute der Ablauf der Entbindung überwacht.

Damit der Fötus aus dem Bauch der Mutter gelangen kann, muß zunächst die Fruchtblase platzen. Dann muß er durch den Gebärmutterhals, den knöchernen Geburtskanal des kleinen Beckens, die Scheide und die Vulva dringen. Der Geburtsvorgang besteht also aus folgenden Phasen:

– Die Fruchtblase, deren äußere Haut so dünn ist wie eine Plastikfolie, platzt (häufig geschieht dies schon allein durch den während der Wehentätigkeit ansteigenden Druck in der Fruchtblase).

– Der Gebärmutterhals weitet sich (zu Beginn der Entbindung ist er noch geschlossen, am Ende ist er 10 cm weit).

– Der Kopf tritt in den Kreis des kleinen Bekkens ein (wenn das Becken zu eng ist, kann der Kopf nicht tiefer treten, und das Kind muß durch einen Kaiserschnitt geholt werden (siehe weiter unten).

– Der Kopf wird durch die immer stärker werdenden Wehen in die Scheide gepreßt.

– Der Kopf und danach die übrigen Teile des Körpers erscheinen zwischen den Schamlippen.

Doch damit ist die Geburt noch nicht beendet. Erst muß noch die Nabelschnur, die das Kind mit der Plazenta verbindet, durchtrennt werden.

Etwa eine Viertelstunde später wird die Plazenta ausgetrieben; das nennt man Nachgeburt.

Das alles kann nur geschehen, weil eine energische Kraft den Fötus nach außen treibt: Die Kontraktionen der Gebärmuttermuskulatur (Wehen). Die Gebärmutter besteht nämlich aus elastischen Muskelfasern, die sich unter dem Einfluß der Hypophysenhormone rhythmisch zusammenziehen können. Jede Kontraktion drückt den Fötus ein Stückchen weiter zum Gebärmutterhals hin, etwa so wie man einen Olivenkern durch Druck auf die Fruchtwand herausdrückt.

Bei der Entbindung wird der Fötus durch die Kontraktionen der Gebärmutter allmählich durch den geweiteten Gebärmutterhals, die Vagina und zuletzt durch die Vulva (untenstehende Abbildung) ausgetrieben. Normalerweise ist der Kopf der vorangehende Teil. Er dreht sich wie eine Schraube, um sich der weitesten Stelle anzupassen (siehe Abbildungen auf den beiden folgenden Seiten).

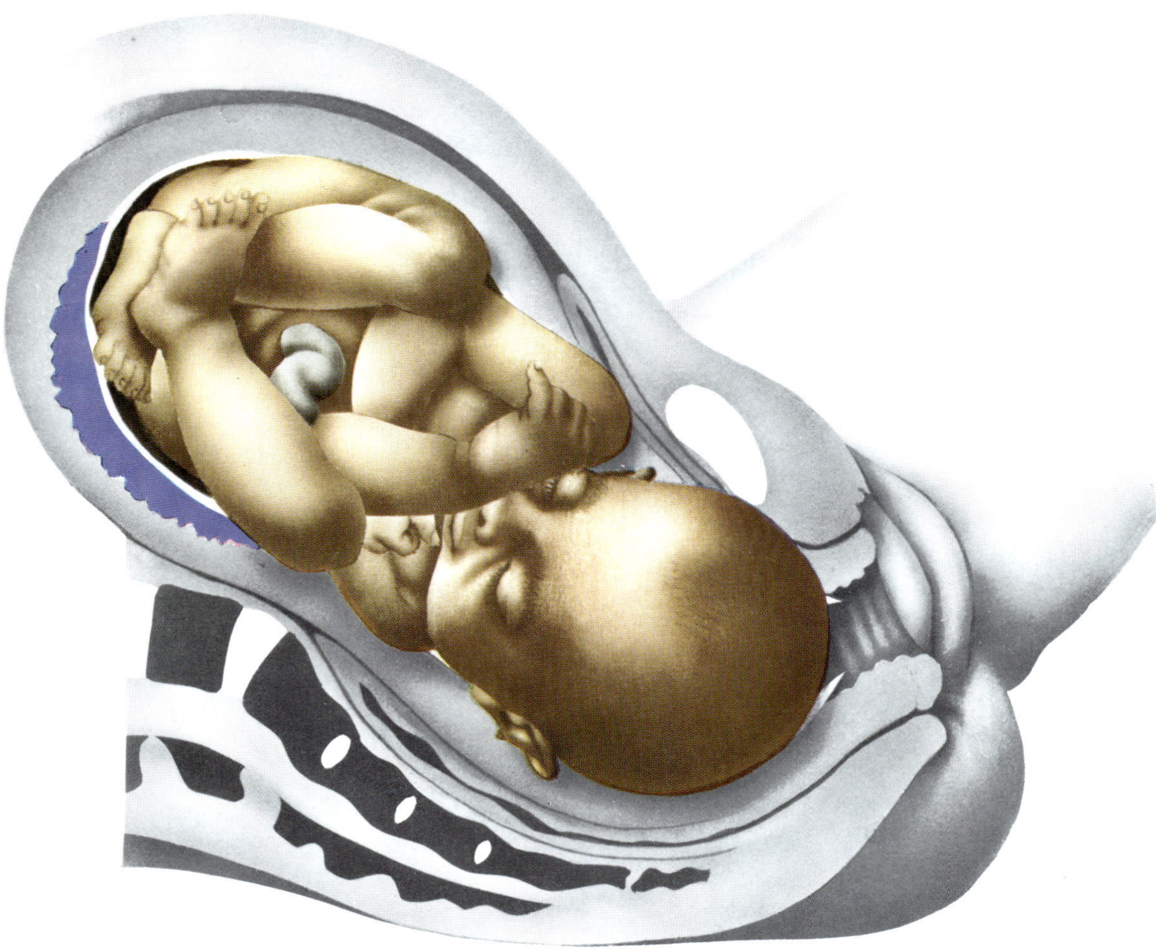

Eine Wehe dauert etwa 1 Minute und wiederholt sich alle 3 bis 4 Minuten. Diese Kontraktionen können schmerzhaft sein. Doch heutzutage hat die Niederkunft durch die sogenannte schmerzlose Geburt (siehe weiter unten) viel von ihrem Schrecken verloren.

Mit jeder Kontraktion wird der Fötus kräftig nach unten gepreßt. Dabei steigt der Druck in der Fruchtblase an und ihre Hüllen reißen ein. Jetzt drückt der Kopf des Kindes direkt auf den Gebärmutterhals, der sich wie ein Gummiring ausweitet, um den Kopf des Fötus passieren zu lassen. Nun braucht der Kopf nur noch etwas weiter in die Vagina gepreßt zu werden, um die Schamlippen zu erreichen. Dann kann der Geburtshelfer durch vorsichtigen Zug am Kopf die Geburt des Kindes unterstützen, und das Baby ist geboren.

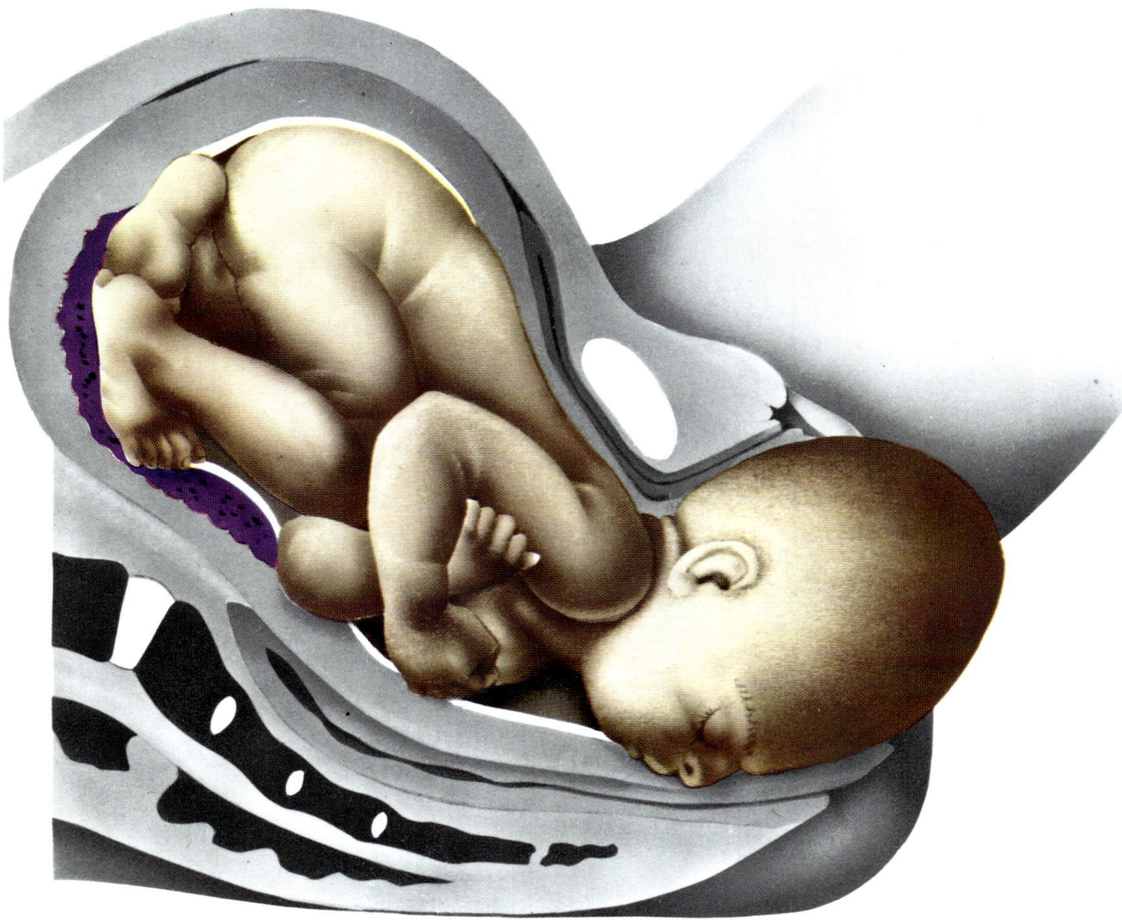

Der Ablauf einer Entbindung ist also weitgehend bekannt, aber man weiß immer noch nicht, wodurch die ersten Kontraktionen der Gebärmutter am Ende der Schwangerschaft ausgelöst werden. Deshalb läßt sich der genaue Beginn einer Entbindung nicht sicher im voraus bestimmen.

Aber wenn die Entbindung erst einmal begonnen hat, kann sie nichts mehr aufhalten.

Was ist eine schmerzlose Entbindung?

Ein Kind zu gebären, war früher für Mutter und Kind mit mancherlei Gefahren verbunden. Heute bereiten sich schwangere Frauen schon lange vor dem errechneten Termin auf eine „schmerzlose Geburt“ vor, so daß sie am Tage der Niederkunft zwar ein wenig leiden, aber kaum noch Angst haben.

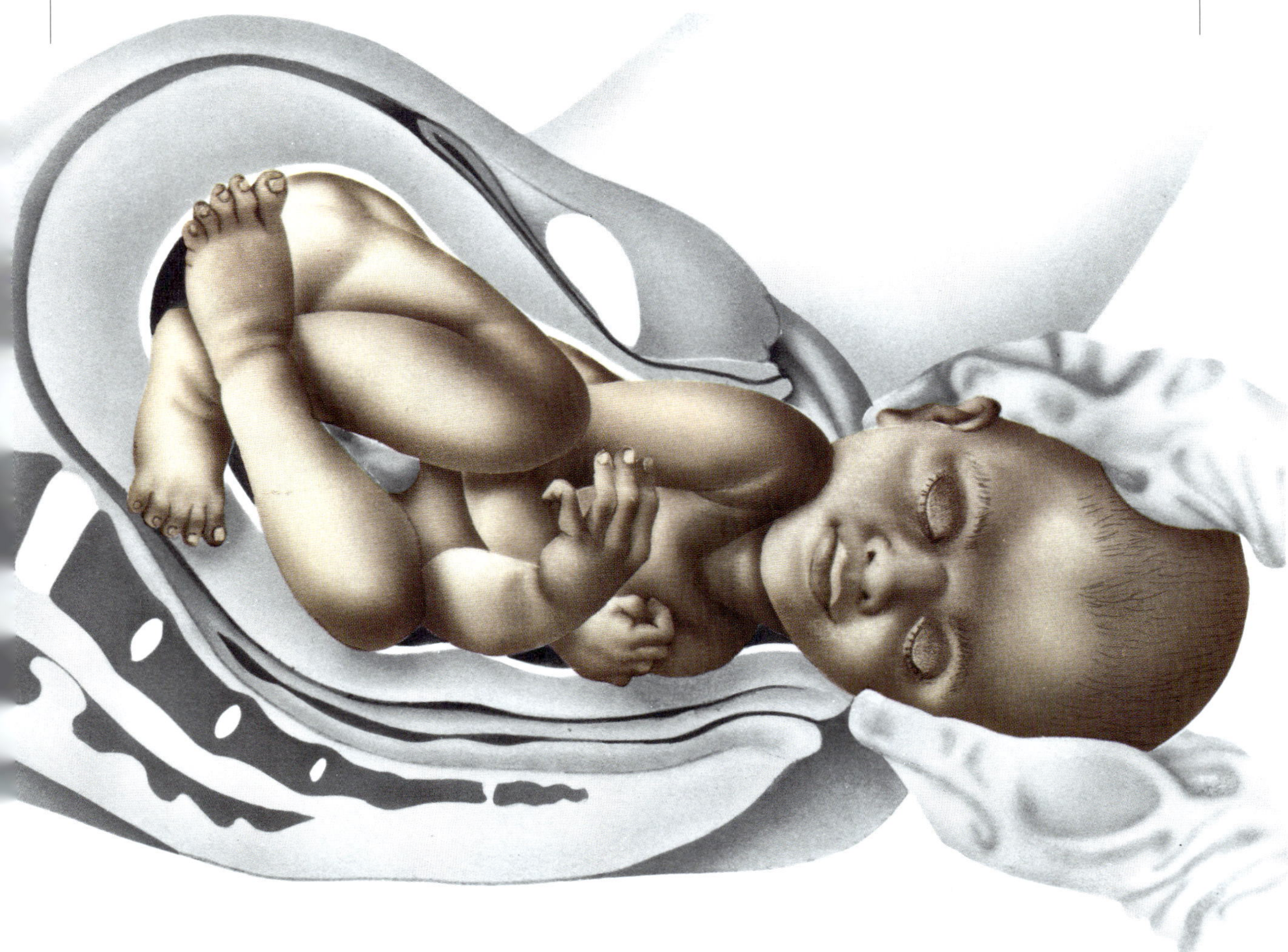

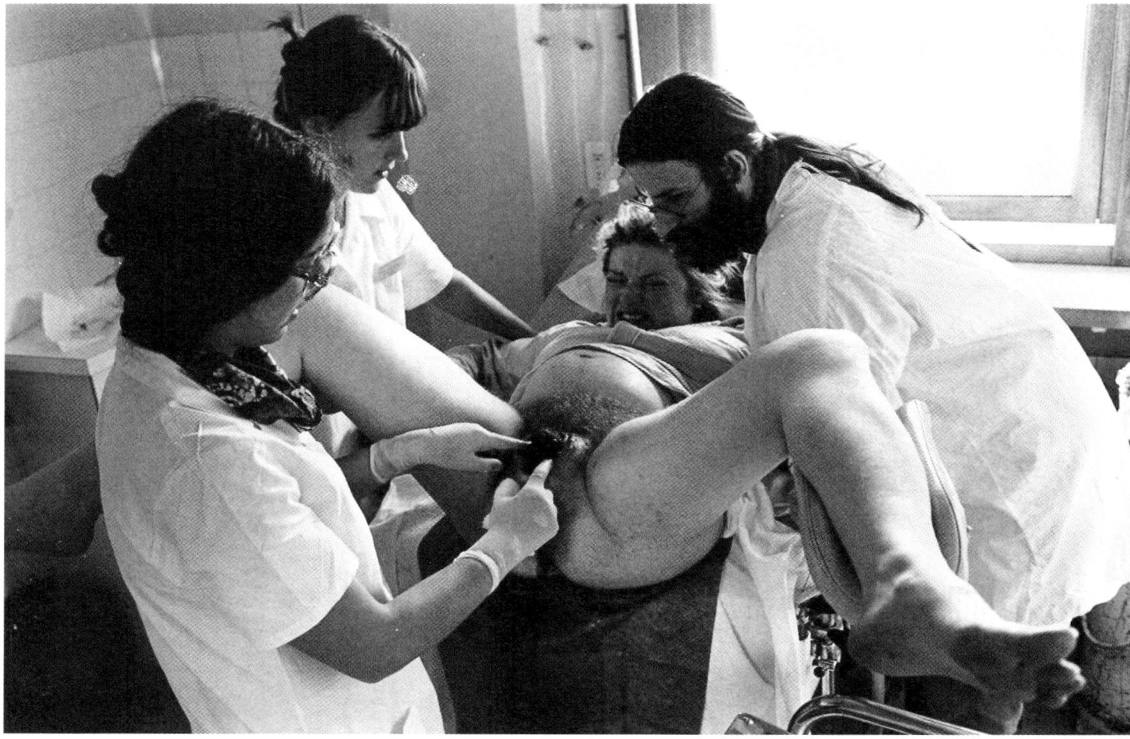

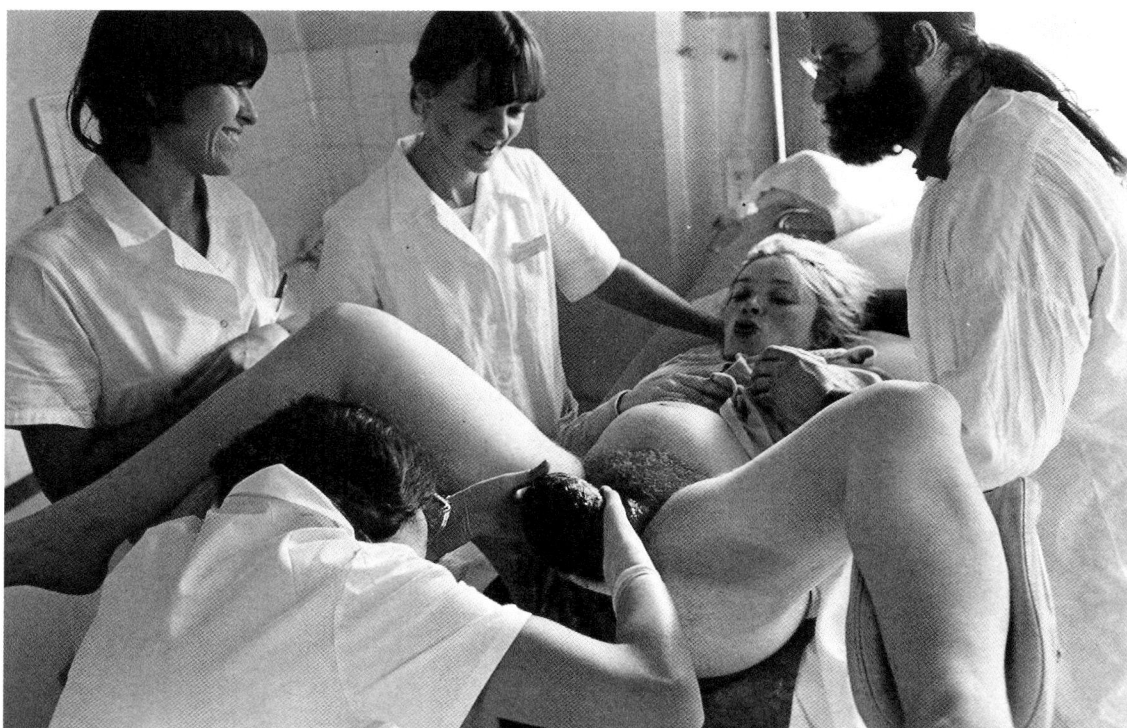

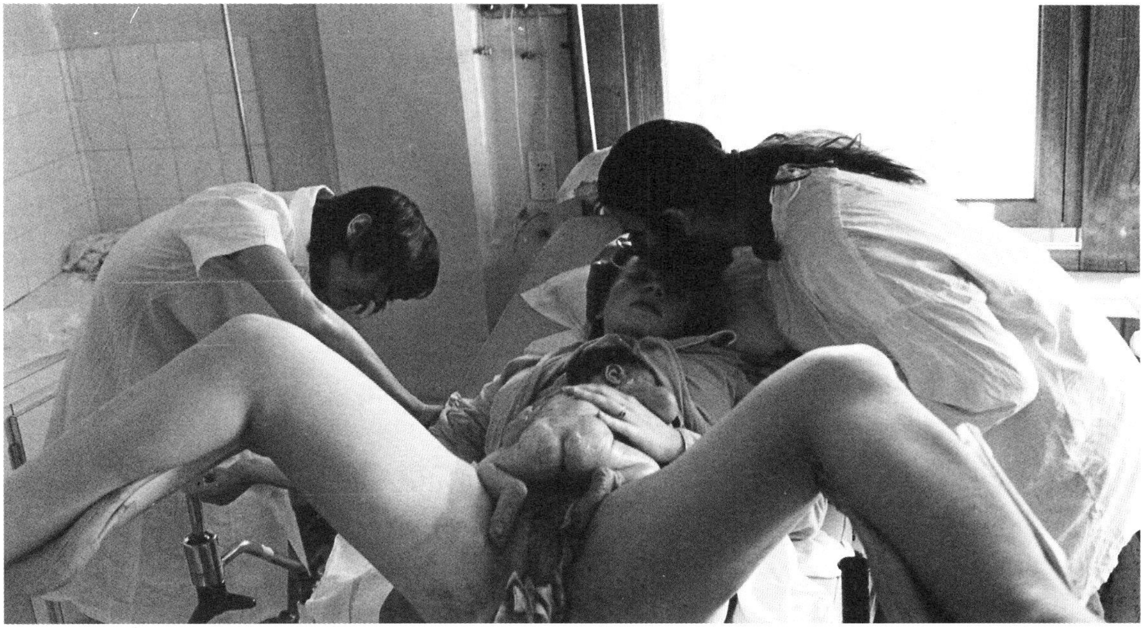

Wenn der Kopf durch die Kontraktionen der Gebärmutter und das unterstützende Pressen der Mutter zwischen den Schamlippen erscheint, kann der Geburtshelfer oder die Hebamme durch einen vorsichtigen Zug am Kopf aktiv mitwirken. Dabei wird darauf geachtet, daß der Damm nicht reißt. Nach dem Kopf treten erst eine Schulter, dann die andere und schließlich der übrige Körper des Babys heraus. Das Kind wird auf den Bauch der Mutter gelegt und die Nabelschnur durchtrennt.

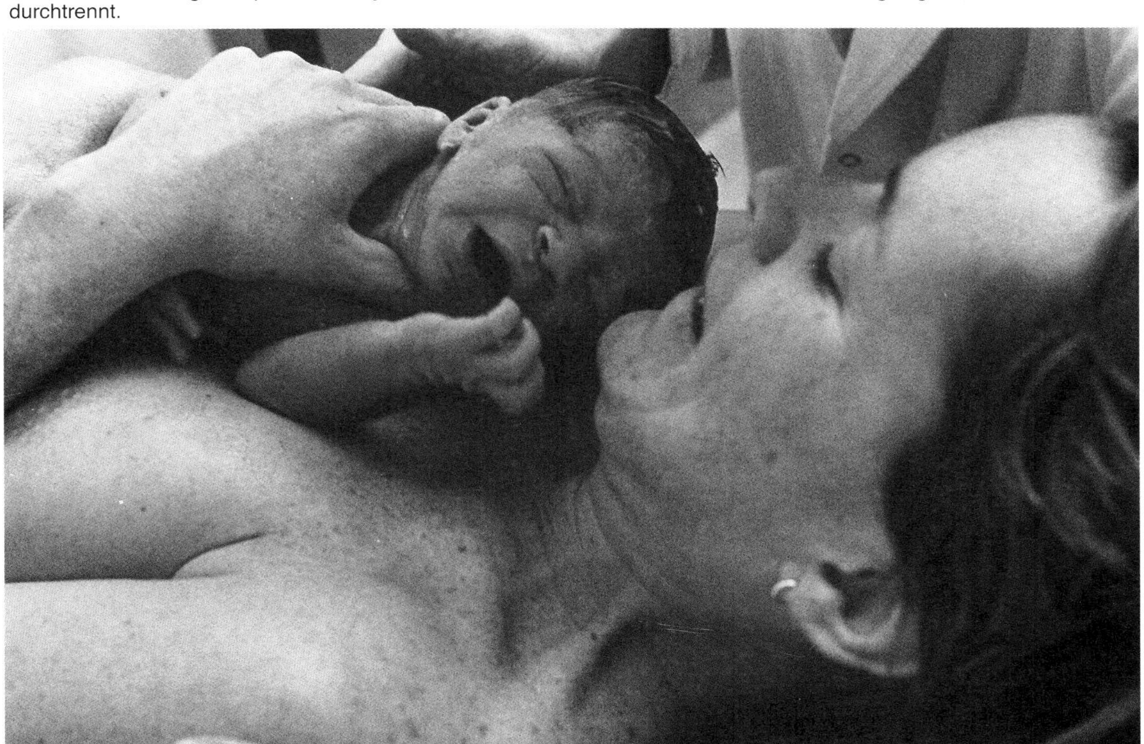

Wie ist das zu erklären? Das soll ein einfacher Vergleich zeigen: Wenn man ein brennendes Streichholz anfaßt, verbrennt man sich. Wer Angst vor dem Feuer hat, schreit, manchmal sogar schon, bevor er überhaupt etwas spürt. Aber wenn man gelernt hat, das Streichholz mit einer schnellen Bewegung von zwei Fingern zu löschen (wie eine Kerze), verspürt man höchstens ein leichtes Brennen.

So ist es auch bei der Entbindung. Wenn die junge Mutter, verschreckt durch Erzählungen anderer Frauen, in die Klinik kommt und Angst vor Schmerzen hat, wird sie ihre Empfindungen auch nur als Schmerz wahrnehmen. Wenn sie aber schon vor der Entbindung darüber informiert wurde, was sich während und nach der Geburt abspielt, und wenn sie bereit ist, ihre Empfindungen während der Wehentätigkeit wahrzunehmen und gezielt mitzuarbeiten, wird sie kaum noch Schmerzen haben.

Deshalb besteht die Vorbereitung auf eine schmerzlose Geburt aus Erläuterungen über die Anatomie des Körpers und den Verlauf einer Geburt. Gymnastik und Übungen zur Kontrolle der Kontraktionen der Gebärmutter sowie Atemtechnik gehören ebenfalls dazu. Die Entbindung sollte wie eine Turnübung angesehen werden, die man lernen kann.

Es gibt andere Methoden, um zu verhindern, daß eine Frau bei der Entbindung leidet. Hierzu zählen krampflösende und Narkosemittel (Anästhetika). Am meisten verbreitet ist die Kurznarkose. Hierbei wird ein anästhesierendes Präparat in den Rückenmarkkanal um die Nervenwurzeln herum injiziert, die das Schmerzempfinden (Sensibilität) der Gebärmutter und der Vagina weiterleiten. Die Spritze selbst ist schmerzlos. Die betäubende Wirkung hält einige Stunden an.

Was ist ein Kaiserschnitt?

Beim Kaiserschnitt wird ein chirurgischer Eingriff vorgenommen, um ein Baby zur Welt zu bringen, das die Mutter nicht auf normale Weise gebären kann.

Wie wir gehört haben, muß der Fötus bei einer normalen Entbindung nacheinander die Eihüllen, den Gebärmutterhals, den knöchernen Beckenring, die Scheide und die Schamlippen passieren. Zwei dieser Hindernisse sind manchmal unüberwindbar: Der Beckenring und der Gebärmutterhals.

Der Kaiserschnitt ist eine Operation, die die Geburt des Babys ermöglicht, wenn die Lage des Kindes oder die Geburtswege der Mutter eine natürliche Geburt verhindern. Der Chirurg öffnet die Bauchwand und den Uterus (durch einen waagerechten oder seltener senkrechten Schnitt), um das Baby und die Plazenta herauszuholen.

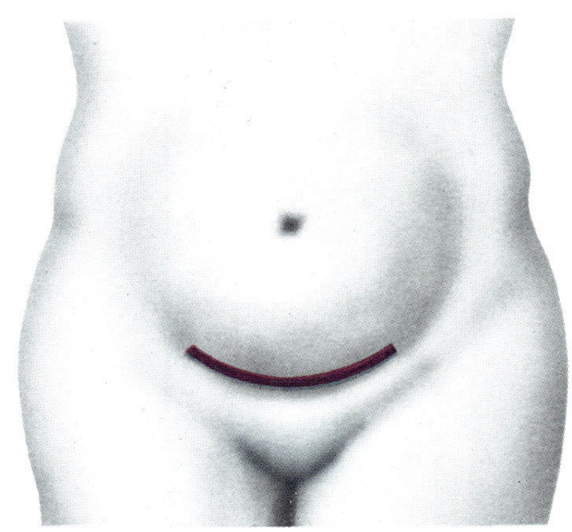

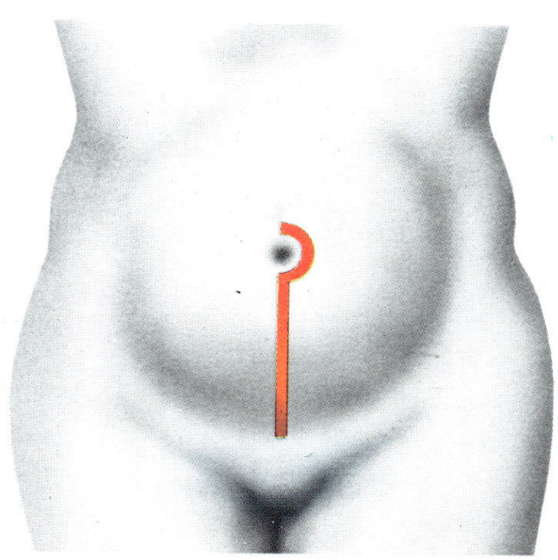

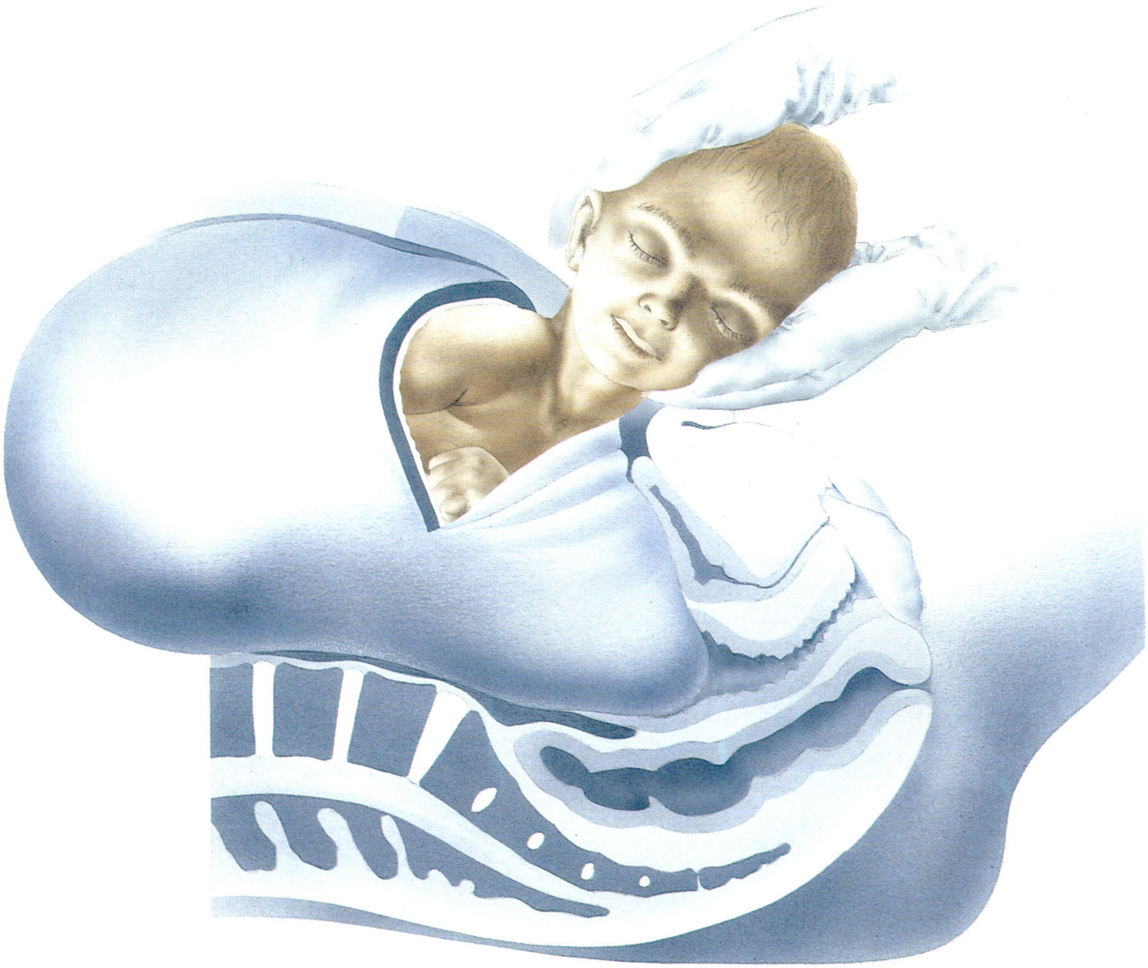

Sehr kleine, zarte Frauen oder Frauen, die in ihrer Kindheit eine Knochenkrankheit hatten, haben ein so enges Becken, daß der Kopf des Fötus nicht hindurchtreten kann. Eine Entbindung auf natürlichem Weg ist daher nicht möglich.

Es kommt auch vor, daß sich der Gebärmutterhals trotz ausreichender Kontraktionen der Uterusmuskulatur nicht genügend weitet, oder daß die Kontraktionen trotz der Anwendung wehenfördernder Medikamente zu schwach sind, um das Kind voranzutreiben. Dann entscheidet man sich zu einem Kaiserschnitt, um das Leben von Mutter und Kind nicht zu gefährden.

Wenn nämlich der Kopf des Babys stundenlang im Beckenring eingeklemmt ist oder wenn sich der Gebärmutterhals nicht erweitert, kann es zu einer Gehirnblutung oder anderen Komplikationen kommen, und der Fötus stirbt vor der Geburt. Dies kam früher, als man den Kaiserschnitt nicht kannte oder selten anwandte, häufig vor.

Ein Kaiserschnitt wird im Operationssaal unter Narkose vorgenommen, so daß die Frau nichts spürt. Der Chirurg durchtrennt die Bauchdeckenmuskulatur und öffnet die Gebärmutter an ihrer Vorderseite. Dann holt er das Baby heraus, durchtrennt die Nabelschnur und entfernt auch die Plazenta. Anschließend werden Gebärmutter und Bauchdecke wieder vernäht.

Der Kaiserschnitt hat dazu beigetragen, daß Entbindungen heutzutage für Mutter und Kind immer problemloser verlaufen.

Was ist eine Steißgeburt?

Wenn sich der Fötus in den letzten Monaten der Schwangerschaft im Uterus nicht mit dem Kopf nach unten dreht, sondern mit dem Gesäß nach unten, spricht man von Steißlage. Die Entbindung kann trotzdem normal ablaufen: Zuerst treten die unteren Gliedmaßen heraus, dann der Rumpf und die oberen Gliedmaßen, und zuletzt der Kopf. Der Geburtshelfer vergewissert sich jedoch vorher, daß das Becken der Mutter weit genug ist, um den Kopf passieren

Wenn ein Kind zu früh geboren ist, legt man es in einen Brutkasten. Dadurch kann die Versorgung mit Sauerstoff und die Temperaturregulation künstlich unterstützt werden. Manchmal ist auch eine intravenöse Ernährung notwendig. In dem keimfreien Milieu des Brutkastens ist das Kind vor Infektionen geschützt. Meist kann es ihn verlassen, wenn es ein Gewicht von etwa 2500 Gramm erreicht hat.

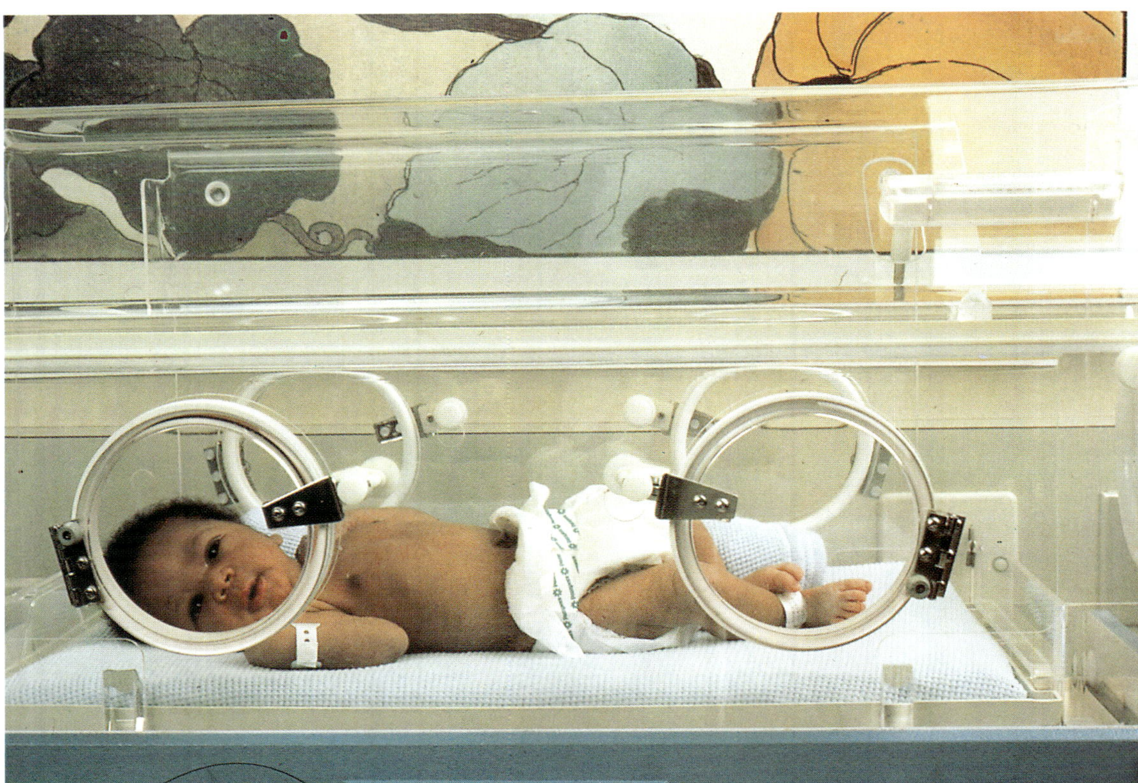

zu lassen, der stets den größten Durchmesser eines Fötus hat. Wenn das Becken zu eng ist, nimmt der Arzt einen Kaiserschnitt vor.

Was ist eine Frühgeburt?

Normalerweise ist der Organismus eines Fötus erst nach 9 Monaten Schwangerschaft so weit entwickelt, daß er losgelöst von seiner Mutter leben kann, d. h. daß alle Organe fähig sind, ihre Funktionen sofort nach der Geburt aufzunehmen. Solange der Fötus im Uterus lebt, braucht er nicht zu atmen. Er bekommt seinen Sauerstoff aus dem mütterlichen Blut, das ihm über die Nabelschnur zugeführt wird; und dennoch bereiten sich die Zellen der Lungenbläschen des Fötus darauf vor, die Atmung gleich nach der Geburt aufzunehmen. Ebenso verhält es sich mit allen anderen Funktionen des Organismus: Verdauung, Ausscheidung von Schlakken, Wärmeregulation, usw.

Damit sich ein Fötus so weit entwickeln kann, sind verschiedene Voraussetzungen zu erfüllen: Die Gebärmutter muß vor allem in den letzten Monaten der Schwangerschaft genügend dehnbar sein, der Gebärmutterhals muß geschlossen bleiben (wie die Öffnung eines Luftballons, den man aufgeblasen lassen will), der Blutaustausch zwischen Mutter und Kind über die Plazenta muß ungestört verlaufen. Wenn eine dieser Voraussetzungen nicht erfüllt ist (wenn z. B. die Kontraktionen der Uterusmuskulatur zu früh einsetzen oder der Gebärmutterhals sich vorzeitig öffnet), wird das Kind vor dem normalen Ablauf von 9 Monaten geboren. Ein Achtmonatskind hat relativ gute Überlebenschancen, bei einem Siebenmonatskind ist die Situation schon erheblich schlechter. Ein Sechsmonatskind überlebt nur in den seltensten Fällen.

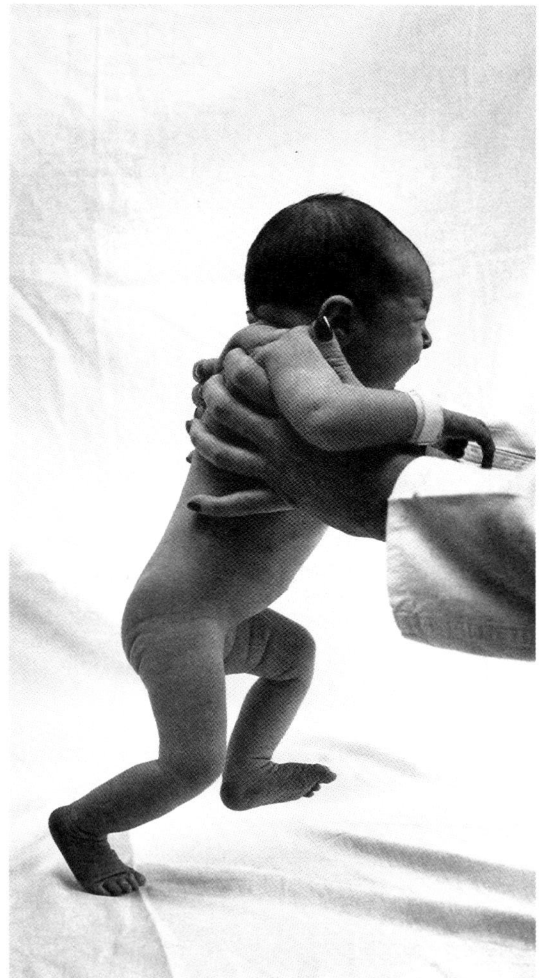

Schon in den ersten Minuten nach seiner Geburt macht ein Baby, wenn man es hochhält, Gehbewegungen. Auch klammert sich seine Hand um den Daumen, den man ihm hinhält. Das sind angeborene Reflexe. Diese Untersuchungen sind wichtig, um festzustellen, ob ein Kind gesund ist und normal reagiert.

Warum atmet ein Kind erst nach der Geburt?

Im Uterus der Mutter braucht der Fötus nicht zu atmen. Er bekommt seinen Sauerstoff über die Plazenta durch die Nabelschnur aus dem mütterlichen Blut (die Nabelschnur verbindet ja, wie wir gehört haben, die Plazenta mit dem Nabel). Diese Nabelschnur führt ihm Sauerstoff (den die roten Blutkörperchen transportieren) und Nährstoffe (die im Blutserum enthalten sind) zu. Durch sie werden Kohlendioxyd und Schlackenstoffe auch wieder abgegeben.

Sofort nach der Geburt durchtrennt der Geburtshelfer die Nabelschnur, damit das Baby selbständig leben kann. Ab diesem Moment bekommt es also keinen Sauerstoff mehr aus dem Blut der Mutter. Die Atmungszentren in seinem Gehirn, die einen Überschuß an Kohlendioxyd registrieren, geben jetzt den Lungen einen Befehl: Das Baby atmet zum ersten Mal aus – das äußert sich in einem kräftigen Schrei. Dann atmet es ein, d. h. die Lungen füllen sich mit Sauerstoff, und damit hat die Atmung eingesetzt. Wie beim Erwachsenen wird sie durch die im Blut zirkulierende Menge an Sauerstoff und Kohlendioxyd kontrolliert.

Wie wird ein Baby ernährt?

Alle Nährstoffe, die ein Baby für seine Entwicklung braucht, befinden sich in der Muttermilch. Sie ist die natürlichste Form der Säuglingsernährung.

Gleich nach der Entbindung verursacht ein von der Hypophyse produziertes Hormon die Absonderung von Milch in den Milchdrüsen der Mutter.

Die natürlichste Nahrung für ein Baby ist Muttermilch. Am 2. oder 3. Tag nach der Entbindung schwillt die Brust der Mutter an. Das Baby saugt die Milch aus der Brustwarze, die sorgfältig gepflegt werden muß, damit sie nicht rissig wird. Heute gibt es aber auch Flaschenmilch, die der Muttermilch weitgehend angeglichen ist. Frauen, die nicht genügend Milch haben, ergänzen die Ernährung ihres Säuglings durch das Fläschchen.

Am zweiten oder dritten Tag nach der Geburt werden die Brüste größer: Die Milch „schießt ein". Durch den Druck in der Brust kommen einige Tropfen Muttermilch aus der Brustwarze; das Kind saugt dann ohne Mühe 50 bis 80 Gramm Milch aus der Brust. Muttermilch ist leicht verdaulich. Sie enthält Antikörper, die das Kind gegen Infektionen widerstandsfähig machen. Daher war man lange Zeit der Ansicht, Muttermilch sei die einzig richtige Nahrung für ein Baby. Wenn eine Mutter nicht genügend Milch hat, ersetzt man sie durch die Milch einer Amme (Ammen waren früher häufig, heute gibt es sie kaum noch) oder durch Kuhmilch (sie wird mit Wasser verdünnt und mit Zusätzen versehen, denn reine Kuhmilch enthält zu viel Salz, Eiweißstoffe und Fette).

Ob ein Baby gestillt oder ob es mit der Flasche ernährt wird, hängt also nicht von der Qualität der Milch ab, sondern vor allem von dem Gewicht und dem Gesundheitszustand des Neugeborenen. In einigen Fällen schießt keine Milch in die Brust ein, dann ist die Flasche die einzige Lösung. Außerdem sind heute viele Mütter berufstätig und können sich nicht die Zeit nehmen, das Kind fünf- oder sechsmal am Tag zu stillen. Daher ernähren viele Frauen ihr Baby mit der Flasche.

Künstliche Säuglingsnahrung ist heute der Muttermilch in viele Belangen durchaus ebenbürtig. Dennoch bleibt Muttermilch das beste Mittel für die Ernährung eines Säuglings, weil sie die denkbar ausgewogenste Nahrung darstellt. Dies gilt heute auch unter Berücksichtigung der inzwischen gesicherten Tatsache, daß viele Umweltgifte auch in der Muttermilch auftreten. Trotzdem wird das Stillen von den meisten Ärzten empfohlen.

Heutzutage wirken immer mehr Väter an der Pflege ihres Säuglings mit. Der Vater badet und wickelt das Kind oder gibt ihm das Fläschchen. Außer dem Stillen können Männer selbstverständlich sämtliche Versorgungs- und Pflegetätigkeiten durchführen!

Krankheiten

Was sind Geschlechtskrankheiten?

Es sind Krankheiten, die fast ausschließlich beim Geschlechtsverkehr übertragen werden. Deswegen nennt man sie besser „sexuell übertragbare Krankheiten". Ihre Erreger sind Krankheitskeime wie Bakterien oder Viren, aber auch Pilze und Parasiten.

Nach einer Ansteckung können sich die ersten Symptome sehr bald zeigen, aber manchmal dauert es längere Zeit. Die Krankheitssymptome können kaum spürbar und sehr leicht, aber auch sehr schwerwiegend und schmerzhaft sein. Und schließlich treten die Symptome zwar oft an den Geschlechtsorganen auf, aber in vielen Fällen auch woanders im Körper! Weil sexuell übertragbare Krankheiten also oft sehr tückisch sind, ist bei jedem Verdacht ein Arzt aufzusuchen, der genauer untersuchen und gegebenenfalls behandeln kann.

Warum sind Geschlechtskrankheiten heute ein großes Problem?

Die Gefahr einer Ansteckung in der Adoleszenz ist heute größer denn je, weil das Alter, in dem Geschlechtsverkehr aufgenommen wird, in den letzten Jahrzehnten immer weiter gesunken ist. Außerdem nimmt die Zahl der Jugendlichen, die sexuell aktiv sind (häufig mit verschiedenen Partnern) ständig zu. Wie Untersuchungen zeigen, leiden Jugendliche (vor allem sind es junge Mädchen) an Infektionen mit Chlamydien und Mykoplasmen; sie wurden erst vor wenigen Jahren als Erreger von Geschlechtskrankheiten entdeckt.

Wie wirken diese Krankheitserreger?

Wenn ein Krankheitskeim in die Schleimhaut der Geschlechtsorgane eingedrungen ist, kann er sich dort entwickeln, und es kommt zu einer Entzündung (z. B. Harnröhrenentzündung oder Vaginitis). Oft wandert er auch in die inneren Organe weiter: bei Frauen gelangt er über den Gebärmutterhals (hier verursacht er eine Zervizitis) in die Gebärmutter (die Entzündung ihrer Schleimhaut heißt Endometritis) und in die Eileiter (wo er eine Salpingitis auslösen kann). Schließlich besteht sogar die Gefahr, daß der Erreger in die Bauchhöhle wandert und eine Bauchfellentzündung (Peritonitis) verursacht, eine ernste, oft lebensgefährliche Infektion, die dringend ärztlich behandelt werden muß.

Bei Männern gibt es ähnliche Komplikationsmöglichkeiten. Die Infektion der Harnröhre kann auf die Prostata, die Samenblasen, die Samenleiter und die Hoden mit Nebenhoden übergreifen und dort für schwere Symptome sorgen. Einige Erreger (z. B. Viren wie das Hepatitis-B-Virus oder das Aids-Virus HIV) verbreiten sich mit dem Blutkreislauf im Körper und lösen schwere Allgemeinerkrankungen aus.

Gibt es Geschlechtskrankheiten, die früher unbekannt waren?

Heutzutage zählen Infektionen mit Chlamydien zu den häufigsten Erkrankungen der Genitalorgane. Es ist seit langem bekannt, daß diese Gruppe von Keimen die Ursache verschiedenster Krankheiten wie z. B. der „Papageienkrankheit", des „Trachoms" oder der „Katzenkratzkrankheit" ist. Als Erreger von Geschlechtskrankheiten wurden sie erst in jüngster Zeit entdeckt. Sie sind für die meisten Arten von Harnleiterentzündungen verantwortlich, die kein Tripper sind (Tripper oder Gonorrhoe wird durch Gonokokken ausgelöst). Die Symptome dieser Infektionen sind meist weniger auffällig als die des klassischen „Trippers". Deswegen sind sie jedoch nicht weniger gefährlich.

Das HIV-Virus, das die Immunschwäche Aids hervorruft, wurde gleichzeitig von einem Franzosen und von einem Amerikaner entdeckt (den Professoren Montagnier und Gallo). Die Computerzeichnung zeigt den Aufbau des Virus.

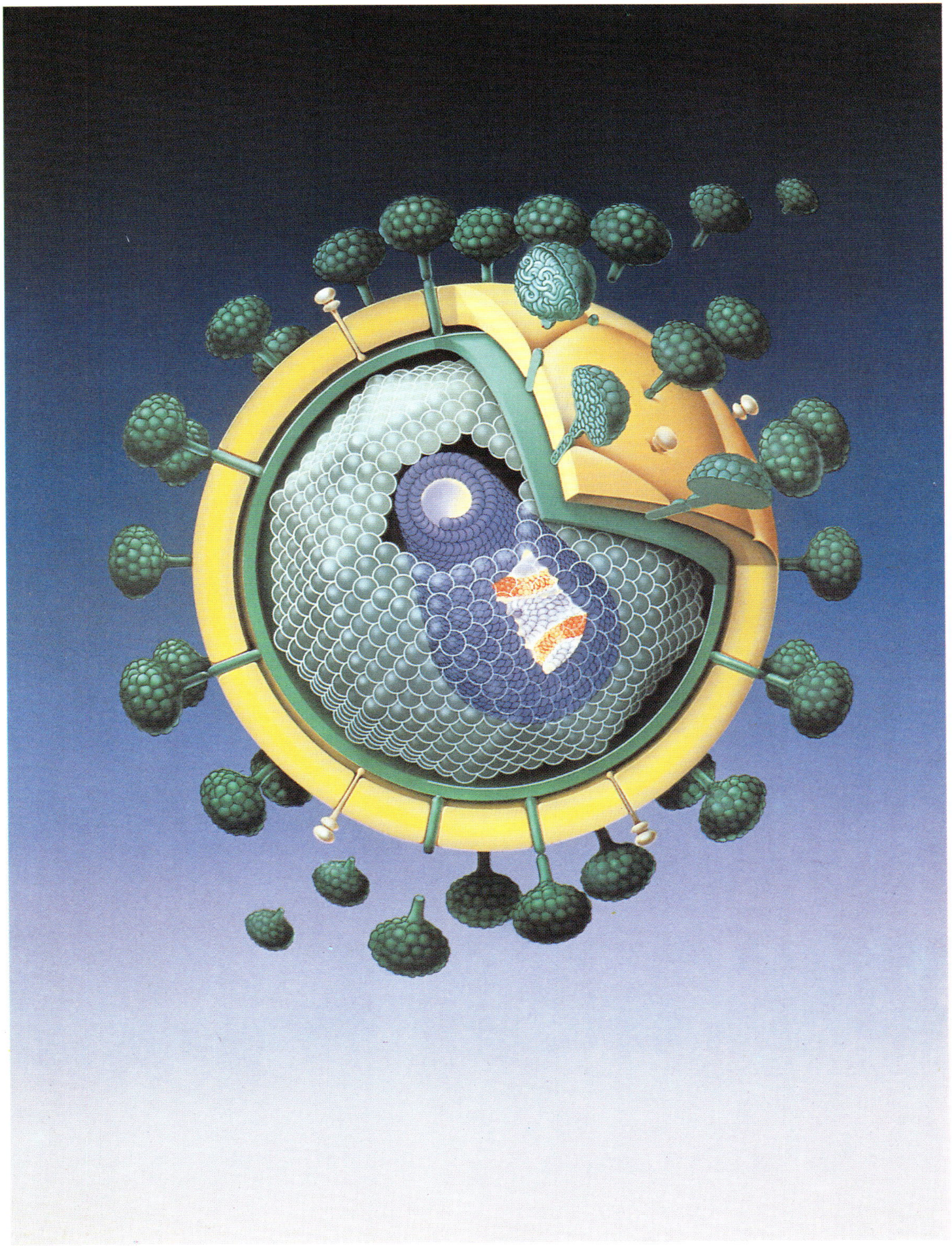

Was sind die Symptome der Krankheiten?

Bei einer Vaginitis (Scheidenentzündung) tritt weißer oder gelblicher Ausfluß (Fluor) aus der Scheide, der meist schlecht riecht und mit starkem Juckreiz verbunden ist. Die Erreger können Trichomonaden (parasitäre Geißeltierchen), Gonokokken, andere Bakterien oder auch Pilze sein. Entzündungen der Gebärmutterschleimhaut (Endometritis) und der Eileiter (Salpingitis) äußern sich durch Schmerzen im Unterleib und Fieber. Diese Erkrankungen können sich aber auch ohne beunruhigende Anzeichen zunächst unentdeckt entwickeln und die Ursache für eine Unfruchtbarkeit (durch die entzündungsbedingte Verklebung der Eileiter beispielsweise) sein.

Beim Mann kann sich eine Infektion durch rote Flecken, entzündete Bläschen auf der Eichel, Brennen beim Wasserlassen und eitrigen Ausfluß aus der Harnröhre äußern. Er muß möglichst bald zum Arzt gehen!

Eine heute immer häufiger auftretende Erkrankung an den Geschlechtsorganen ist Herpes. Herpes wird durch Herpesviren ausgelöst, die sich in den Zellen festsetzen und dort „schlafen" können, bis sie durch verschiedenste Einflüsse, z. B. Streß oder andere Krankheiten, „aufgeweckt" werden. Die ersten Symptome sind kleine, sehr schmerzhafte Bläschen, die schnell zu Geschwüren werden können. Gleichzeitig kommt es zu Lymphknotenschwellungen in der Leistengegend. Herpes ist sehr ansteckend. Zwar gibt es Medikamente gegen den Erstbefall mit Herpes; sie sind aber kaum wirksam, wenn sich die Erkrankung wiederholt – was sehr häufig vorkommt.

Außerdem sind die kleinen Wucherungen (Papeln) zu erwähnen, die auf der Vulva, zwischen Vulva und Anus oder auf der Eichel auftreten können. Diese von Viren verursachten Hautknötchen nennt man Kondylome (Feigwarzen). Sie sind äußerst ansteckend und können sich auch im Innern der Vagina und am Gebärmutterhals ausbreiten.

Woran erkennt man, daß man Syphilis (Lues) hat?

Zunächst bildet sich meist auf der Eichel oder an einer anderen Stelle des Penis oder auf der Vulva oder in der Scheide ein Geschwür (Schanker), das nicht heilt. Gleichzeitig schwellen die Lymphknoten an – man kann sie als kleine harte Kugeln in der Leistengegend ertasten. Da der Schanker bei Mädchen meistens im inneren, hinteren Teil der Vagina auftritt, fallen oft zunächst nur die Lymphknotenschwellungen auf. Dies sind Symptome, die unter anderem auf Syphilis schließen lassen, darum ist es wichtig, unverzüglich zum Arzt zu gehen. Wenn Syphilis nicht rechtzeitig behandelt wird, geht sie nach einigen Wochen in das sogenannte „zweite Stadium" über, das den ganzen Körper betreffen kann und sehr viel gefährlicher, weil schwieriger zu behandeln ist.

Sind diese Krankheiten für Jungen und Mädchen gleichermaßen gefährlich?

Ja! Zwar sind die Symptome unterschiedlich, aber alle sexuell übertragbaren Krankheiten können Jungen wie Mädchen bekommen. Bei beiden Geschlechtern besteht die Gefahr, daß Symptome übersehen werden oder man sich nicht zum Arzt traut aus Angst oder Scham. Aber Ärzte stehen unter Schweigepflicht – übrigens auch den Eltern gegenüber!

Die größte Komplikationsmöglichkeit (für *beide* Geschlechter!) ist die schon genannte Entzündung der Eileiter oder Samenleiter, die zu Verklebungen und daraus folgender Unfruchtbarkeit (Sterilität) führt. Bei rechtzeitiger Behandlung ist dies gut zu verhindern.

Unfruchtbarkeit aufgrund einer Samenleiter- oder Eileiterverengung ist um so schwerwiegender, als ein chirurgischer Eingriff zur Behebung des Verschlusses – trotz aller Fortschritte in der Mikrochirurgie – gefährlich und durchaus nicht immer erfolgreich ist. Bei Frauen gibt es ein besonderes Problem: Die Eileiter können durch Verklebungen so stark verengt sein, daß das befruchtete Ei, das größer ist als die Samenfäden, nicht in den Uterus wandern kann. Es bleibt im Eileiter stecken und beginnt dort zu wachsen. Dann kommt es zu einer „extrauterinen" Schwangerschaft (Bauchhöhlenschwangerschaft), die eine Operation nötig macht.

Was kann man tun, um Geschlechtskrankheiten zu vermeiden?

Zunächst einmal ist es wichtig, daß man die sexuellen Gewohnheiten seines Partners oder seiner Partnerin kennt. Bei wechselnden oder gelegentlichen sexuellen Beziehungen mit anderen und bei dem geringsten Zweifel ist es notwendig, daß der junge Mann Kondome benutzt, auch wenn das Mädchen die Antibabypille nimmt.

Aber viel wichtiger ist es, bei sich und auch beim Partner auf die beschriebenen möglichen Symptome zu achten, darüber offen zu sprechen und sich bei den ersten Anzeichen auf jeden Fall so bald wie möglich vom Arzt untersuchen und behandeln zu lassen. Es ist bestimmt keine Schande, eine sexuell übertragbare Krankheit zu haben; aber es ist unverantwortlich, sie seinem Partner zu verschweigen und dessen Ansteckung wissentlich in Kauf zu nehmen!

Was soll man tun, wenn eines dieser Symptome auftritt?

Man muß unbedingt einen Arzt zu Rate ziehen, entweder einen Frauenarzt, einen Urologen oder einen praktischen Arzt. Außerdem sollte man mit seinem Sexualpartner darüber reden, damit auch er sich untersuchen läßt.

Der Arzt kann durch klinische Untersuchungen und in Zusammenarbeit mit dem Labor eine eindeutige Diagnose stellen und herausfinden, welcher Erreger die Infektion verursacht hat.

Sobald die Diagnose gestellt ist, wird er eine konsequente, meistens antibiotische Behand-

Chlamydien sind Krankheitserreger, die in die Zellen eindringen und sie zerstören. Sie sind für viele Infektionen verantwortlich, die beim Geschlechtsverkehr übertragen werden. Im schlimmsten Fall kann es durch eine unentdeckte Eileiterentzündung (Salpingitis) oder Samenleiter- und Nebenhodenentzündung zu Unfruchtbarkeit kommen.

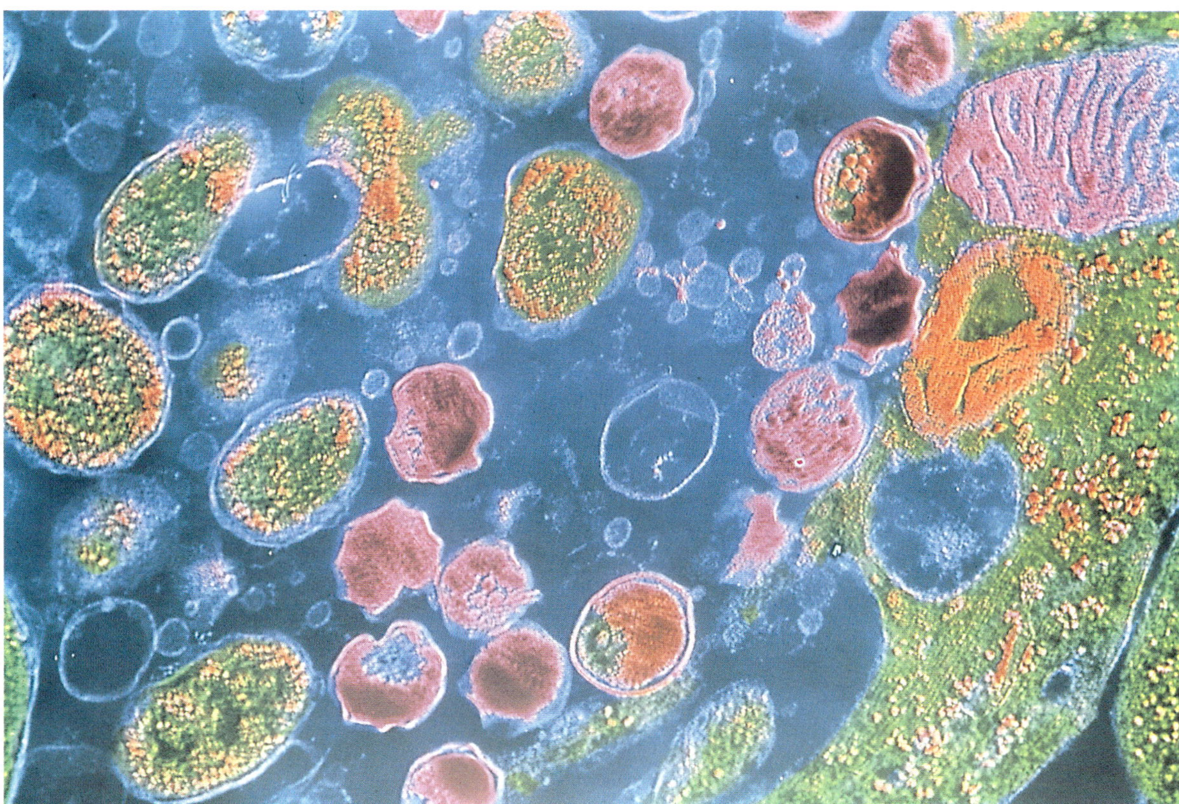

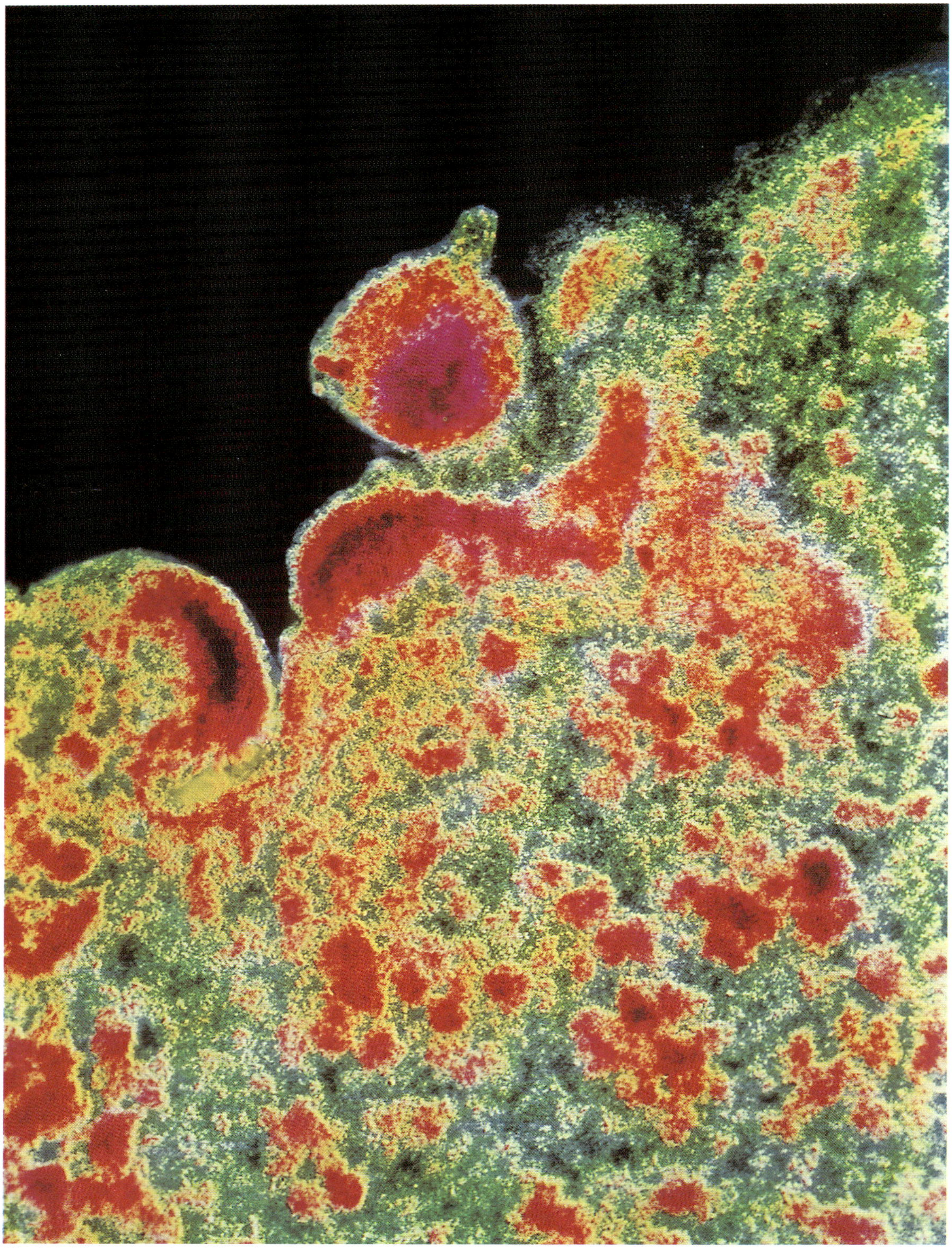

Ein Aids-Virus unter dem Mikroskop: Es hängt an einem Leukozyten (weiße Blutzelle), in den es eindringen wird.

lung verordnen. Um die Erkrankung vollständig auszukurieren, muß man sich strikt an die ärztlichen Anweisungen halten.

Wenn an einem Sexualpartner eine Geschlechtskrankheit diagnostiziert worden ist, müssen sich unbedingt beide Partner ärztlich behandeln lassen, und natürlich auch alle anderen Personen, mit denen Sexualkontakt bestanden hat. Bei manchen Menschen treten nämlich keine sichtbaren Symptome auf, sie sind sogenannte „stumme" Träger der Krankheit. Ihr Körper besitzt genügend Abwehrstoffe gegen eine Infektion, aber sie beherbergen die Bakterien, mit denen sie ihren Partner anstekken können. Um die Kette der Übertragung von Geschlechtskrankheiten zu durchbrechen, müssen daher sämtliche Partner ärztlich behandelt werden.

Was ist Aids?

Seit einigen Jahren kennt man Aids, das ebenfalls zu den Geschlechtskrankheiten gezählt wird. Aids wird durch Blut übertragen, aber auch durch Sperma und Absonderungen der Vagina, also beim Geschlechtsverkehr. Aids bedeutet eine Schwächung der körpereigenen Abwehrkräfte gegen alle Arten von Infektionen. Diese Immunschwäche wird durch den sogenannten HIV-Virus verursacht. Bei Aids treten keine Symptome an den Geschlechtsorganen auf. Es kann Jahre dauern, bis die Krankheit ausbricht – dann aber hat sie bereits den gesamten Organismus befallen.

Ob man sich angesteckt hat, kann man nicht selbst feststellen, und man kann es auch niemandem ansehen, weil man sich über viele Jahre völlig gesund fühlen kann. Wenn ihr Befürchtungen wegen Aids habt, ist es am besten, zu einer speziellen Beratungsstelle zu gehen. Dann kann man auch überlegen, ob eine Blutuntersuchung (HIV-Test) sinnvoll ist. Der einzig wirksame Schutz gegen diese Krankheit beim Geschlechtsverkehr sind Präservative. Das ist besonders bei wechselnden Geschlechtspartnern zu empfehlen, auch dann, wenn das Mädchen als empfängnisverhütendes Mittel die Antibabypille nimmt!

Spricht der Arzt mit den Eltern darüber, wenn man ihn wegen einer dieser Krankheiten aufsucht?

Jeder Mensch hat ein Recht auf ärztliche Schweigepflicht, auch der Jugendliche. Nur der Kranke selbst kann den Arzt von dieser Pflicht entbinden. Von sich aus wird ein Arzt den Eltern des jungen Mannes oder des jungen Mädchens, das ihn aufsucht, nichts sagen. In einem solchen Fall ist es Sache des Jugendlichen, seine Eltern zu unterrichten, soweit er oder sie es will; denn sie sind da, um zu verstehen und ihrem Kind zu helfen, wenn es sie braucht.

Gibt es noch andere Erkrankungen der Genitalorgane als Geschlechtskrankheiten?

Ja, es gibt Krankheiten der Geschlechtsorgane beim Mann und bei der Frau, die keine sexuell übertragbaren Krankheiten sind.

Bei der *Eierstockzyste* kann es sich um eine übermäßige Vergrößerung eines Follikels handeln. Es gibt jedoch auch Zysten, die sich aus versprengtem Embryonalgewebe entwickeln: In ihnen findet man nicht selten Zähne und Haare. Die erstgenannten Zysten können oft medikamentös behandelt werden, letztere sind in jedem Fall operativ zu entfernen.

Myome sind Wucherungen in der Uterusmuskulatur. Durch sie kann sich der Uterus beträchtlich vergrößern, die Gebärmutterschleimhaut verdickt sich, und es kommt zu stärkeren Regelblutungen oder zu Zwischenblutungen.

Das *Prostata-Adenom* ist eine anomale Vergrößerung der Prostatadrüsen. Es entwickelt sich eine Geschwulst, die den Urinabfluß behindert, so daß es zu Harnwegsinfektionen kommen kann. Das Adenomgewebe muß daher chirurgisch entfernt werden. Schließlich muß man wissen, daß sich ab einem bestimmten Alter an allen Geschlechtsorganen Krebs bilden kann, daher sind regelmäßige ärztliche Untersuchungen lebensnotwendig. Vor allem bei Jungen ist jede Vergrößerung der Hoden verdächtig. Heute ist Hodenkrebs gut zu behandeln und zu heilen, deshalb ist es wichtig, möglichst bald ohne Scheu zum Arzt zu gehen!

Die Pubertät

Von welchem Alter an hat man sexuelle Bedürfnisse?

Ein oberflächlicher Beobachter könnte meinen, daß sich zehnjährige Kinder kaum für sexuelle Dinge interessieren. Sie spielen nicht mehr „Doktor“ oder „Vater und Mutter“, und die Erforschung des eigenen Körpers scheint ihnen nicht mehr wichtig zu sein.

Das kommt zum Teil daher, daß Kinder in diesem Alter schon sehr viel Energie darauf verwenden müssen, den „Beruf“ eines Schülers zu lernen. Sie müssen sich an ihre Kameraden gewöhnen, an ihren Spielen teilnehmen, sie müssen lernen, es hinzunehmen, daß sie nicht überall die Besten sind. Das Kind kann jetzt lesen, schreiben und rechnen. Und, was besonders wichtig ist, es fängt an, abstrakt zu denken. Um zu argumentieren, nimmt es keine Gegenstände mehr zu Hilfe: Zahlen genügen ihm.

Dennoch ist die Sexualität auch in dieser Zeit nicht weniger vorhanden. Sie ist nur verborgen, sie gleicht einem Motor im Leerlauf – er brummt so leise, daß man ihn nicht hört.

Aber heute beschäftigen sich mehr und mehr Jungen und Mädchen schon vor der Pubertät mit der Frage, was Zärtlichkeit bedeutet, oder ein Kuß, was Liebe ist oder Sexualität.

Manchmal erwacht der Junge morgens mit einem steifen Glied. Auch bei anderen Gelegenheiten kommt es zu Erektionen – bei Gefühlserregungen, beim Radfahren oder auch scheinbar ganz ohne Anlaß.

Das ist ein ganz normaler Vorgang, der beweist, daß der „sexuelle Motor“ gut läuft. Beim Mädchen entwickelt sich die Brust, das Becken wird breiter – der Körper bereitet sich auf eine mögliche Mutterschaft vor. Wenn die ersten Schamhaare wachsen, ist dies bei Jungen wie bei Mädchen ein Zeichen dafür, daß die Pubertät einsetzt, daß eine plötzliche Beschleunigung des „sexuellen Motors“ eingetreten ist. Der Ausdruck „Pubertät“ stammt von dem lateinischen Wort „Pubertas“, das heißt Mannbarkeit.

Soll ein junger Mensch seine Zeit nur mit Lernen verbringen?

Nein, denn es gibt eine Zeit zum Spielen und eine andere Zeit zum Arbeiten. Im Lateinischen gibt es bezeichnenderweise nur ein Wort („Ludus“) für Schule und Spiel. Das Spiel ist für das Kind von Geburt an ein Mittel, um zu lernen, sich weiter zu entwickeln, das Leben zu entdekken.

Wenn ein Baby vier Monate alt ist, greift es nach seiner Klapper. Es läßt sie fallen, und wenn man sie ihm zurückgibt, greift es erneut danach. So lernt es den Umgang mit Gegenständen.

Später entwickelt es im Spiel seine Phantasie. Für jeden Gegenstand, der ihm zur Verfügung steht, erfindet es vielerlei Rollen: Aus einem Glas Wasser wird ein Ozean, aus einem Stück Holz ein Schiff. Wenn das Kind allein ist, stellt es sich vor, einen Spielkameraden zu haben, der ihm Gesellschaft leistet.

Verwirrende Gefühle bei der ersten Begegnung, den ersten gemeinsamen Spaziergängen.

Der Nachahmungstrieb von Kindern ist nahezu unerschöpflich: Sie spielen auch die Berufe der Erwachsenen und schlüpfen dabei in die unterschiedlichsten Rollen, sie sind Vater, Mutter, Polizistin, Doktor, Tischler, Radrennfahrer oder Lehrer.

Ein Kind lernt auch, die Gesten und Verhaltensweisen der Erwachsenen zu imitieren: Beim Spiel „Vater und Mutter" oder beim „Doktorspiel" befriedigt es seine sexuelle Neugier; es spielt mit dem Revolver oder Maschinengewehr, daß es anderen damit weh tut, um nicht in der Realität böse sein zu müssen.

Wenn Jungen oder Mädchen z. B. Fußball spielen, wissen sie, daß sie Teil einer Mannschaft sind. Sie stehen nicht allein auf dem Platz. Wenn jemand den Ball trifft, kann und muß er sich auf seine Mannschaftskameraden verlassen. So lernen Kinder kameradschaftliches Verhalten.

Das Spiel, in dem sich Neugier, Phantasie und Intelligenz entwickeln, ist also zugleich eine gute Schule für soziales Verhalten und die Entwicklung der Persönlichkeit.

Warum sind die Männer nicht wie die Frauen?

Ein Kind von zehn Jahren kennt bereits den Unterschied zwischen den Geschlechtern, es weiß, daß sich Jungen und Mädchen in vielen Punkten voneinander unterscheiden:

– Ihre Geschlechtsorgane sind nicht gleich, auch wenn sie sich ergänzen und derselben Aufgabe dienen: der sexuellen Lust und der Fortpflanzung, der Geburt eines Kindes.

– Die Familie und die Gesellschaft erwarten oft von einem Jungen und von einem Mädchen verschiedene Eigenschaften und Verhalten („Rollen").

Auch heute werden Jungen und Mädchen oft noch sehr unterschiedlich erzogen; viele Menschen glauben immer noch, es sei angeboren, daß Mädchen lieber mit Puppen und Jungen lieber mit Technik-Spielzeug spielen. Solche Unterschiede sind aber (das weiß man heute) nur eine Frage der allgemeinen Übereinkunft, wie sich Jungen oder Mädchen zu verhalten haben. Es spricht absolut nichts dagegen, daß auch Jungen mit Puppen spielen und Mädchen Wettrennen mit der Autorennbahn fahren; im Gegenteil, die Unterdrückung solcher Wünsche ist schädlich und hinderlich für eine gesunde Persönlichkeitsentwicklung.

Um sich den vorgegebenen Rollen als „Mann" oder als „Frau" anzunähern, folgt das Kind oft den verschiedensten Vorbildern:

1. *Dem Beispiel seiner Eltern:* Mit 4 oder 5 Jahren, wenn es sich des Unterschieds im Geschlecht und Intimbereich seines Vaters und seiner Mutter bewußt wird, begehrt das Kind den gegengeschlechtlichen Elternteil. Der österreichische Arzt Freud, der diese Theorie aufstellte, nannte diese Liebe „Ödipuskomplex". (Ödipus war eine Gestalt der Antike. Durch ein Verhängnis wurde er gezwungen, seinen Vater zu töten und seine Mutter zu heiraten.) Damit versuchte er zu erklären, warum ein Kind versucht, als Junge dem Vater oder als Mädchen der Mutter so ähnlich wie möglich zu werden: so stark und so mächtig wie der Vater, so sanft, charmant und geduldig wie die Mutter (im wirklichen Leben sind Mutter und Vater allerdings oft auch ganz anders!).

Dank solcher Eigenschaften kann das Kind später von einem Partner geliebt werden.

2. *Andere Vorbilder werden ihm von unserer Gesellschaft angeboten:* Bei all den Reizen, mit denen wir heute von Fernsehen, Zeitschriften, Büchern und Kino täglich neu überschüttet werden, fehlt es nicht an Vorbildern, die die Kinder zur Nachahmung anregen (Spitzensportler, Idole der Popszene, Filmstars usw.). Jungen benehmen sich oft wie Helden des Western, den sie zuletzt im Fernsehen sahen; das Mädchen ahmt oft die Allüren der Schönheit aus dem Feuilleton nach (aber wir wissen ja, daß es auch ganz anders sein kann).

3. *Schließlich treffen Jungen und Mädchen immer häufiger zusammen,* in den Familien, in der Schule und auf der Straße: Das gibt ihnen Gelegenheit, das andere Geschlecht näher kennenzulernen, aber auch, sich von ihm stärker abzugrenzen.

Bis zum Alter von etwa 10 Jahren akzeptieren es Kinder, daß sie miteinander in Berührung kommen – sie hänseln sich, streiten miteinander, verachten sich, verbünden sich wieder, um gemeinsam nach der Lösung für ein Problem zu suchen.

Selbst in der Schule lernen Jungen und Mädchen den Unterschied zwischen vorgegebenem männlichen und weiblichen Rollenverhalten. Doch mögen diese Rollen auch verschieden sein, in ihrer Bedeutung sind sie gleichwertig, und sie gleichen sich heute immer mehr an, auch wenn es oft sehr schwer ist, den alten Rollenbildern zu entkommen, weil man sie überall vorgeführt bekommt. Sicher ist: Kein Geschlecht kann sich anmaßen, dem anderen überlegen zu sein!

Mit Trommelschlägen versucht der Junge, die Erwachsenen zum Schweigen zu bringen und seiner eigenen Stimme Gehör zu verschaffen. (Foto aus dem Film von Volker Schlöndorff, „Die Blechtrommel", 1979)

Warum interessiert man sich mit fünfzehn Jahren mehr für Sexualität als mit zehn Jahren?

Das zehnjährige Kind ist reich an Erfahrungen. Normalerweise lebt es im Einklang mit seiner Umwelt:
- In der Familie – hier sind die Eltern die bevorzugten Vorbilder;
- in der Schule;
- im Kreise seiner Freundinnen und Freunde, mit denen es spielt und arbeitet.

Manchmal gibt es Momente, in denen das Kind seine sexuelle Neugier unterdrückt. Freud behauptete, Kinder seien in diesem Alter an sexuellen Dingen uninteressiert, um sich ungestört auf physischem, intellektuellem und sozialem Gebiet zu entwickeln.

Damit wir zivilisierte Wesen werden, müssen wir laut Freud diese Phase der sexuellen Unterdrückung durchlaufen; er nannte sie „Latenzphase".

Erst mit der Pubertät wird der sexuelle Instinkt aus seinem scheinbaren Dornröschenschlaf geweckt, in dem er während der Kindheitsjahre noch lag.

Dieses Erwachen leitet tiefgreifende Änderungen ein, von denen alle Teile einer Persönlichkeit erfaßt werden: der Körper, der Geist und die Seele. Zwei Ereignisse kennzeichnen dieses Erwachen:
- Beim Mädchen ist es die erste Menstruation;
- beim Jungen ist es der erste Samenerguß, der meistens im Schlaf eintritt.

Welche psychologische Bedeutung hat die erste Regelblutung?

Die erste Regelblutung (Menarche) ist ein tiefgreifender Einschnitt im Leben eines jungen Mädchens. Wahrscheinlich wurde sie ihm von seiner Mutter schon seit langem angekündigt. Es weiß hoffentlich, daß es sich um ein erfreuliches Ereignis handelt, ein deutlich sichtbares Zeichen für den Übergang von der Kindheit zur Adoleszenz. Von nun an werden seine Eierstöcke jeden Monat ein befruchtungsfähiges Ei produzieren, d. h. der Geschlechtsapparat hat begonnen, zu funktionieren, auch wenn am Anfang noch einige Unregelmäßigkeiten auftreten können.

Auf jeden Fall gibt es keinen Grund, die erste Regelblutung als einen Makel zu empfinden. Jahrhundertelang glaubten viele Frauen, die Regel sei ein Zeichen für ihre Minderwertigkeit gegenüber dem anderen Geschlecht. Sie schämten sich, hatten Angst, darüber zu sprechen. Bei einigen primitiven Volksstämmen mußten sich die Frauen während der Regelblutung in ein eigens dafür vorgesehenes Haus zurückziehen. Heute gibt es keinen solchen Aberglauben mehr, auch wenn einige Religionen der Frau immer noch zahlreiche Verbote und Tabus in der Zeit der Regelblutung auferlegen.

Die Menstruation ist ein ganz natürliches Ereignis, das die Fortpflanzungsmöglichkeit des Mädchens bestätigt: Von nun an ist es auf dem Weg zu seiner Entfaltung als Frau. Auf keinen Fall braucht die Regelblutung das Mädchen in seinen Aktivitäten behindern. Sie ist tatsächlich um so schmerzhafter, je mehr Angst man vor der Menstruation hat. Vor und während der Regel kann es zu Stimmungsschwankungen kommen, doch sie gehen schnell vorüber.

Was sind die ersten Anzeichen der Pubertät beim Jungen?

Beim Jungen sind es die ersten Samenergüsse. Aber während bei einem Mädchen die Pubertät von einem deutlich bemerkbaren Ereignis begleitet wird, der Menstruation, ist dieses Zeichen der Pubertät bei Jungen häufig weniger erkennbar.

Der erste Samenerguß kann auch später auftreten als andere Pubertätssignale, besonders, wenn der Junge nicht masturbiert (sich nicht selbst befriedigt) und seine erotischen Gefühle unterdrückt.

Die Adoleszenz ist der wichtige Lebensabschnitt, in dem der junge Mensch viele Erfahrungen macht, die ihn zur Reifung führen, d. h. zur körperlichen, seelischen und geistigen Reife.

Auch weiß ein Junge leider oft nicht, was der Samenerguß (Ejakulation) bedeutet, weil er nicht darauf vorbereitet war. Er empfindet ihn dann als störend und schämt sich.

Deshalb behält er sein Geheimnis lieber für sich. Und auch viele Mütter „sagen nichts", wenn sie morgens einen weißlichen, noch feuchten Fleck im Pyjama oder auf dem Laken entdecken.

Das ist schade, denn auch die erste Ejakulation ist ein erfreuliches Ereignis. Wie die Regel beim Mädchen bestätigt sie beim Jungen den Übergang von der Kindheit zur Adoleszenz. Sie ist etwas ganz Natürliches, und der Junge kann stolz darauf sein, daß seine hormonproduzierenden Drüsen gut funktionieren. Da Geschlechtsverkehr unter Jugendlichen in unserer Gesellschaft nicht leicht möglich ist, treten derartige nächtliche Samenergüsse, die man auch „feuchte Träume" nennt, beim Jungen häufig ein. Bei sexuell getönten Träumen oder bestimmten Gefühlserregungen oder bei der Selbstbefriedigung kommt es zur Absonderung der in seinen Hoden produzierten Samenzellen. Das heißt, der Junge wird ein richtiger Mann.

Gibt es nicht noch andere Zeichen der Pubertät als Samenergüsse?

Diese Frage beschäftigt viele Jugendliche. In unserer Gesellschaft ist es leichter zu erken-

Der Heranwachsende will sich als Mann oder als Frau beweisen. Unsere Gesellschaft kennt nicht die Einweihungsriten zahlreicher Naturvölker, durch die der junge Mensch in die Gemeinschaft der Erwachsenen eingeführt wird. Abbildung unten: Einweihungsritus beim Stamm der Massai in Kenya.

nen, daß ein Mädchen pubertiert. Die erste Regelblutung ist ein deutliches Zeichen.

Beim Jungen kann der eindeutige Beweis für den Beginn seiner Pubertät erst später eintreten oder auch sorgfältig verborgen gehalten werden.

Zwar gibt es auch beim Jungen Anzeichen dafür, daß die Pubertät einsetzt: Der Körper, die Geschlechtsorgane verändern sich, Schamhaare und Achselhaare beginnen zu wachsen. Doch ein unaufgeklärter Jugendlicher kann die Ursachen dieser Veränderungen, die er in seinem Inneren und auch äußerlich spürt, leicht fehldeuten. Daher gibt es bei einigen Naturvölkern „Einweihungsriten", die den Übergang vom Kind zum Mann markieren und deutlich machen.

Was sind Einweihungsriten?

Es sind kultische Handlungen, mit denen der Knabe feierlich und vor aller Augen in die soziale und religiöse Stammesgemeinschaft eingeführt wird. Von nun an gilt er als Mann. Er darf mit den Erwachsenen jagen, fischen und kämpfen. Früher wurde der junge Mann mehr oder weniger schmerzhaften Torturen unterzogen, um seinen Mut, seine Ausdauer und seine Fähigkeit, Verantwortung zu tragen, unter Beweis zu stellen.

Gibt es in unserer Gesellschaft etwas, das man mit diesen Einweihungsriten vergleichen könnte?

Leider nicht in der beschriebenen deutlichen Form. Deshalb müssen sich die Jugendlichen in unserer Gesellschaft selbst beweisen, daß sie zum Mann geworden sind. Der sportliche Erfolg, der Wettkampf und die schulische Leistung genügen nicht immer.

Viele Jugendliche fangen daher früh an zu rauchen oder wollen unbedingt ein Auto fahren. In ihren Augen ist dies eine Bestätigung ihres neuen Status, vor allem wenn sie sonst wenig solcher Bestätigungen bekommen.

Sind Jungen und Mädchen vom ersten Samenerguß bzw. der ersten Regelblutung an fortpflanzungsfähig?

Prinzipiell ja, denn die erste Ejakulation und die Menarche zeigen, daß die Produktion von Samen- bzw. Eizellen eingesetzt hat.

Doch die Natur hat einen gewissen Spielraum vorgesehen, als ob sie wüßte, daß der junge Mann und das junge Mädchen noch etwas reifer werden sollten, ehe sie die Verantwortung für die Geburt eines Kindes übernehmen können. Erfahrungsgemäß tritt die Fortpflanzungsfähigkeit tatsächlich erst zwischen dem 6. und dem 12. Monat nach dem ersten Samenerguß bzw. der ersten Regel ein.

Verändert sich während der Pubertät nur der Körper?

Ungefähr bis zum Alter von 11 oder 12 Jahren wächst das Kind nur etwa 4 cm im Jahr. In dem Jahr aber, in welchem die Geschlechtsdrüsen zu arbeiten beginnen, setzt bei Jungen und Mädchen ein Wachstumsschub von 10 bis 12 cm jährlich ein. Es ist, als ob der Körper einen Anlauf nähme, um seine endgültige Form und Größe zu erreichen. In wenigen Jahren wird aus dem kleinen Jungen ein Mann und aus dem kleinen Mädchen eine Frau.

Aber es kommt nicht nur zu körperlichen Veränderungen. Ebenso wichtig ist die Weiterentwicklung der geistig-seelischen Fähigkeiten während der Pubertät.

Der Jugendliche lernt, abstrakt zu denken, er argumentiert, ohne sich auf konkrete Beispiele zu stützen. Er kann diskutieren und Ereignisse beurteilen, die ihn nicht direkt betreffen oder die nur in der gedanklichen Vorstellung existieren. Mit Hilfe mathematischer Berechnungen kann er bestimmte Vorgänge (z. B. in der Physik) nachvollziehen oder sogar vorherbestimmen.

Wenn sich seine Berechnungen als falsch erweisen, übt er Kritik, überprüft seine Berechnungen, denkt sich Möglichkeiten zur Lösung dieser Widersprüche aus.

Die Intelligenz ist von nun an ein wirksames Werkzeug, mit dem der Jugendliche die Probleme des Alltags bewältigt; ebenso hilft sie ihm, die Zukunft vorherzusehen und zu versuchen, gegen die Geißeln der Menschheit, den Hunger, die Umweltverschmutzung, den Krieg, gegen wirtschaftliche Ungerechtigkeiten oder den weltweiten Geburtenüberschuß anzukämpfen.

Auch die Beziehungen der Jugendlichen zu ihrer Umwelt erfahren in der Pubertät eine deutliche Veränderung.

Von dem Moment an, da die Produktion der Geschlechtsdrüsen voll einsetzt, sind junge Menschen keine Kinder mehr. Fortan ist Sexualität für sie sehr real existent, vielleicht beginnen sie ihr Sexualleben. Sie fangen an, die Welt mit anderen Augen zu sehen: Es gibt Menschen, zu denen sie sich physisch hingezogen fühlen, die eine sexuelle Anziehungskraft auf sie ausüben; und es gibt Menschen, mit denen der Jugendliche besonders freundschaftlich verbunden ist.

Warum sind während der Pubertät die Unterschiede zwischen Jugendlichen manchmal so beträchtlich?

Weil die körperliche, seelische und intellektuelle Entwicklung in der Pubertät nicht bei allen Kindern gleich verläuft. Das Leben – vor allem das schulische Leben – wird für die Kinder in dieser Zeit schwerer. Die große Anzahl und die Komplexität der Unterrichtsfächer (wie z. B. Mathematik, lebende Fremdsprachen, vielleicht Latein), die Zeugnisse und Prüfungen und vielleicht auch wirtschaftliche Schwierigkeiten in der Familie können zu Spannungen zwischen den Jugendlichen führen. Zweifellos ist für die Mehrzahl der Kinder dieses Alters der Erfolg in der Schule wichtig. Außerdem machen sie sich Gedanken über ihre berufliche Zukunft, wie aus neueren Untersuchungen hervorgeht. Aber nicht alle haben die gleichen Chancen, wenn sie in das Pubertätsalter kommen.

Viele Kinder leiden darunter, wenn ihre körperliche und geistig-seelische Entwicklung nicht mit der ihrer Kameraden Schritt hält.

Hierbei kann man zwei extreme Entwicklungen unterscheiden:
- (Sexuelle) Frühreife und
- (sexuelle) Spätreife.

1. Bei *sexuell Frühreifen* beginnen die körperlichen Veränderungen 2 oder 3 Jahre eher als bei der Durchschnittsnorm, manchmal schon im Alter von 9–10 Jahren. Gewöhnlich hält die Entwicklung der Intelligenz nicht Schritt mit diesem beschleunigten Einsetzen der körperlichen Veränderungen: Das Verhalten gegenüber den Kameraden und in der Familie bleibt das eines Kindes. Die Frühreife ist in der ausgeprägten Form recht selten.

Der Jugendliche, der zu schnell gewachsen ist, leidet unter seiner Größe. Er geht oft absichtlich krumm, um sich den kleineren Kameraden anzupassen. Vielleicht versucht er, seine sexuellen Veränderungen zu verheimlichen, schämt sich seiner Erektionen und nächtlichen Samenergüsse und verhält sich passiv oder ängstlich.

Andererseits wird er durch das Ansehen, das er bei seinen Altersgenossen durch seine Körpergröße genießt, vielleicht auch zum Raufbold. Er gibt sich besonders streitsüchtig, unstet und aufbrausend.

2. Jugendliche, bei denen die Pubertät *spät* einsetzt, haben meist ebenfalls Ängste.

Es gibt Kinder von 15–16 Jahren, bei denen noch keine Anzeichen einer beginnenden Pubertät zu erkennen sind. Wenn sie in der Schule oder im Internat ihre Größe, ihre Muskeln und ihre Sexualorgane mit denen ihrer Altersgenossen vergleichen, fühlen sie sich unterlegen. Einige bekommen Angst und suchen Zuflucht bei den Eltern. Andere werden aus der Gruppe der Großen ausgeschlossen, sie lassen sie an ihren Spielen nicht teilnehmen. Darunter leiden vielfach die schulischen Leistungen.

Eine große Anzahl Jugendlicher lebt in der ständigen Angst vor einer nicht normalen Entwicklung ihrer Geschlechtsorgane. Die Länge, die Krümmung und die Dicke des Penis sind

Vor dem Spiegel sieht sich das junge Mädchen in Gesten und Posen, mit denen es spielt und mit denen es seine Weiblichkeit ausprobiert. Aber Vollkommenheit ist nie zu erreichen, jede Persönlichkeit ist anders – mit Vorzügen und Nachteilen.

häufig Gegenstand neugieriger Fragen oder Blicke. Einige wagen es nicht, sich im Schwimmbad oder am Strand nackt auszuziehen, aus Furcht, sie würden ausgelacht. Sie können beruhigt sein: Die Größe eines Penis kann wie die jedes anderen Organs bei den einzelnen Menschen völlig unterschiedlich sein, ohne daß dies irgendwelche negativen Auswirkungen hat. Im Erwachsenenalter reduzieren sich diese Größenunterschiede auf ein Minimum.

Wir sollten jungen Menschen, die befürchten, daß sie nicht wachsen, immer wieder sagen, daß kein Grund zur Besorgnis besteht. Häufig holen sie das Wachstum nach, sobald der Körper sexuell voll funktioniert. Sie müssen Geduld haben. Wenn die Pubertät allerdings nach dem 16. und 17. Lebensjahr noch immer auf sich warten läßt, sollte man einen Arzt aufsuchen. Es gibt heute wirksame Mittel.

Warum ist der Jugendliche so oft mit seinem Körper unzufrieden?

Vielen Jugendlichen fällt es schwer, sich an die körperlichen Veränderungen in der Pubertät zu gewöhnen.

Der junge Mensch muß akzeptieren, daß sich sein Körper von dem eines Kindes in den eines Mannes oder einer Frau verwandelt. Häufig geht diese körperliche Wandlung mit einer Veränderung der Gesichtszüge einher: Die

Nach der noch nicht geschlechtlich ausgerichteten Sexualität in der Kindheit zwingen die körperlichen Veränderungen den Heranwachsenden, sich als geschlechtlich differenziertes Wesen zu sehen und zu erleben. Er lernt seine neue Leiblichkeit kennen und fängt an, seinen Körper und seine sexuellen Empfindungen zu akzeptieren.

Nase verändert sich, Aknepickel treten auf, beim Jungen wächst der erste Flaum auf der Oberlippe. Jungen wie Mädchen fühlen sich in dieser Zeit oft unbehaglich.

Aber alle Jugendlichen sollten wissen, daß diese Veränderungen nur ein Übergangsstadium sind und sie damit noch weit entfernt sind von dem endgültigen Zustand als Erwachsene.

Trotzdem sind viele ungeduldig und unzufrieden: Das Bild, das sie von sich haben, entspricht in keiner Weise ihren Idealvorstellungen. Der eine schimpft über seine Haare, der andere über seine abstehenden Ohren, und wieder andere finden ihre Schenkel zu dick oder ihre Nase zu krumm.

Sie betrachten sich kritisch im Spiegel, stylen endlos ihr Haar und imitieren berühmte Stars. Solche Verhaltensweisen sind ein Zeichen dafür, wie ständig unzufrieden sie mit sich selbst sind.

Diese Unzufriedenheit kann sehr belastend sein; sie wird um so größer, je stärker bei einem Jugendlichen das Verlangen ist, einem Partner zu gefallen. Viele glauben, ein kleiner Wuchs, ein pickeliges Gesicht oder ein noch kaum entwickelter Busen bedeutet, daß es für sie niemals sexuelle Intimität und Liebe geben kann, weil sie niemandem gefallen.

Weil sie sich selbst noch nicht mögen und akzeptieren, werden sie oft frech, gewalttätig oder zum Angeber. Andere ziehen sich besonders zurück. In aller Regel ist dieses Verhalten aber nur eine Übergangsphase.

Was muß man tun, um geliebt und bewundert zu werden?

Im Wunsch, zu gefallen, suchen junge Leute oft nach einer auffälligen Aufmachung: Sie investieren viel Phantasie in extravagante oder ausgeflippte Kleidung. Sie suchen nach einem ausgefallenen Gegenstand, der die Wirkung ihrer Persönlichkeit steigert: Eine Brosche, ein Stirnband oder ein Armband. Das ist ganz normal in diesem Alter.

Es ist sogar eine außerordentlich wichtige Stufe in der Entwicklung. Dennoch müssen die jungen Leute wissen, daß sie ihre neue Rolle in der Familie, in der Schule oder im Beruf nur dann behaupten können, wenn sie ihren Körper akzeptieren. Um ein gutes Verhältnis zu anderen zu finden, muß man zunächst in gutem Einvernehmen mit seinem eigenen Körper leben. „Man kann andere nicht lieben, wenn man sich selbst nicht liebt." Das kann man lernen.

Deshalb sollten junge Menschen keine Scheu haben, sich mit ihren Problemen und Sorgen Freunden, Freundinnen oder auch den Eltern anzuvertrauen. Ein offenes Gespräch wird sie beruhigen und sich positiv auf diese schwierige Entwicklungsphase auswirken.

Wenn Kinder schon ab einem frühen Alter (mit 5 oder 6 Jahren) vernünftig sexuell aufgeklärt wurden und ihre sexuelle Neugier nicht unterdrückt worden ist, dann werden sie die körperlichen Veränderungen in der Pubertät sehr viel leichter hinnehmen und als etwas Natürliches akzeptieren.

Der Junge wird stolz darauf sein, daß ihm Bart und Schamhaare wachsen; er wird sich seiner Erektionen nicht schämen. Ein früh aufgeklärtes Mädchen weiß, was die Regelblutung oder die Entwicklung seiner Brust bedeuten. Beiden ist bewußt, daß sie eine neue Entwicklungsstufe erreicht haben und dabei sind, ein reifer Mann bzw. eine reife Frau zu werden.

Warum haben so viele junge Leute Pickel im Gesicht und auf dem Rücken? Ist es wahr, daß sie verschwinden, wenn man erwachsen wird und Geschlechtsverkehr hat?

Akne (so heißen diese Pickel) scheint tatsächlich mit der Hormonausschüttung der Geschlechtsdrüsen im Zusammenhang zu stehen.

Während der Pubertät zirkulieren diese chemischen Substanzen, die ja der Grund für die beschriebenen physischen und sexuellen Veränderungen sind, in besonders großen Mengen im Blut.

So ist es nicht verwunderlich, daß Akne gerade in diesem Lebensalter am stärksten auftritt. Später, beim Erwachsenen, sind diese Hormone zwar immer noch vorhanden, aber ihr Verhältnis zueinander ist ausgewogener. Die Akne entwickelt sich zurück und verschwindet schließlich ganz.

Heute gibt es wirksame Medikamente gegen starke Akne, so daß die Jungen und Mädchen ihr seelisches Gleichgewicht und das Bewußtsein, anderen zu gefallen, schon bald wiedererlangen können.

Was ist Masturbation?

Darunter versteht man eine Reizung der eigenen Geschlechtsorgane, bis zum Orgasmus. Man nennt sie auch Selbstbefriedigung oder Onanie.

Ist die Masturbation des Jugendlichen mit der des Kindes oder des Säuglings vergleichbar?

Nein. Es gibt zwei wesentliche Unterschiede bei der Selbstbefriedigung:

1. Während Masturbation beim Säugling nur durch äußere Umstände hervorgerufen werden kann (bei der Körperpflege, durch rauhe Windeln), ist Masturbation beim Jugendlichen ein Zeichen für die Beschleunigung des sexuellen Motors, zu der es unter dem Einfluß der Hirnanhangdrüse kommt; diese Drüse steuert die Geschlechtsdrüsen (Hoden und Eierstöcke).
2. Erst bei der Masturbation eines Jugendlichen kann es zu einem Samenerguß kommen.

Kann die Selbstbefriedigung unangenehme Folgen haben?

Selbstbefriedigung ist eine normale Stufe in der Sexualentwicklung eines Jugendlichen. Zwischen dem 12. und 16. Lebensjahr masturbieren 90 Prozent der Jungen und 40 Prozent der Mädchen, um ihr sexuelles Verlangen zu befriedigen. In diesem Alter ist der Sexualtrieb besonders stark. Er erreicht seinen Höhepunkt bei Fünfzehnjährigen, wie der Sexualforscher Kinsey bei seinen Untersuchungen nachgewiesen hat.

Unsere Gesellschaft steckt den Jugendlichen enge Grenzen: Um ihren Sexualtrieb zu befriedigen, bleibt ihnen meist keine andere Wahl, als sich des eigenen Körpers zu bedienen. Ein Junge masturbiert, um sich von der sexuellen Spannung zu befreien, die sich durch Schmerzen in den Hoden äußern kann. Dabei erlebt er aber auch sexuelle Lust und lernt die sexuelle Reaktion seines Körpers kennen.

Während sich der junge Mensch selbst befriedigt, kann er seiner Phantasie freien Lauf lassen. Angeregt durch Begegnungen im Alltag oder durch Gestalten aus Büchern oder Filmen baut er sich vielleicht seine eigene Traumwelt auf.

Bei jungen Mädchen beginnt die Masturbation mit phantastischen Träumereien, denen sie sich vor dem Einschlafen hingeben. Früher oder später entdecken viele Mädchen, daß sie die Klitoris reizen können.

Für beide Geschlechter ist Masturbation eine Möglichkeit, die eigene Sexualität innerhalb der von außen gesteckten Grenzen auszuprobieren, allein oder auch mit anderen. Durch Selbstbefriedigung machen sie ihre ersten Erfahrungen mit der Sexualität.

Sexualerzieher sehen heute in der Selbstbefriedigung einen wichtigen Bestandteil des Reifungsprozesses der jungen Menschen.

Wenn es so ist, warum macht man dann so viel Theater um die Masturbation?

Weil sie jahrhundertelang auch von anerkannten Wissenschaftlern für ein verderbliches Laster gehalten wurde. Man glaubte, sie sei die Ursache für Tuberkulose, Irrsinn und Paralyse (Lähmung).

Obwohl viele Eltern diesen Aberglauben nicht mehr teilen, befürchten sie auch heute noch, daß es bei ihren Kindern durch Masturbation zu psychischen Problemen oder durch die damit verbundene Ablenkung zu einem Versagen in der Schule kommen kann.

Ist die Masturbation psychisch gefährlich?

Nein, sie ist absolut ungefährlich. Masturbation kann sogar nützlich sein, da sie sich meist mit Phantasievorstellungen verbindet. Damit ist sie eine ausgezeichnete Vorbereitung für spätere sexuelle Beziehungen.

Hört die Masturbation von selbst auf?

Die Häufigkeit von Selbstbefriedigung wird meist mit höherem Alter geringer. Wir wissen aber heute, daß auch sehr viele Erwachsene masturbieren, je nach Lebenssituation häufiger oder seltener.

Für Jugendliche ist Selbstbefriedigung oft die einzige Möglichkeit, ihre Sexualität auszuleben. Manchmal dient sie auch zur Kompensation von Problemen in schwierigen Phasen des Lebens. Sie ist dann ein geeignetes Ventil, um Spannungen abzubauen.

Wenn ein Junge den Eindruck hat, in seiner Familie nicht genügend geliebt zu werden, oder wenn er im Internat oder im Waisenhaus lebt, sehnt er sich vielleicht nach Zärtlichkeit und Zuwendung. Er denkt: „Wenn mich niemand liebt, liebe ich mich eben selbst. Ich brauche niemanden, um mir Lust zu verschaffen. Mein Körper gibt mir alles, was ich dazu benötige."

Eine Gefahr besteht nur insofern, als es dem jungen Menschen zur Gewohnheit werden könnte, bei jedem Kummer, bei jeder Schwierigkeit nur noch Zuflucht bei sich selbst zu suchen.

Er zieht sich in sein Schneckenhaus zurück, wird noch schüchterner und meidet den Umgang mit anderen. Er isoliert sich von seinen Freunden und flieht vor der Wirklichkeit. Das ist aber keine Lösung, irgendwann holt sie ihn doch wieder ein. Es wäre ein Irrtum, zu glauben, daß Schüchternheit durch Masturbation zunimmt. Im Gegenteil: Wenn man schüchtern ist und wenn man Kommunikationsprobleme mit anderen hat, masturbiert man vielleicht besonders viel.

Folgendes muß daher betont werden: Im allgemeinen ist Selbstbefriedigung für den Jugendlichen eine wichtige Möglichkeit, seine Sexualität auszuleben. Jeder sollte wissen, daß andere Jugendliche es ebenfalls tun und kein Grund besteht, sich deswegen schuldig oder unnormal zu fühlen.

Die eigentliche Gefahr der Masturbation sind die Schuldgefühle, gegen die manche einen verzweifelten Kampf führen.

Wenn aber ein Jugendlicher noch lange nach dem 17. Lebensjahr masturbiert und dies die einzige Form seiner Sexualbetätigung ist, könnte dies ein Zeichen dafür sein, daß er erhebliche Schwierigkeiten in seinen Beziehungen zu anderen, zu den Erwachsenen in Familie, Schule oder Beruf hat.

Es könnte zum Beispiel sein, daß Jugendliche ihre Form der sexuellen Beziehung zu anderen Menschen nicht auszuleben wagen, weil sie sich zu Menschen gleichen Geschlechts hingezogen fühlen. Davor haben in unserer Gesellschaft viele Menschen Angst, weil Homosexualität oft als minderwertig oder krankhaft gesehen wird. Sexualforscher wissen das zwar besser, aber ähnlich wie bei der Masturbation glauben viele Menschen lieber den alten Vorurteilen.

Junge Menschen sollten sich nicht scheuen, mit Menschen ihres Vertrauens zu sprechen, denn solche Ängste können nur in einem Gespräch behoben werden. Sie werden feststellen, daß es hinter den oberflächlichen Unterschieden ganz andere, tiefergehende Gemeinsamkeiten zwischen Menschen gibt. Darum sollten sie den Umgang mit anderen Jungen oder Mädchen suchen, was für sie letztendlich die beste Gewähr für ein späteres erfülltes Sexualleben bietet.

Wird das Glied durch die Selbstbefriedigung vergrößert oder verkleinert?

Weder das eine noch das andere. Untersuchungen haben gezeigt, daß es keinen Zusammenhang zwischen der Länge und dem Umfang des Gliedes und der Größe oder physischen Kraft eines Jungen gibt. Wenn der Penis nicht erigiert ist, können erhebliche Unterschiede zwischen den Männern bestehen. Wenn aber das Blut in die Schwellkörper des Penis strömt und ihn zur Erektion bringt, verringern sich diese Unterschiede: Die Größe des Penis ist dann bei den meisten Männern in etwa gleich. Befürchtungen (oder Hoffnungen), die Masturbation könne irgendeinen Einfluß auf die Größe des Gliedes haben, sind also wissenschaftlich nicht belegt.

Die Gefühls- und Sexualprobleme der Adoleszenz

Welchen Unterschied macht man zwischen Pubertät und Adoleszenz?

Man muß zwischen den Problemen der Pubertät und denen der Adoleszenz unterscheiden.

Wie wir gesehen haben, läßt sich die Pubertät als Periode der biologischen, der physiologischen Veränderungen definieren. Die Regelblutung und die ersten Samenergüsse sind ihre Hauptmerkmale.

Im Gegensatz dazu versteht man unter Adoleszenz ein psychisches und soziales Übergangsstadium, das sich in unserer Gesellschaftsstruktur über mehrere Jahre (9 bis 10 Jahre und länger) erstrecken kann. Es beginnt mit der Pubertät und endet, wenn der Jugendliche nach Ablauf der Schulzeit oder Lehre in das Hochschulstudium oder Berufsleben eintritt, wenn er also zum jungen Erwachsenen geworden ist.

Adoleszenz ist die Phase des Jugendalters, in der der junge Mensch seinen Platz in der Welt der Erwachsenen finden und durch eine Reihe schwieriger Prüfungen reifen und seine eigene Persönlichkeit entdecken soll.

Der Jugendliche muß sich daran gewöhnen, sein Verhalten, sein Benehmen, seine Reaktionen gegenüber der Umwelt zu ändern. Als Kind war er abhängig von Eltern und Lehrern, war gehorsam, gefügig, passiv oder ungestüm, je nach Lust und Laune. Meistens hat er ihre Entscheidungen, ihre Moral und ihre Ansichten ohne große Kritik akzeptiert. Es herrschte also eine eher einseitige Beziehung zwischen Eltern oder Lehrern und dem Kind, weil ihm die Erfahrung und Unabhängigkeit fehlten.

In der Adoleszenz hat der junge Mensch sein Denk- und Urteilsvermögen entwickelt und bezieht eigene, vielleicht unabhängige Standpunkte.

Eine gute Erziehung erkennt man daran, daß sie den Heranwachsenden in diese Autonomie führt; eine Erziehung, die das verhindert, kann großen Schaden anrichten.

Warum ist es oft so schwierig, mit seiner Familie auszukommen?

Das Ringen des Jugendlichen um eine eigenständige Persönlichkeit wird durch zwei Verhaltensweisen bestimmt: Durch Opposition und durch Identifizierung.

Die Opposition richtet sich vor allem gegen die Eltern: Um sich seine Unabhängigkeit zu beweisen, vertritt der Jugendliche systematisch den entgegengesetzten Standpunkt.

Bei der Eroberung seiner Unabhängigkeit erlebt der Jugendliche häufig Konfrontationen mit den Eltern. Wenn aber das Verhältnis von gegenseitigem Vertrauen und von Toleranz geprägt ist, sind Konflikte nicht schwerwiegend.

Er lehnt jede Beeinflussung bei der Wahl seiner Freunde, seiner Lektüre, seiner Freizeitgestaltung oder seiner politischen Meinungen ab. Er streitet wegen der Wahl seines Ferienortes, haßt Sonntagsspaziergänge mit den Eltern und beansprucht das Recht, nachts ausgehen zu dürfen.

Im Grunde kämpft der Heranwachsende an dieser Wende seines Lebens einen doppelten Kampf: Er versucht, den Panzer seiner Kindheit abzuschütteln und in die Haut eines Erwachsenen zu schlüpfen. Und er bemüht sich um einen neuen Stil in seinen Beziehungen: Nicht nur zu seinen Freunden, sondern auch zu den Erwachsenen und ganz besonders den Eltern. In diesem Sinne spricht man von „Identitätskrise der Heranwachsenden".

Er will sein eigenes Leben leben und meint, auf die Erfahrungen anderer verzichten zu können. Sein Intimleben, sein Briefwechsel, die langen Gespräche mit Freunden tragen dazu bei, daß er sich mehr und mehr sein eigenes Leben außerhalb der Familie aufbaut.

Sind Eltern immer verständnisvoll genug?

Manche Eltern leiden unter dieser neuen Situation. Sie verstehen das provokative Verhalten, die Überheblichkeit und Ungeduld ihres Kindes nicht. Aber sie müssen wissen, daß sich diese Opposition nicht absichtlich gegen die Eltern richtet, daß dadurch die Liebe eines heranwachsenden Kindes zu ihnen nicht in Frage gestellt wird. In dem Verhalten des Jugendlichen manifestiert sich vielmehr sein Anspruch auf *Freiheit*.

Es ist durchaus *normal,* daß ein Jugendlicher darauf besteht, sein Taschengeld selbst einzuteilen, ohne darüber Rechenschaft ablegen zu müssen; daß er allein entscheiden möchte, wie er sich kleidet, welche Filme oder Fernsehsendungen er sieht; daß er meint, es sei sein Risiko, wenn er eine bestimmte Sportart betreibt, mit Freunden Radtouren unternimmt oder Abenteuerurlaub macht. Die Auflehnung gegen die Schule und die Forderung nach Sexualaufklärung beruhen auf demselben Bedürfnis nach Unabhängigkeit, die die Gesellschaft ihm großenteils noch verwehrt.

Trotz ihrer manchmal berechtigten Besorgnis und Enttäuschung sollten die Eltern den äußeren und inneren Wandel ihres Kindes zum Erwachsenen mit Liebe unterstützen und sich davor hüten, allzu oft einzugreifen. Wann immer möglich, sollten sie es dazu ermutigen, Verantwortung zu übernehmen. Sie sollten ihm erlauben, Freunde einzuladen und seine Begeisterung, sein Verlangen nach Abenteuern und seine Interessen keinesfalls dämpfen, auch wenn nicht immer alles mit der Realität übereinstimmt.

Aber auch die Jugendlichen müssen sich bemühen, mehr Verständnis für die Situation der Eltern aufzubringen. Die Eltern erscheinen ihnen oft „altmodisch", weil sie darunter leiden, daß sich ihr Kind in Sackgassen verrennt oder vielleicht sogar seine Zukunft aufs Spiel setzt.

Ihr manchmal ungeschicktes Eingreifen resultiert oft nur aus einem Übermaß an Liebe. Dafür sollten junge Menschen Verständnis aufbringen.

Der Jugendliche, der bei dem Ringen um seine eigene Identität notwendigerweise auch in Opposition zu seiner Familie gerät, sollte sich aber davor hüten, seine Beziehungen zu den Eltern zu stark zu belasten. Die daraus folgenden Probleme könnten dazu führen, daß sich seine Entwicklung zum Erwachsenen verzögert – und gerade darauf ist doch sein ganzes Streben gerichtet, dafür kämpft er.

Gegenseitiges Verständnis kann das Klima in der Familie positiv verändern: Wenn demokratische Regeln beachtet werden und beide Seiten darauf verzichten, ihren Willen um jeden Preis durchzusetzen, kann die Entwicklung des Jugendlichen ohne schwere Zusammenstöße verlaufen. Eine friedliche Atmosphäre begünstigt die Entstehung von Toleranz, einer Fähigkeit und Einstellung, die gerade in unserer Zeit eine besondere Bedeutung und einen hohen Wert hat.

Muß ein Jugendlicher unbedingt gegen die Familie opponieren, um erwachsen zu werden?

Um sich zur Geltung zu bringen, haben viele Heranwachsende das Bedürfnis, sich von ihrer

Familie abzugrenzen. Sie versuchen, sich deutlich von den konformistischen Verhaltensweisen zu distanzieren, die man ihnen aufzudrängen versucht. Es kann aber umgekehrt auch sein, daß sie sich mit Vorbildern aus ihrer Umgebung identifizieren.

Die *Identifikation* ist nicht unbedingt ein besonderes Phänomen der Adoleszenz, es tritt bereits in den ersten Lebensjahren eines Menschen auf. In ihren Spielen ahmen Kinder verschiedene Berufe nach, sie imitieren das Verhalten und die Gesten der Eltern.

Etwa bis zum 10. Lebensjahr versucht ein Junge, sich wie sein Vater zu benehmen. Das kleine Mädchen imitiert die Rolle der Mutter. Aber sobald im Jugendlichen die Kritikfähigkeit erwacht und sich ihm die Außenwelt weit öffnet, sieht er in den Eltern nicht mehr so etwas wie allmächtige Götter.

Jetzt treten andere Identifikationsmodelle auf:

– *Die Gruppe:* Für viele Jugendliche gewinnen zunächst einmal Gruppen Gleichaltriger oder Vereinigungen an Bedeutung (z. B. Cliquen in ihren Wohnvierteln, Jugendgruppen, religiöse Gemeinschaften usw.). Sie haben ihre eigenen Ziele und Gesetze, auf die sie ihre Mitglieder verpflichten.

Vor allem aber lernt der einzelne in der Gruppe neue Verhaltensweisen, eine andere

In seinem Bemühen um Ich-Identifikation setzt der Jugendliche die Gruppe an die Stelle der elterlichen Vorbilder. Ob Rokker, Skinheads oder, wie hier abgebildet, Punks – er paßt sich ihnen in Frisur und Kleidung bis ins kleinste Detail an.

Sprache, eine neue Weise des Denkens und Fühlens und Spaß an sportlichen oder anderen Aktivitäten, die nicht unbedingt mit dem Lebensstil der eigenen Familie übereinstimmen.

Die Jugendlichen versuchen, den Anführer ihrer Gruppe nachzuahmen und sich mit ihm zu identifizieren.

– *Der Freund:* Einige Zeit später spielen der intime Vertraute, der bewunderte Freund (oder Freundin) eine Rolle. Mit ihm führt man stundenlange Gespräche am Telefon, mit ihm teilt man alles, Gedanken, Wünsche, Gefühle, Zweifel und Ängste. Von ihm nimmt man bestimmte Gewohnheiten (und nicht immer positive) an und beneidet ihn um seine Erfolge im Umgang mit dem anderen Geschlecht, seine schulischen Leistungen oder sein sportliches Können. Solche intensiven Freundschaften spielen eine nicht zu unterschätzende Rolle für die Entwicklung der Heranwachsenden. Daneben gibt es die Freunde, die einem weniger nahestehen, mit denen man spielt und seine schulischen Sorgen teilt. Gelegentlich können auch sie zum Vorbild werden.

– Unerreichbar, aber dadurch teilweise noch anziehender, sind andere Vorbilder („Idole"), die von vielen Jugendlichen bewundert und imitiert werden: Popmusiker, Spitzensportler, Filmstars, Berühmtheiten aus Illustrierten und die Helden bedeutender Romane.

Wie wird man erwachsen?

In der Auseinandersetzung mit seiner Umwelt gewinnt der Jugendliche ein Gefühl für die eigene Kraft. Er sammelt Erfahrungen, erlebt Niederlagen und Enttäuschungen und macht allmählich Fortschritte auf dem Weg zur Selbstän-

In diesem Lebensabschnitt trifft man sich gern mit Freunden bei einer Cola, bei Musik aus dem HiFi-Gerät. In seiner Clique fühlt man sich wohl, will die Welt ändern, sich Geschichten erzählen, lachen, Pläne für die Zukunft schmieden.

digkeit des Erwachsenen. Im Wettbewerb mit anderen erkennt er die eigenen Grenzen und erreicht eine größere Unabhängigkeit auf verschiedenen Ebenen:

1. *Unabhängigkeit auf intellektueller Ebene:* Er lernt, selbständig zu denken, findet seine eigene Weltanschauung, denkt kritisch über die großen Probleme nach, die die Welt bewegen. Ein wichtiger Unterschied zum späteren Erwachsensein ist in diesem Stadium jedoch, daß diese Freiheit im Denken nicht einhergeht mit materieller und finanzieller Unabhängigkeit. Daher stoßen Jugendliche immer wieder an Grenzen.

2. *Unabhängigkeit von der Familie:* Diesen Aspekt haben wir besonders herausgearbeitet, denn er ist der wohl schwierigste und schmerzlichste. Es besteht die Gefahr, daß dieser Kampf um Unabhängigkeit nur auf Verständnislosigkeit stößt und Konflikte zwischen den Generationen aufreißt.

3. *Unabhängigkeit in der Wahl der Freunde und des Partners fürs Leben:* Auf diesen ebenfalls wichtigen Aspekt gehen wir später ein.

4. *Unabhängigkeit in finanzieller und beruflicher Hinsicht:* Mit dem Eintritt in den Beruf wird der Mensch fähig, seinen Lebensunterhalt zu verdienen. Diese wirtschaftliche Unabhängigkeit erlaubt ihm, mehr Verantwortung im privaten Leben und in der Gesellschaft zu übernehmen.

Worüber machen sich Eltern Sorgen?

Der Jugendliche ist in seinem Kampf um Unabhängigkeit auf vielfältige Weise gefährdet, daher befinden sich die Eltern oft in einem Dilemma: Sollen sie sich autoritär verhalten, um ihre Kinder vor Gefahren, die sie voraussehen, zu bewahren, oder sollen sie es zulassen, daß sie ihre eigenen Erfahrungen machen?

Nehmen wir z. B. das Problem des Drogenmißbrauchs.

Warum greifen manche Jugendliche zur Droge?

Manche Jugendliche nehmen Aufputschmittel oder andere Rauschmittel, um sich zu entspannen, sich in einen euphorischen Zustand zu versetzen, vor allem aber auch, um den großen Schwierigkeiten zu entgehen, mit denen sie in diesem Alter konfrontiert werden. Häufig gibt es auch in einer Clique oder Gruppe jemand, der damit anfängt, und andere machen es dann nach, weil sie sich nicht selbstbewußt „nein" zu sagen trauen.

Sehr viele Jugendliche sind sich heute mehr und mehr der Gefahren bewußt. Doch wird es allzuoft von Erwachsenen vorgemacht, wie leicht es scheinbar ist, Probleme z. B. in Alkohol „zu ersaufen", oder Streß durch Zigaretten abzupuffern. Dann liegt der Schritt zu härteren oder sogar illegalen Drogen wie Marihuana oder Kokain allzu nahe. Wichtig ist, sich immer wieder klar zu machen, daß Probleme dadurch nicht wirklich gelöst werden, sondern neue und viel gefährlichere auftreten!

Und die Angst vor Aids?

Aids ist heute kein Grund mehr für Angst. Aber realistische Aufmerksamkeit und Vorsicht gegenüber einer möglichen Ansteckung ist dringend angesagt! Man sollte sich jedoch davor hüten, Aids oder andere sexuell übertragbare Krankheiten als Vorwand dafür zu nehmen, Jugendliche vom Geschlechtsverkehr fernzuhalten. Wichtiger ist es, sie gründlich aufzuklären, ihnen den Gebrauch von Kondomen zu erklären und sie dazu zu ermutigen (sie sind der beste Schutz vor Aids), und ihnen beispielsweise auch gezielt zu helfen, daß sie sich Kondome tatsächlich leisten und kaufen können.

Soll man Jugendlichen Hefte mit erotischen Bildern oder Pornohefte verbieten, die heimlich gehandelt werden?

Grundsätzlich sind wir gegen jede Zensur, ganz gleich, ob es sich um Filme, um Bücher oder um Zeitungen handelt. Denn wir wissen sehr gut, daß sich die Kriterien einer Zensur und die Konsequenz ihrer Durchsetzung von einer Epoche zur anderen ändern. Und daß Zensur nur zur Heimlichkeit führt.

Im 18. und 19. Jahrhundert z. B. fiel die Zensur über Voltaire, Diderot, Flaubert und Baudelaire und manch andere Schriftsteller her. Auch galten viele Filme zur Zeit ihres Erscheinens als sehr gewagt. Heute sieht niemand in ihnen etwas Schlimmes, im Gegenteil: viele dieser Werke sind inzwischen als Kulturzeugnisse anerkannt und hochgeschätzt. Gleiches gilt für Bücher und Filme aus unserem Jahrhundert und auch aus den letzten Jahrzehnten (z. B. „Das Schweigen", ein Film von Ingmar Bergman).

Warum also, werdet ihr jetzt fragen, machen sich die Eltern Sorgen? Weil das, was die Jugendlichen in pornographischen Heften zu sehen bekommen, häufig verzerrte und verengte Darstellungen der Sexualität sind. Aber mit Verboten schafft man solche Dinge nicht aus der Welt – im Gegenteil, die Neugier wird vielleicht erst recht geweckt.

Jugendliche, die solche Schriften lesen oder Fotos betrachten, tun dies hauptsächlich aus vier Gründen:
– Um eine sexuelle Neugier zu befriedigen, die sie bisher nicht befriedigen konnten;
– um hinter die Geheimnisse der Erwachsenen auf dem Gebiet der Sexualität zu kommen;
– oder auch um bei der Selbstbefriedigung ihre Phantasie anzuregen;
– und oft auch, um in ihrer Clique protzen zu können.

Dieses erotische Material birgt für den Jugendlichen allerdings Risiken: Es könnte in ihm Emotionen wecken, die er aufgrund seiner Unerfahrenheit und Unreife nicht immer zu kontrollieren vermag. Und er könnte das, was er sieht, für ein wahres Abbild der Sexualität halten, die er für sich selber entwickeln muß. Und schließlich führen die manchmal etwas ungeschickten Verbote der Eltern bei manchen Jugendlichen zu dem Schluß, etwas sei mit ihnen nicht in Ordnung, wenn sie trotzdem Pornohefte ansehen.

Es ist Aufgabe der Eltern, die Neugier der Kinder in sexuellen Dingen zu befriedigen, also auch offen über Pornografie zu sprechen. Auf diesem Gebiet sollte es eigentlich kaum Themen geben, über die nicht frei und offen gesprochen werden könnte.

Warum lassen uns die Eltern unseren Umgang nicht frei wählen?

Viele Eltern fürchten, daß ihre Kinder in schlechte Gesellschaft geraten oder schlechte Gewohnheiten von Freunden annehmen könnten, die aus einer anderen Gesellschaftsschicht stammen oder charakterlich und geistig nicht zu ihnen zu passen scheinen.

Meistens täuschen sich die Eltern. Es ist nämlich immer einfach, einen Sündenbock für das eigene Versagen zu finden: Wenn ihr Sohn der schwächste Schüler einer Klasse ist, führen sie dies gern auf schlechten Umgang zurück.

Doch es gibt auch Fälle, in denen Eltern zu Recht befürchten, daß der Einfluß einer Clique oder eines ihnen problematisch erscheinenden Freundes ihr Kind zu strafbaren Handlungen, wie z. B. Diebstahl, oder zum Drogenkonsum verleiten könnte.

Auch hier lassen sich die Probleme am ehesten lösen, wenn ein stabiles Vertrauensverhältnis zwischen dem Jugendlichen und seinen Eltern besteht und dazu beiträgt, daß nicht voreilig geurteilt wird. Jugendliche müssen lernen, den Charakter und die Fehler ihrer Freunde selbst einzuschätzen, und es kann für Eltern durchaus aufschlußreich sein, zu erleben, wie sich der Jugendliche in seinem von ihm selbstgewählten Umfeld entwickelt. Um so eher können sie seine Freundeswahl respektieren und brauchen ihre Autorität nur in äußersten Fällen einzusetzen.

Die gleichen Schwierigkeiten treten auf, wenn Jugendliche nachts ausgehen wollen, wenn es um die Gestaltung der Freizeit und der Ferien geht. Stets kann nur eine offene Aussprache zur Lösung dieser Probleme beitragen.

Wann ist denn das richtige Alter, um sexuelle Freundschaften zu beginnen?

Das Interesse am anderen Menschen, das Bedürfnis zu gefallen, beginnt bei den meisten Jugendlichen erst richtig mit dem sexuellen Erwachen in der Pubertät. Jungen wie Mädchen fangen an, sich stark zueinander hingezogen zu fühlen. Und wie Narziß, der schöne Jüngling aus der griechischen Mythologie, der sich in sein Spiegelbild im Wasser verliebte, suchen junge Mädchen oft ihr Bild im Auge ihrer männlichen Bewunderer.

Dieses *sexuelle Erwachen tritt heutzutage*

immer früher ein, wobei es durch die zunehmende Liberalisierung und erotische Atmosphäre in unserer Gesellschaft begünstigt wird. Werbung, Fernsehen, Literatur und Zeitschriften überbieten einander in ihren freizügigen und sexuell stimulierenden Aktbildern.

Der Jugendliche unserer Zivilisation ist an Filme, an weitgehende Flirts, an knappe Bikinis gewöhnt und versteht kaum die Prüderie des vergangenen Jahrhunderts. In Indien aber halten sich noch heute die Zuschauer bei Kußszenen westlicher Filme die Augen zu. Dort wird Zärtlichkeit und Liebe allein durch eine Berührung der Hände ausgedrückt.

Durch die erotisierte und offenere Atmosphäre unserer Gesellschaft hat das Flirten auch unter Jugendlichen immer mehr zugenommen. Vor kaum 25 Jahren war eine flirtende 14jährige noch die Ausnahme. Heute ist es für ein Mädchen dieses Alters ganz normal, mit einem Jungen „auszugehen" und mehr oder weniger weitgehende Zärtlichkeiten auszutauschen.

Haben Jungen und Mädchen aus denselben Gründen Lust auf sexuelle Beziehungen?

Nein. Das Verlangen der Jungen und Mädchen, sich zu küssen und zu streicheln, hat auch in unserer Zeit oft nicht dieselbe Bedeutung für

In der Gruppe bilden sich gefühlsmäßige Beziehungen heraus, man erprobt seine Wirkung auf einen Jungen oder ein Mädchen, dem man gefallen möchte, man flirtet.

den Jungen und für das Mädchen. Diese unterschiedlichen Bedürfnisse sorgen oft für Mißverständnisse und Enttäuschungen, wenn man den anderen nicht versteht in seinen Gefühlsäußerungen.

Beim *Jungen* ist das natürliche sexuelle Verlangen sehr intensiv. Im Alter von 16 bis 20 Jahren ist es am stärksten. Die meisten normal entwickelten Jungen haben ausgeprägte, manchmal übermächtige sexuelle Sehnsüchte, manchmal ist es wie ein starker Druck, der unbedingt gelöst werden muß.

In unserer Gesellschaft aber gibt es zwei Haupthindernisse für eine sexuelle Beziehung zwischen jungen Menschen:

1. Die Schulausbildung dauert sehr lange, dadurch erfolgt der Eintritt in das Berufsleben sehr spät. Ein eigenverantwortliches und selbständiges Leben, das zu einer engen Partnerschaft gehört, ist deshalb meist gar nicht möglich.

2. Zum anderen fehlt es ihnen an Reife: Denn Geschlechtsverkehr setzt nicht nur voraus, daß die Drüsen und Geschlechtsorgane gut funktionieren. Vor allem ist es wichtig, den anderen Menschen richtig kennenzulernen, sonst kann eine Beziehung leicht scheitern. Erst nach und nach überwindet der Jugendliche die Scheu vor dem anderen. Im Umgang miteinander erfährt er, was der Partner erwartet, lernt seine Wünsche und sein Wesen kennen, entdeckt sowohl Gemeinsames als auch den Reiz der Andersartigkeit.

Sollte ein junger Mann seine ersten sexuellen Erfahrungen mit einer Prostituierten machen?

Einige Jugendliche haben ihre ersten sexuellen Kontakte mit Prostituierten. Diese Erfahrung ist jedoch nicht immer positiv, und zwar vor allem, weil das Risiko der Ansteckung mit Geschlechtskrankheiten sehr groß ist. Außerdem kann eigentliche Intimität nicht aufkommen, weil es sich bei dieser Art von Befriedigung der sexuellen Lust um ein Geldgeschäft handelt. Dennoch ist es für junge Männer einfacher, für ihr sexuelles Vergnügen zu bezahlen, als Gefühle zu investieren, für die sich noch nicht reif sind.

Was bedeutet Flirten für den Jungen und für das Mädchen?

Der Flirt ist für den jungen Mann ein Kompromiß. Er zwingt ihn, sein Verlangen zu bezähmen, sich mit Küssen und Zärtlichkeiten zu begnügen, während sein Bedürfnis nach Überlegenheit und seine männliche Aggressivität ihn dazu drängen, die Frau ganz zu „besiegen“.

Aber der Flirt bietet dem Jugendlichen zumindest die Gelegenheit, seine Partnerin besser kennenzulernen. Allmählich zerstreuen sich seine anfänglichen Befürchtungen. Er lernt, seine körperlichen Empfindungen zu kontrollieren. Vor allem aber lernt er, in seinem Verlangen ein Gefühl für Zärtlichkeit und Rücksichtnahme zu entwickeln.

Bei jungen Mädchen von 14 bis 16 Jahren ist das körperliche Verlangen zunächst weniger intensiv. Für sie steht eher die gefühlsmäßige Liebe im Vordergrund. Wichtiger als ein physisches Lustgefühl ist für sie Herzklopfen und Verliebtsein. Bei den ersten Begegnungen mit Jungen erwarten Mädchen vor allem zärtliche Worte, Zeichen der Aufmerksamkeit, die ihnen versichern, daß sie in ihrer Weiblichkeit wirken und dem Jungen gefallen. Dieses Gefühl versetzt sie dann vielleicht in eine Welt der Träume, und nur einer intimen Freundin oder ihrem Tagebuch vertrauen sie an, was in ihnen vorgeht.

Selbst wenn ein junges Mädchen sehr offen flirtet, steht meistens nicht das Bedürfnis nach sexuellen Beziehungen im Vordergrund, jedenfalls nicht am Anfang dieses Flirts.

Der erste Kuß ist manchmal nur ein Zugeständnis an die Spielregeln. Viele Mädchen geben nach, weil es alle tun, um sich nicht aus der Gruppe ausgeschlossen zu fühlen oder weil sie nicht als jemand gelten wollen, der sich ziert.

Oft finden sich Paare, die sehr zärtlich und vertraut miteinander umgehen, aber noch keine sexuellen Beziehungen eingegangen sind. Sie brauchen Zeit, um den Partner, seine Interessen und Vorlieben, seine Stärken und seine Schwächen, kennenzulernen.

Das Bedürfnis nach körperlicher Sexualität stellt sich oft erst später ein. Das kann bei einer Berührung geschehen, bei einer Umarmung, beim Tanzen.

Dazu kommt, daß Mädchen oft schon ein starkes Bewußtsein haben, daß sie ungewollt schwanger werden könnten, und auch deshalb mit Geschlechtsverkehr lieber warten wollen.

Das Verhalten von Jungen und Mädchen hat sich natürlich sehr geändert, seitdem wir über wirksame Empfängnisverhütungsmittel verfügen. Heute gibt es durchaus junge Mädchen, die an Sex interessiert sind und auch gerne die Initiative beim Geschlechtsverkehr ergreifen. Ebenso wie es Jungen gibt, die tiefempfundene und echte Liebe über ihre eher oberflächlichen sexuellen Bedürfnisse hinaus entwickeln.

Hat das Flirten in früher Jugend Nachteile?

1. Flirten ist in ganz unterschiedlicher Art möglich, manchmal sehr versteckt, manchmal direkt und offen. Auf jeden Fall bedeutet es, anderen Menschen zu begegnen und sich nicht allein zurückzuziehen.

2. Beim Flirten lernen mögliche Partner einander besser kennen, bauen falsche Vorstellungen und Ängste ab. Es erweckt in ihnen den Wunsch nach häufigeren Begegnungen.

3. Flirten ist ein wichtiger Teil von Sexualität und deshalb auch eine gute Möglichkeit, mit ihr auf ganz „ungefährliche" Art zu experimentieren. Die eigene Persönlichkeit und sexuelle Entwicklung kann davon nur profitieren.

Die Hauptsache ist also, wie wir gesehen haben, daß sich die Jugendlichen in ihren gegenseitigen Bedürfnissen verstehen und akzeptieren, wenn sie miteinander flirten.

Jungen müssen insbesondere begreifen und Verständnis dafür haben, wenn ein junges Mädchen bestimmte Grenzen nicht überschreiten will.

Das Mädchen wiederum sollte um den oft stärkeren Trieb eines Jungen wissen, der ihn manchmal dazu drängen wird, mehr zu verlangen. Trotzdem sollte es nicht aus Neugier oder nur, um jemandem einen Gefallen zu tun, nachgeben, und sich auch nicht von dem Drängen einer Gruppe beeinflussen lassen. Das Mädchen soll sich ruhig von seinem Instinkt und seinen Gefühlen leiten lassen: Dies ist häufig die beste Garantie dafür, daß es sich richtig verhält, egal ob es „ja" oder „nein" oder „noch nicht" sagt.

Mißverständnisse lassen sich am leichtesten ausräumen, wenn das Verhältnis von Gefühlen der Zärtlichkeit und Aufrichtigkeit getragen wird. Ein Flirt, der ganz allein die Befriedigung der physischen Lust zum Ziel hat, ist etwas sehr Einseitiges und nichts Gemeinsames mehr.

Ab welchem Alter sollte man mit einem Mädchen schlafen? Hat frühzeitiger Geschlechtsverkehr Nachteile?

Geschlechtsverkehr unter Jugendlichen hat seit den 60er Jahren deutlich zugenommen. Damals hatten 25 % der 17jährigen Jungen und 10 % der Mädchen dieses Alters bereits Koituserfahrung. Heute sind es 55 % bzw. 40 %.

Dieser frühzeitige Geschlechtsverkehr kann sogar in gewisser Weise vorteilhaft sein:

1. Manchmal helfen sexuelle Beziehungen, quälende Gedanken zu vertreiben, die eine erfolgreiche Arbeit in der Schule stören könnten.

2. Er vermittelt Erfahrungen, die für spätere partnerschaftliche Beziehungen sehr wesentlich sind. Zum Beispiel kommt es in Ehen, in denen beide Partner sexuell unerfahren sind, vielfach zu großen Schwierigkeiten.

Aber, wie wir bisher schon ausführlich besprochen haben, bringen sehr frühe sexuelle Beziehungen auch mancherlei Probleme mit sich. Wir wollen sie hier nicht alle noch einmal aufführen. Wichtig ist auf jeden Fall, daß über solche Fragen möglichst offen gesprochen werden kann – unter den Jugendlichen selbst, aber auch mit ihren Vertrauenspersonen, seien es Eltern, andere Verwandte oder andere Erwachsene.

Wie ist das mit dem sexuellen Mißbrauch an Kindern und Jugendlichen?

In den letzten Jahren wird sehr viel über ein Thema gesprochen, das bisher meist verschwiegen wurde: den sexuellen Mißbrauch, also Sexualität gegen den Willen eines Mädchens oder auch Jungen. Wir wissen heute, daß das sehr häufig geschieht, und daß die beteiligten Erwachsenen oft aus der Familie oder dem Bekanntenkreis der Eltern kommen. Die Warnungen vor „fremden Männern", die früher oft den Kindern mitgegeben wurden, sind also meist gar nicht zutreffend!

Jedes Mädchen und jeder Junge muß wissen, daß es sich gegen unerwünschte Zärtlichkeiten oder gar sexuelle Handlungen wehren darf und das auch tun sollte. „Kein Küßchen auf Kommando" ist ein Rat, der schon gut zeigt, wie man sich wehren kann. Also auch die Begrüßungsküsse von Onkel oder Tante, oder Kopftätscheln – alles das ist nur in Ordnung, wenn es das Kind selbst will.

Wenn sich ein Junge oder Mädchen durch unerwünschte Zärtlichkeiten unter Druck gesetzt fühlt, sollten sie mit jemandem reden, dem sie wirklich vertrauen können – das kann auch jemand außerhalb der Familie sein. Dann können sie herausfinden, wie sie sich am besten wehren können gegen das, was sie selbst nicht wollen.

Soll ich enthaltsam bleiben?

„Ich bin körperlich und geistig gesund, aber mein sexueller Trieb läßt mir keine Ruhe. Warum sollte ich enthaltsam bleiben?" fragte uns ein Jugendlicher.

Mit dieser Frage versucht er die Verantwortung für eine Entscheidung zu delegieren. Aber es ist nicht Aufgabe des Erziehers oder Arztes, dem Ratsuchenden konkrete Entscheidungen abzunehmen. Er kann mit dem Jugendlichen nur darüber reden, welche widerstrebenden Kräfte ihn quälen und welche Konsequenzen sich für ihn aus den verschiedenen Entscheidungsmöglichkeiten ergeben. Handeln kann jeder nur selbst! In diesem Kampf liegt sein Sexualtrieb sehr oft im Widerstreit mit den Gesetzen der Familie und der Gesellschaft.

Bei einigen Naturvölkern ist das ganz anders. Dort genießen Heranwachsende vollkommene sexuelle Freiheit. Der englische Ethnologe (Völkerkundler) Malinowski berichtet, daß „alle Einwohner der Trobriand-Inseln Polynesiens – Männer und Frauen – die Ehe erst nach einer Periode sexueller Spiele in der Kindheit und vollkommener sexueller Freiheit in der Jugend eingehen ...".

Die Arapesch, ein Papua-Stamm auf Neu-Guinea, verbieten und bestrafen sexuelle Beziehungen eines Jugendlichen, der noch nicht durch Teilnahme am Einweihungsritual den Status des Erwachsenen gewonnen hat, berichtet uns die amerikanische Ethnologin Margaret Mead. Sie meinen nämlich, Sexualität sei zwar gut, aber gefährlich für denjenigen, der noch kein „fertiger Mann" ist.

In unserer westlichen Gesellschaft wird Geschlechtsverkehr zwischen Jugendlichen immer noch weitgehend für tabu erklärt, obwohl heute die Sexwelle über alle Fronten hinweggerollt ist.

Diesen Tabus steht die sexuelle Triebstärke des Jugendlichen gegenüber, die in keinem Lebensabschnitt eine größere Intensität erreicht, und der Drang, seine Männlichkeit auch auszuleben.

Doch die wichtige Entscheidung, ob er weiter enthaltsam leben oder schon Geschlechtsverkehr haben will, muß jeder Heranwachsende selbst treffen.

Zweifellos ist die Aufnahme von sexuellen Beziehungen im Vergleich zur ausschließlichen Selbstbefriedigung ein positiver Entwicklungsschritt.

Anstelle eines nur in der Fantasie existierenden Partners tritt hier ein realer Partner. Die Angst vor dem anderen schwindet. Die sexuelle Entspannung und die psychologische Befreiung mildern die Unausgeglichenheit und den Oppositionsgeist der Jugendlichen, die ihre Triebe verdrängen müssen. Der Mensch kann nicht harmonisch reifen, solange er so wichtige Persönlichkeitsbereiche wie die Sexualität nicht erforscht und ausgelebt hat. Aber uns scheint, daß sexuelle Freiheit nur unter zwei Bedingungen denkbar ist:

– Sie darf nicht von Gefühlen der Schuld, der Angst oder des persönlichen Wertverlustes belastet sein. Niemand sollte unterschätzen, was es bedeutet, sich über die Verhaltensnormen, die ihm durch seine Erziehung und durch sein gesellschaftliches Umfeld vermittelt wurden, hinwegzusetzen.

– Darüber hinaus setzen sexuelle Beziehungen ein Verantwortungsbewußtsein besonders in drei Punkten voraus: Der Jugendliche und seine Partnerin müssen sich über Methoden der Empfängnisverhütung informieren und sie auch anwenden, damit eine Schwangerschaft sicher vermieden wird. Sie müssen ihre Interessen und Gefühle in Einklang bringen, denn ein Mädchen ist nicht immer aus denselben Gründen zum Geschlechtsverkehr bereit wie ein Junge.

Und schließlich sollten sich beide Partner kennenlernen, ehe sie intim werden. Eine für beide befriedigende intime Beziehung ergibt sich viel leichter in einer Atmosphäre des Vertrauens und der Sicherheit.

Wo liegen die Gefahren des verfrühten Geschlechtsverkehrs?

Abgesehen von der ständig wachsenden Gefahr, sich mit einer Geschlechtskrankheit anzustecken, können frühe sexuelle Beziehungen unserer Meinung nach manchmal die Jugendlichen dazu verleiten, nur nach sexueller Befriedigung zu suchen. Es gelingt ihnen dann schwerer, körperliches Verlangen und Zärtlichkeit miteinander zu verbinden. Wo aber eine der beiden Komponenten der Liebe fehlt, kommt es früher oder später zu Enttäuschung und Verbitterung.

Eine sexuelle Beziehung, in der Geschlechtsverkehr nur zum körperlichen Vergnügen ausgeübt wird, ist auf die Dauer meist unbefriedigend. Die amerikanischen Sexualwissenschaftler Masters und Johnson schreiben: „Sexualität ist vor allem Verantwortung. Beide Partner sind für eine Sexualbeziehung verantwortlich, die harmonisch ist und nie den anderen kränken darf.“

Das setzt voraus, daß beide Partner reif genug sein müssen, um die Folgen ihrer Beziehung richtig einzuschätzen und auf sich zu nehmen. Sie müssen vor allem bedenken, daß

– eine Befruchtung möglich ist (und sich deshalb über wirksame Verhütungsmethoden informieren);

– sich diese Beziehung auf die Arbeit in der Schule auswirken könnte;

– eine Beziehung auch psychologische Konsequenzen und Probleme hat, wenn die Partner nicht von denselben Voraussetzungen ausgehen.

Soll ein Mädchen möglichst lange jungfräulich bleiben?

Das Problem der Jungfräulichkeit hat Jugendliche schon immer beschäftigt. Ihre Fragen geben Aufschluß darüber, wie unsicher und unaufgeklärt viele auf diesem Gebiet auch in unserer Gesellschaft heute noch sind:

– Sind Reiten, Tanzen oder in die Scheide eingeführte Tampons für die Jungfräulichkeit schädlich?

– Ist die Entjungferung schmerzhaft? Kann sie Frigidität zur Folge haben?

Früher wurden die Mädchen durch strenge Tabus dazu gezwungen, bis zur Hochzeit jungfräulich zu bleiben. In antiken Religionen weihte man Jungfrauen dem Dienst der Götter.

Oder denken wir an Jeanne d'Arc. Ihre Jungfräulichkeit war das entscheidende Argument dafür, daß die Ratgeber des englischen Königs Karl VII. in ihr eine Sendbotin Gottes und nicht des Teufels sehen konnten.

Jungfräulichkeit war für den Ehemann zunächst einmal eine Gewähr für die körperliche Unberührtheit seiner Frau und sodann die Garantie dafür, daß er der Vater seines ersten Kindes war. Außerdem war er sich sicher, daß seine Frau keine Vergleiche zu anderen Männern ziehen konnte.

Inzwischen hat sich die Sexualmoral in unserer Gesellschaft erheblich gewandelt. Viele Männer finden es normal, daß ihre Frauen vor der Hochzeit Geschlechtsverkehr hatten.

Manche jungen Mädchen sehen in der Beseitigung des Jungfernhäutchens das Symbol ihrer Freiheit. Dabei – das müssen wir wiederholen – setzt Freiheit voraus, daß man die Folgen seines Handelns voraussehen, sie auf sich nehmen und die Verantwortung dafür tragen kann. Wenn ein Mädchen seine Jungfräulichkeit aufgibt, nur um

– seine Neugier zu befriedigen,

– es den Eltern nachzumachen,
– einem Freund einen Gefallen zu tun,
– sich seine Unabhängigkeit der Familie gegenüber zu beweisen,

so bedeutet das keinen wirklichen Fortschritt auf dem Weg zu Freiheit und Unabhängigkeit.

Enttäuschungen werden dann nicht lange auf sich warten lassen:

1. Wenn das junge Mädchen merkt, daß es für den Jungen nur ein Lustobjekt gewesen ist, wird es sich selbst verachten.

2. Wenn es von dem Jungen (vielleicht ohne daß er sich seines Zynismus bewußt ist) rücksichtslos im Stich gelassen wird, nachdem er bekommen hat, was er wollte.

3. Und schließlich wird man sich in einer Freiheit, die mit Verachtung gegen sich selbst und gegen andere bezahlt wird und die zusätzlich noch mit Gewissensbissen gegenüber den Eltern und der Angst vor einer Schwangerschaft verbunden ist, stärker eingeschränkt fühlen als durch familiäre Zwänge.

Warum schlafen 14jährige Mädchen mit Jungen?

Es kommt vor, daß Mädchen schon in diesem Alter Geschlechtsverkehr mit Jungen haben. Doch oft ist es nicht körperliches Vergnügen, was sie suchen.

Sie fühlen sich allein, ihnen fehlt Zuwendung, oder zumindest glauben sie es. Sie meinen, sich beweisen zu müssen, daß sie dem anderen Geschlecht gefallen.

Der Moment, in dem Jugendliche wirklich anfangen, ein Paar zu bilden, ist weniger derjenige, in dem sie sexuelle Beziehungen miteinander haben, sondern der, wenn sie mehrere Tage hintereinander in demselben Raum miteinander leben.

In der Adoleszenz zeugt die homosexuelle Neigung meist von dem Wunsch, an dem anderen die männlichen oder weiblichen Eigenschaften zu bewundern, die man selbst nicht zu haben glaubt. Die moderne Sexualwissenschaft betrachtet Homosexualität als eine der vielen möglichen Ausdrucksformen der Sexualität und stempelt Homosexuelle nicht mehr zu krankhaften oder abartigen Menschen.

Im allgemeinen sind diese Mädchen sehr unglückliche Kinder, die sich nicht dessen bewußt sind, was Selbstaufgabe bedeutet. Sie betteln um Liebe im Tausch gegen ihren Körper.

Manche jungen Mädchen reißen auch aus – ebenso wie es Jungen tun – und geraten in die Prostitution, aus Geldmangel, oder weil sie von Erwachsenen dazu gezwungen werden, die sich ihre Mittellosigkeit und Hilflosigkeit zunutze machen.

Ist Homosexualität normal?

Das ist eine sehr wichtige Frage. In der Jugend ist die sexuelle Ausrichtung noch labil und in ihrer endgültigen Zielsetzung nicht gefestigt. Wie wir bereits erwähnt haben, gibt es verschiedene Möglichkeiten, das in diesem Lebensalter erwachende sexuelle Verlangen zu befriedigen:

– Durch Masturbation, die unter Jugendlichen weit verbreitet ist (auch mit anderen zusammen);

– durch den Austausch von Zärtlichkeiten (Petting). Dabei ist man gezwungen, seinen sexuellen Drang stärker unter Kontrolle zu halten;

– durch Geschlechtsverkehr. Dieser ist allerdings problematisch, solange dem Heranwachsenden Reife und Verantwortungsbewußtsein fehlen (außerdem ist es in diesem Alter nicht immer leicht, die dazu bereite Partnerin zu finden).

Die meisten Jugendlichen schließen Freundschaften mit Partnern des gleichen Geschlechts, und in vielen Fällen spielt dabei auch Sexualität eine Rolle.

Diese Entwicklungsphase macht jeder Jugendliche mehr oder weniger intensiv durch. Das ist eine normale, sogar wünschenswerte Erscheinung. Mit dem Freund bzw. der Freundin werden Gedanken, Gefühle, Zweifel und Pläne und mehr geteilt. Man hilft sich gegenseitig, seine Persönlichkeit zu formen.

Für viele Jugendliche ist diese Zeit eher eine „Übergangsphase“. Später orientieren sie sich in ihren sexuellen Wünschen zum anderen Geschlecht (sie leben dann heterosexuell). Aber für viele Jungen und auch Mädchen bleibt der Wunsch nach einer (auch sexuellen) Partnerschaft mit einem Menschen des gleichen Geschlechts im Vordergrund (sie sind dann *homosexuell,* volkstümlich auch schwul oder – unter Frauen lesbisch genannt).

Wir wissen heute, daß von Geburt an jeder Mensch die Fähigkeit in sich hat, sich an Menschen des gleichen oder des anderen Geschlechtes zu binden. Als Erwachsene leben die meisten Menschen dann aber mit einer eindeutigen „sexuellen Orientierung“: sie sind heterosexuell oder homosexuell. Der amerikanische Sexualforscher Kinsey hat aber schon vor langer Zeit herausgefunden, daß es auch viele Menschen gibt, die manchmal mit Partnern des eigenen Geschlechts Sex haben, manchmal mit dem anderen Geschlecht. Die meisten Menschen sprechen darüber aber nicht, weil sie sich dieser sexuellen Gefühle schämen.

Heute gilt Homosexualität nicht mehr als psychische Fehlentwicklung. Glücklicherweise wurden die diskriminierenden Gesetze abgeschafft, die den Homosexuellen zum Kriminellen machten und an den Rand der Gesellschaft drängten. Und auch die Jugendlichen akzeptieren heute Homosexualität mehr und mehr.

Dennoch besteht bei ihnen häufig noch immer die Furcht, homosexuell zu werden. Das liegt auch daran, daß Jugendliche (ähnlich wie Erwachsene) gerne an alten Vorurteilen festhalten und beispielsweise Witze darüber machen, ohne daran zu denken, daß ihre eigenen Mitschüler damit gemeint sind und daß sie eigentlich Witze über sich selbst machen. Die Angst wird zum Teil durch die unsensiblen Reaktionen und Warnungen der Eltern vor bestimmten Freundschaften verstärkt. Eltern und Kinder sollten wissen, daß die Sexualität bei Heranwachsenden im Alter von 14 bis 16 Jahren noch nicht gefestigt ist. Sie suchen ihre endgültige sexuelle Identität durch Erfahrungen mit Vertretern beiderlei Geschlechts, die sich im übrigen oft mehr auf affektiver, also gefühlsmäßiger Ebene und nicht so sehr auf sexueller Ebene abspielen.

Ein größeres Verständnis kann dazu beitragen, daß junge Menschen ihre Furcht vor Homosexualität überwinden. Die homosexuelle Anziehungskraft ist im übrigen oft ein Ausdruck der Bewunderung für die Männlichkeit bzw. Weiblichkeit des anderen, die man an sich selbst vermißt.

Die Adoleszenz ist also der entscheidende Lebensabschnitt, in dem Mädchen und Jungen auf der Suche nach ihrer eigenen Identität sind. Als Kinder sind sie mehr oder weniger gehorsam den Entscheidungen, Meinungen und Wertvorstellungen ihrer Eltern und Lehrer gefolgt. Als Heranwachsende stellen sie sich selbst in Frage, sie werden einer Reihe von Prüfungen unterzogen und sammeln Erfahrungen, erleben Erfolge und Niederlagen auf dem Weg zur Festigung ihrer eigenen Persönlichkeit. Erwachsenwerden ist ein langer und manchmal schmerzhafter Lernprozeß. Doch schon jetzt wissen die Jugendlichen besser Bescheid über ihren Körper, ihre Gefühle und ihre Gedanken. Es war das Anliegen der Autoren dieses Buches, ihnen bei der Lösung der Vielzahl von Fragen und Problemen zu helfen, die sich jedem Menschen auf seinem Weg in die Eigenständigkeit und Unabhängigkeit eines Erwachsenen unausweichlich stellen.